北京市哲学社会科学规划办公室资助出版

政府危机学习

CRISIS LEARING
IN GOVERNMENT

张美莲 等 著

社会科学文献出版社
SOCIAL SCIENCES ACADEMIC PRESS (CHINA)

前　言

　　清华大学应急管理研究基地成立于2004年，属于北京市哲学社会科学规划办首批资助的重点研究基地之一，是一个集科研、教学、培训和咨询为一体的跨学科研究机构。而我作为一个自硕士阶段起开始接触风险、灾害与危机的年轻人，有幸在2015年9月来到基地，开始了我的博士后研究工作。经过一段时间摸索，2016年春季学院MPA答辩首日下午，我和合作导师薛澜教授第一次正式讨论危机学习问题，感谢薛老师给我充分自由，彼时也成为我独立开展研究的起点。幸运的是基地还有其他师友也对政府危机学习问题感兴趣，因此本书是在我的博士后出站报告基础上补充部分基地研究人员的同主题研究成果而形成的，其中一部分内容已经在国内期刊发表，也特别感谢北京市哲社规划办的项目支持和出版资助。

　　危机学习可以视为组织学习理论与危机管理理论结合的产物，目前尚无权威含义界定。所谓"危机学习"的表达，根据英文词语"learning from crisis""crisis learning"翻译而来，指从一个或多个危机中吸取经验教训，为应对未来可能发生的危机构建预防体系，提高组织应对能力，或者改变政策与制度的不合理之处，以减少类似错误重复发生的概率。危机学习对于防灾减灾和应急管理的重要性不言而喻。2003年"非典"后以"一案三制"为核心的中国应急管理体系的形成与发展，2018年应急管理部的组建集中反映了党和政府从以往各类突发事件中汲取经验教训的实践智慧。另一方面，实践中相似事故灾难反复发生，应急响应过程中各种失灵重复出现，这一严峻现实警示我们亟须对政府危机经验学习的过程、方式及效果等具体问题展开反思。国际上，2013 年学者 Paul't Hart 把政府从危机中学习称为 "An Emerging Research Agenda"。

本书修改之际正值汶川地震十周年，国际国内社会举行了各种纪念活动和研讨会。最好的纪念是反思和进步，然而遗憾的是，无论是实践中还是研究中，危机学习本身并没有得到充分重视。回顾我国现有应急管理制度不难发现，日臻完善的应急管理工作机制中并不存在制度化的经验学习机制，唯一与之有关的是事故调查机制，因此目前国内危机学习有关研究多集中讨论事故调查的重问责、轻学习之导向弊端等问题。危机学习不仅在实践中未引起足够重视，在学术研究中，与成果丰富的危机决策、沟通、协调与合作等主题相比，专门讨论危机学习的文献也实属不多。正如荷兰危机管理学者 Arjen Boin 等人所指出的，"从危机中学习仍然是危机管理研究中最欠发展的方面之一"，"这仍是一个新兴的领域"（Le Coze，2013），在中国尤为如此。因此，本书聚焦于地方政府危机学习，尝试为呈现我国政府危机学习的理论和实践提供有益借鉴。

本书内容从逻辑上看粗略划分为六个部分。

第一篇为绪论，内容为第一章，主要介绍政府危机学习的研究背景与意义，通过案例指出危机学习面临的主客观困难，并在梳理和辨析有关概念基础上提出报告的研究思路和研究方法。

第二篇为政府危机学习理论进展，内容为第二章，基于 Web of Science 数据库，主要就源于 SSCI/SCI 期刊中有关危机学习主题的文献（60 余篇）进行梳理，重点从过程模型、影响因素、促进策略以及学习绩效等方面对西方公共部门危机学习研究进展展开了全面回顾和反思。

第三篇为政府危机学习现状分析，内容包括第三章至第九章。首先，从危机领导力角度出发揭示重大突发事件应急响应过程中反复出现的经验教训；其次，通过实地调查揭示政府危机学习的多重困境，对西方政府危机学习障碍在中国的适用性加以解释，并从党政领导的灾害批示入手着重分析政治因素与组织学习之间的互动和演进关系；再次，通过政府危机学习过程构建和案例比较，揭示当前政府危机学习过程中存在的行动差异和潜在诱因；最后，以事故调查报告为分析对象，通过多报告文本分析和中外报告对比揭示危机学习面临的挑战与困境。

第四篇为政府危机学习绩效研究，内容包括第十、十一两章。以国家应急广播为例，通过问卷调查揭示震后组织学习与组织绩效提升之间的关系；另外，以北京市为例从政策变化的角度去探究公共危机与政策学习之间的潜在关联或重大事件后政府危机管理的政策回应。

第五篇为政府危机学习机制设计，内容为第十二章。当下危机学习作为一种重要理念极具现实意义，为此这一部分关注政府危机学习有关机制。在现有应急管理体制和机制基础上，结合危机学习过程从强制性规范和软性约束角度对危机学习机制、相关激励机制和保障机制进行顶层设计。

第六篇是结论与展望。在全面总结核心发现和观点后，本书指出研究存在的不足，并就未来政府危机学习研究提出了展望。

本书反映了笔者2016~2017年对政府灾后危机学习问题的初步思考，基地研究团队为本研究的顺利开展做出了重要贡献。同时，本书也凝聚了基地专兼职研究人员智慧，他们是：马奔（山东大学政治学与公共管理学院教授，第九章）、陶鹏（南京大学政府管理学院副教授，第六章）、张濛（清华大学公共管理学院硕士研究生，第十章）、程海漫（山东大学政治学与公共管理学院硕士研究生，第九章）。

本书得到北京市哲学社会科学规划办公室《研究基地年度报告》出版资助，是北京市社科基金项目"国家治理现代化背景下我国公共部门危机学习的诱发因素及过程机理研究"（课题号：16JDGLB038）和南京信息工程大学人才启动经费资助项目"地方政府危机学习行动及其优化研究"的阶段性成果。另外，研究后期还得到国家自然科学基金重大项目"重大国家安全事件管理机制研究"（项目批准号：71790611）的支持。本书形成过程中先后得到薛澜、于安、彭宗超、詹承豫、胡象明、钟开斌、佘廉等答辩及评审专家的宝贵意见和建议,部分论文发表过程中得到《公共行政评论》编辑部主任朱亚鹏教授和匿名评审及期刊编辑的宝贵意见与建议。在此一并致谢!

　　本书各部分研究成果来自多位作者,由于对问题思考的差异,再加上时间有限,必然还存在一些缺陷与不足。敬请学界同仁和实务人员不吝批评建议,以共同推动政府危机学习有关研究的深化与发展。

张美莲

2018 年 10 月 5 日

目 录

第三篇　政府危机学习现状分析

第四篇　政府危机学习绩效研究

第五篇　政府危机学习机制设计

第六篇　结论与展望

附 录

第一篇

绪论

第一章　政府危机学习：绪论

一　缘起

进入 21 世纪以来，我国在深化改革进程中面对各种新兴风险和挑战，政府不断从以往的危机应对中吸取经验教训并取得了可喜成绩，以"一案三制"为核心的中国应急管理体系的形成与发展就是其最佳例证。随着这一体系的发展，我国成功战胜了"非典"、甲型 H1N1 流感、H7N9 禽流感、中东呼吸综合征、埃博拉出血热和鼠疫等突发急性传染病疫情，战胜了南方雨雪冰冻灾害、汶川地震、玉树地震、芦山地震、鲁甸地震以及东北松花江和黑龙江流域性大洪水等特大自然灾害，妥善处置了山西"3·28"王家岭矿难、甬温线"7·23"列车追尾、青岛市"11·22"中石化东黄输油管道泄漏爆炸、"东方之星"号客轮翻沉事件、天津港"8·12"瑞海公司危险品仓库特别重大火灾爆炸事故、深圳光明新区"12·20"特别重大滑坡事故、"3·14"拉萨打砸抢烧暴力事件、"7·5"乌鲁木齐暴力袭击事件、"3·1"昆明火车站暴力袭击事件和"5·22"乌鲁木齐严重暴力恐怖袭击等一系列重特大突发事件，同时，还有效应对了外部经济风险冲击。毋庸置疑，在自然灾害、事故灾难、公共卫生事件和社会安全事件等各类突发事件的应对中，我国应急管理体系经受住严峻考验。

在"十一五""十二五"时期取得重要成就的同时，也要清醒认识到，当前突发事件早已不再囿于自然灾害，公共卫生、社会安全和恐怖主义事件越来越多，呈现复杂多变和影响广泛的特点。近年连续发生的暴力恐怖袭击事件对现有公共安全体系提出了巨大挑战，尤其是涉及军事、外交、国际国内综合性重大国家安全事件时，以"一案三制"为核心的综合应急管理体系已经暴露出弊端，亟须进一步整合或者进行顶层设计（薛澜、刘冰，2013），"从全灾种、全过程、全方位、全社会和全球化的视角统筹公共安全体系建设和突发事件应急管理，构建统一、权威、高效的公共安全与应急管理体制机制"（闪淳昌，2015）。2018年3月17日，伴随国务院机构改革方案的推进，中华人民共和国应急管理部设立，实现了对过去分散在13个部门的应急管理相关职能的整合和统一管理。

"十三五"时期是我国全面建成小康社会的决胜阶段，需要牢固树立安全发展理念，维护公共安全是最基本的民生，我国突发事件应急管理体系建设面临新的发展机遇，同时要看到，当前公共安全形势越发复杂严峻：一方面，伴随着经济发展转型，社会结构多元分化、收入差距拉大、阶层分化、个体价值取向多元化、海外极端思想的渗透等影响社会安全的风险因素逐渐凸显；另一方面，在信息安全、科技安全、核安全、资源安全、生态安全等方面，我国也面临诸多新风险和新挑战。新的形势下如何有效汲取国际国内应急管理经验（智慧），以更好应对公共安全风险成为当前的重大难题。

2013年3月习近平总书记出席中央党校建校80周年庆祝大会时指出："全党面临的一个重要课题，就是如何正确认识和妥善处理我国发展起来后不断出现的新情况新问题。要认识好、解决好各种问题，唯一的途径就是增强我们自己的本领。增强本领就要加强学习，既把学到的知识运用于实践，又在实践中增长解决问题的新本领。"这一讲话为破解难题提供了思路。好学才能上进，国家要上进、民族要上进，就必须大兴学习之风，加强学习紧迫感，不断增强工作本领，提高解决实际问题的水平。

早在21世纪初我国就掀起了一股建立"学习型政府""学习型社会"的浪潮，政府学习的重要意义得到了普遍认可，并且在实践中广泛地开展各式各样的学习活动。"干中学""用中学""合作中学""研究开发中学"都是常见的学习方式,这些组织学习方式有助于加速知识传播和知识利用,提高组织绩效和创新能力。我国突发事件应急管理工作历经十余年的发展,不论是不同类型事件还是不同管理过程,不论是不同地方和层级政府部门还是非政府组织,都在实践中积累了大量成功经验,也留下了许多惨痛教训。如何重视并有效挖掘这些碎片化知识的潜在价值,通过以往危机深刻总结经验教训,通过知识共享来改进未来的应急管理工作,应当成为党和政府高度重视的环节。

最好的纪念是反思,回望是为了进步。本书修改之际恰逢中国汶川地震十周年。2018 年 5 月 12 日汶川地震十周年国际研讨会暨第四届大陆地震国际研讨会在成都召开,习近平主席向大会致信并指出,"汶川地震灾区恢复重建工作取得举世瞩目成就,为国际社会开展灾后恢复重建提供了有益经验和启示"。他还强调,"人类对自然规律的认知没有止境,防灾减灾、抗灾救灾是人类生存发展的永恒课题。科学认识致灾规律,有效减轻灾害风险,实现人与自然和谐共处,需要国际社会共同努力"。正如信中所强调的,认知无止境,从危机中学习经验和吸取教训也应当成为当下和未来的一种工作常态。

二　危机学习的两难

从一个或多个危机中吸取经验教训,为应对未来可能发生的危机构建预防体系,这就是危机学习,它能够有效提高政府组织的危机应对能力。然而我国过去的危机管理实践中学习失灵现象频繁出现,同一个城市(如北京)接连出现特大暴雨灾害预警响应不力,同一个企业(如"三桶油")内部频频发生重大安全事故,同一个教训(如跨流域危机信息通报)在多地不同事故中重复出现(如 2005 年吉林石化双苯厂爆炸事故与松花江水污染事件、2012年山西长治苯胺泄漏事故与浊漳河水污染事件)。这些类似事件或者相似教训的反复发生给国家和社会造成了极大损失和恶劣影响,不得不令人深思。

笔者过去曾研究突发事件应急响应，以其中应急指挥问题为例，对实践中危机学习两难境地做一点初步分析。一方面，我国早在 2008 年南方雨雪冰冻灾害中就形成以部门行动为主的应急协调指挥模式，后在汶川地震中逐渐形成了"统一指挥，属地管理为主，解放军、武警、公安消防和地方救援四位一体联合指挥模式"，并经玉树、芦山等地震救灾得到了强化。可以说，我国应急指挥模式的多次变化体现了灾后政府组织对于应急指挥问题的思考，是各地政府危机学习的一个有力体现。另一方面，重特大自然灾害或事故灾难中有关应急组织的指挥问题常常见于媒体报道或者学者笔下，如应急指挥组织"没有理顺指挥关系"、各级指挥机构"权责不明确"、应急指挥机构"难以实现多部门协调"和"职能和编组不确定"等。2012 年北京"7·21"特大自然灾害应急工作反思会上应急指挥问题再次被提及，北京市应急办总结教训时指出：市应急委与专项应急指挥部的指挥关系应进一步理顺，市应急办统筹协调力度需要进一步加强；督办检查、政策法规、风险管理、舆情监控等方面工作缺少专门处室负责；现场指挥机制需要进一步健全；现场指挥部的设立不规范，分工责任不明确，缺乏统一指挥和沟通协调。这表明危机经验教训的学习并不是一蹴而就的。

早在玉树地震后就有研究者呼吁，在借鉴国外应急指挥体系标准化和规范化的经验基础上，制定专门的国家突发事件应急组织指挥条例，统一规范各类应急指挥部的组织结构，完善应急指挥协调程序，规范多级政府应急指挥部门之间的关系（宋劲松、邓云峰，2011；马奔、王郅强，2011）。然而，时至今日国家层面尚未有类似规范性文件出台。尽管在 2007 年颁布的《中华人民共和国突发事件应对法》（以下简称《突发事件应对法》）第八条中提出"县级以上地方各级人民政府设立由本级人民政府主要负责人、相关部门负责人、驻当地中国人民解放军和中国人民武装警察部队有关负责人组成的突发事件应急指挥机构"，但是这一规定明显过于笼统，缺乏操作性，导致重特大突发事件现场指挥过程中存在各种各样的问题，最为常见的现象包括不知道谁是现场指挥长、谁官大谁指挥、指挥权交接不顺畅等。

　　地方层面，各地政府在突发事件应急指挥问题上的工作进展也不容乐观。2014年2月1日广东省正式施行《广东省突发事件现场指挥官制度实施办法（试行）》，可以说在全国率先将建立突发事件现场指挥写入地方性法规。2014年9月30日上海市办公厅发布《关于进一步明确突发事件应急处置现场指挥的意见》。2017年1月6日北京市突发事件应急委员会在《突发事件现场指挥部设置与运行指导意见》（京应急委发〔2010〕2号）基础上修订并发布了《突发事件现场指挥部设置与运行指导意见》（京应急委发〔2017〕2号）。2017年7月24日深圳市应急办印发了《深圳市重特大突发事件现场总指挥部开设办法》。据不完全统计，这四份文件可以说是目前国内地方政府在突发事件应急指挥问题上出台的专门的规范性文件，四份文件差异比较结果见表1-1。此外，也有少数地方或城市（如济南）在《进一步规范突发事件现场处置工作的指导意见》等文件中对现场处置的组织指挥及现场指挥部的设立予以规定。

表1-1　四份文件差异比较

项目	文件规定的重点	现场指挥原则	编组
广东 2014年2月1日	现场指挥官 （职权与职责、培训与任命、评估与奖惩）	分级负责、属地管理、统一指挥、多方联动、协同配合、科学处置	无规定
上海 2014年9月30日	不同等级突发事件的现场指挥要求 （一般、较大、重特大、军地协同）	分级分类、属地管理、统一指挥、多方联动、协同配合、科学决策	无规定
北京 2017年1月6日	机构设置和运行机制	职责明确、分工合理、机构完善、运转高效、专业处置、协同应对	8个组
深圳 2017年7月24日	现场总指挥部开设办法 （开设条件、组织架构、选址/功能和设备配置、责任分工、开设流程、运行机制、关闭与撤离、保障措施和日常演练）	无规定	11个组 配有组织架构图

　　第一，各地文件在规范重点和详略程度上存在差异。广东重在明确现场

指挥官的职权与职责、培训与任命、评估与奖惩，缺乏对指挥部设置和运行机制的规定；上海除了明确现场指挥长的主要职责外，侧重解决不同等级突发事件发生后谁来担任现场指挥长的问题，其明显不足在于没有规定突发事件等级动态变化时现场指挥如何运行、升级或撤销。北京和深圳两地文件较为相似，重点是围绕指挥部的设置和运行机制，不同在于较之于北京的规定，深圳对指挥部的规定是从全流程角度出发的，除了应急状态下的规定外，还包括保障措施和日常演练。值得一提的是文件对指挥部的选址、功能和设备配置，开设条件，指挥部小组人员配备等进行了规定。需要补充的是，深圳的文件是针对重特大突发事件现场指挥而制定的。

第二，现场指挥原则不尽相同。差异最明显的是深圳出台的文件中并没有明确提出现场指挥原则，但是由于其文件对于现场总指挥部的规定较为详尽，其原则一定程度上已经体现在具体内容上。广东和上海两地应急指挥原则大体类似，小的差异在于广东要求分级负责、科学处置，而上海则是分级分类、科学决策；北京对现场指挥的原则要求则更多强调职责、分工和专业性。

第三，现场指挥部编组不统一。很明显在广东和上海两地的文件中对指挥部小组设置及分工等并无涉及。而北京和深圳两地存在较大差异，指挥部下设工作组数量不同，前者指挥部下设8个小组，分别是专业处置组、治安交通组、医疗救护组、新闻宣传组、通信保障组、综合保障组、善后处置组和专家顾问组；而后者指挥部下设11个小组，分别是协调联络组、开设和警卫组、场地保障组、应急资料保障组、安保指挥和视频通信保障组、交通保障组、电力保障组、照明保障组、专用通信保障组、公网通信保障组、气象监测预报组。显而易见，两地编组存在很大差异，医疗救护、新闻宣传、专家咨询建议等方面的功能设置被深圳市忽略，目前的小组设置更多像是吸取2015年底深圳光明新区特大滑坡事故经验教训后的改进。

通过简单比较就能发现各地规范性文件中对应急指挥问题的关注点和解决办法不尽相同，资料搜集和调研后也发现一些地方就不同级别和类型突发事件领导到场及应急响应时间提出了规定。尽管各地政府和有关部门在突发事件应急指挥实践上"摸着石头过河",但是仍然因为缺乏统一的标准行动方案而暴露出较大随意性,并导致了指挥无序或多头指挥等指挥失灵情况。

从突发事件应急管理全流程来看,应急指挥只是其中一个环节,其重要性似乎不言而喻,但是究竟应急管理职能部门或者领导者对其重视程度如何不得而知。实践中出现问题的环节还有很多,突发事件应对处置中企业和政府的协同困难在 2003 年重庆开县井喷事故和 2013 年青岛油管泄漏爆炸事故中重复出现;气象灾害预警信息发布问题在 2012 年北京"7·21"特大暴雨灾害和 2016 年河北"7·19"特大暴雨灾害中都有出现。笔者认为:就全国范围而言,应急管理中的诸多经验教训,只有少量的情况是新出现的问题,有待更多的时间去寻求科学解决办法,而更多的问题还是以往经验教训历经多年仍然没有得到有效吸取。因此,这就是当前危机学习存在的两难境地,老问题重复出现而新问题还在不断产生,这挑战着各级各地政府的韧性和智慧。

危机学习的难首先源于主观上重视程度不够。自 2003 年以来全国各地发生的重大突发事件不计其数,应急指挥存在的诸多问题也反复出现,但是事后总结教训时往往以"加强应急管理工作,全面提升应急管理能力"这样宽泛的改进建议收场,既没有明确指出改进工作的内容也没有明确其责任主体。事件结束后随着媒体和公众注意力转移,各有关部门从应急状态回到常态工作中时又要疲于应对新的工作任务和重点,由于人力、时间和资源的有限性,吸取教训从而改进工作的优先级不再。究竟各地在解决相似问题时采用了什么办法,各地或各有关部门是否有经验上的交流和共享,这些办法是否可以进行合理修改并予以规范和推广,这些政府从危机中学习的过程并没有得到足够重视。长此以往,已经发生的重大突发事件应急指挥中存在的具体问题被遗忘,其经验教训的学习价值被忽视,直至再次出现由指挥失灵造成严重损失或者官员问责。这样就形成常见的"危机发生 – 经验总结 – 危机又发生"的恶性循环和学习困境。因此,政府及有关组织主观上没有给予充分重视导致了危机学习及其积极作用的有效发挥难以实现。

其次，危机学习的难还源于客观上学习过程本身。有两组案例可以用来说明这一点。第一组案例是两起铁路交通事故，2008年胶济铁路淄博段两列客车相撞致使72人死亡，数百人受伤；2011年甬温动车温州段两列动车追尾，也导致40人死亡和数百人受伤。两个事故都是特大交通事故，事故应急处置方法一样，事故新闻发言人都是同一个人，但是前一起事故被视为应急响应的典范，后一起事故却饱受媒体和社会诟病。第二组案例发生在2015年夏天，时隔两个月相继发生"东方之星"号客轮翻沉事件和天津港大爆炸，但是两起突发事件应急处置中最大的教训分别是"消极等待"和"盲目积极"。

为什么会出现两种截然不同的结果？类似事件中处置经验能否直接借鉴？前一组案例中，在胶济铁路列车相撞后，媒体对铁道部现场组织指挥、救治受伤旅客及安置工作等报道都是正面积极的声音，而甬温动车事故中人员搜救、掩埋车头和恢复通车等问题都受到媒体和社会的质疑。究其原因是此时社会环境发生了巨大变化，时隔3年又3个月后，互联网和移动通信网实现了两网合一，公众了解灾难现场的信息渠道已经不再被官方所垄断。移动客户端和自媒体的迅速发展对政府突发事件的应急处置工作提出了新的更高要求。

后一组案例中，"东方之星"号客轮翻沉事件涉及的省份和部门较多，各地各部门协同响应需要一定时间。更为关键的是水下救援存在能见度低、水速快、水温寒冷、被救援人情绪失控、水下环境复杂等困难，使人员搜救工作及时有效开展面临多重难题；船体打捞救援也需经多方专家讨论和可行性论证后才能得以开展。应急处置任务的高难度客观上造成了一些"消极等待"情况的出现。在天津港大爆炸事故中，情况又有很大不同。之所以被批评"盲目积极"主要是救火几乎和爆炸火灾是同时开始的，但是现场指挥人员在对事发地仓库储藏物资、危化品具体放置位置、可燃物成分等都不清楚的情况下，盲目冲动地指挥武警消防官兵进入爆炸区开展救援，导致大量消防官兵牺牲。

这两组案例表明，危机学习本身就不是一件容易的事。危机学习不仅需要因时制宜，还要深入了解教训产生背后的差异。总之，正是主客观两方面的原因导致当前政府危机学习面临诸多障碍，危机学习机制尚不健全，危机学习效果也不尽如人意，迫切需要更多的研究者对此展开调查和思考。

三　研究背景与意义

1. 研究背景

2013 年，党的十八届三中全会通过的《中共中央关于全面深化改革若干重大问题的决定》明确提出："全面深化改革的总目标是完善和发展中国特色社会主义制度，推进国家治理体系和治理能力现代化。"习近平主席曾多次就国家安全和社会稳定做出重要部署，毫不夸张地说，社会安全、公共安全和国家安全是国家治理的首要目标。因此，推进公共危机治理现代化是推进国家治理现代化的内在要求。从本质上来看，公共危机治理现代化是一个国家公共危机治理主体构建和创新危机治理制度体系以及运用这些制度体系进行有效治理的过程和能力。

国家治理现代化的基本内涵和治理要求就是要实现"政治治理、经济治理和社会治理的民主化、法治化、制度化、科学化、效能化和公平化"。可以说国家治理体系现代化的深刻内涵也为公共危机治理创新提供了新的视角和路径，比如可以通过不断推进危机管理理念现代化、危机管理制度现代化、危机管理组织现代化和危机管理法治现代化来实现危机治理现代化，又或者通过实现危机治理结构的协同性、治理内容的整体性、治理工具的科学性、治理过程的法治性来实现危机治理现代化。

时隔 4 年后，习近平总书记在党的十九大报告中回顾过去的工作时指出，"国家治理体系和治理能力现代化水平明显提高"，但是仍然表示"我们的工作还存在许多不足，也面临不少困难和挑战"，需要"不断推进国家治理体系和治理能力现代化"。针对国家安全、公共安全和社会安全，十九大报告中也提出要"树立共同、综合、合作、可持续的新安全观"，"树立安全发展理念，弘扬生命至上、安全第一的思想，健全公共安全体系，完善安全生产责任制，坚决遏制重特大安全事故，提升防灾减灾救灾能力"，"坚决打好防范化解重大风险的攻坚战"，"加强和创新社会治理"。

因此在新的征程中，迫切需要通过反思政府如何从危机中学习这一现实问题，增强政府组织危机学习意识，改进政府危机学习方式，完善政府危机学习机制，提升政府危机学习能力并最终实现政府危机治理现代化的目的，这不仅是新的历史背景下继续推进国家治理现代化的重要课题，也是落实"安全发展"理念的题中之义。

2.研究意义

在国家治理现代化的目标下，开展政府危机学习研究具有重要的理论价值和现实意义。

第一，理论价值。危机为灾后变革打开了机会之窗，而灾后危机学习对于变革真正发生意义重大。①关注政府危机学习问题，不仅为发展组织学习理论补充了公共部门的观察视角，也为危机管理交叉研究提供了新的增长点，为改善公共危机治理提供了理论基础。②基于调查访谈、案例研究和文本分析的危机学习现状及困境的全面研究，为进一步打开政府危机学习这一黑箱做出了有益探索。③在问卷调查和案例分析基础上从灾后组织绩效和政策变化角度开展危机学习的实证分析，可以为危机学习机制在我国的建立和完善提供现行的理论和实践证据。

第二，现实意义。快速发展的社会进程中相似危机事件的不断爆发凸显了危机学习的重要性和迫切性。①全方位呈现地方政府危机学习现状及基本特征，有助于应急管理实践者整体把握危机学习实践面临的重重困境，从而提高其危机学习意识。②多角度阐释地方政府危机学习面临的障碍、挑战和困境，为整合资源和优化机制进而提升政府危机学习能力提供了实践方向。③通过典型案例研究凝练危机学习演进、发生过程和地方经验，在政策实践层面开展化解危机学习障碍，进而实现危机学习机制创新提供了智力支持。

四　相关概念及区分

什么是危机学习？对其本质的解析有利于进一步厘清危机学习与相似概念的区别。因此在本书的绪论部分有必要对已有文献中与危机学习有关的概念进行梳理和区分，从而明确本研究中对危机学习概念的理解和范畴的界定。

1. 相关概念梳理

危机学习是组织学习与危机管理理论发展结合的产物，由组织学习的含义发展而来，但是又区别于组织学习。1978 年阿吉里斯和舍恩出版了《组织学习：行动理论的视角》（*Organizational Learning: A Theory of Action Perspective*）一书，标志着组织学习系统化研究的开始。在他们看来，组织成员通过不断发现并纠正错误来影响组织内外部环境变化的过程就是组织学习，其目的是适应环境、保持组织竞争优势并实现持续发展。因此组织学习可以看作一种日常学习，但危机学习却不是常规性活动。尽管危机并没有那么频繁地出现，但是经历过危机的组织通过学习经验会更丰富，然而这种学习活动和经验是分类的，"常常是一次危机带来一次学习"（Carley and Harrald，1997：107）。因此，二者在引发学习的因素、学习的内容和频率方面存在区别。尽管后来危机管理和组织学习理论都得到了蓬勃发展，但至今危机与学习之间的关系仍然没有得到充分回答。现代社会的复杂性日益增加，组织面临越来越多的重大危机，进一步厘清危机与学习之间的关系并回答什么是危机学习这一基础问题显得尤为迫切。国外文献中有关概念的梳理见表 1–2。

表1-2 国外文献中危机学习有关概念

分组	概念	提出/使用者	含义
1	Learning for/as /from Crisis	Smith & Elliott（2007）	为了危机而学习/作为危机的学习/从危机中学习
	Crisis Learning	Deverell & Hansén（2009）	危机学习
	Learning from Crisis/ Disaster/Incident/ Accident	Lukic et al.（2010，2012）; Drupsteen & Guldenmund（2014）	从危机（灾害/事故等）中学习
	Crisis-Induced Learning	Deverell（2010）	危机引发的学习
2	Learning in Crisis	Antonacopoulou & Sheaffer（2013）	在危机中学习
	Intercrisis Learning / Intracrisis Learning	Moynihan（2009）	危机间学习/危机中学习
3	Individual Learning / Organizational Learning	Borodzicz & Haperen（2002）	个人学习/组织学习
	First Order Learning/ Second Order Learning	Smith（2002）	一阶学习/二阶学习
	First-Degree Learning/ Second-Degree Learning	Stern（1997）	一级学习/二级学习

资料来源：笔者整理。

2. 几组概念区分

究竟危机和学习之间有什么关联？史密斯（Denis Smith）和艾略特（Dominic Elliott）研究组织危机学习障碍时，把危机视为一个现象，把学习视为一个过程，认为二者之间存在三种不同关系：为了危机而学习、作为危机的学习和从危机中学习（Smith and Elliott, 2007）。为了危机而学习（Learning for Crisis）强调学习目的是发展组织响应相关的反应能力而不是预防危机；作为危机的学习（Learning as Crisis）强调学习结果对组织核心理念及高级管理者的设想提出巨大挑战，导致组织内产生了次级危机；从危机中学习（Learning from Crisis）强调组织从其自身经历的危机中学习，目的是帮助组织形成规范并提高组织弹性。本书重点关注"Learning from Crisis"，为此我们把学者们提出的相关定义进行划分，整理出三组不同概念。

第一组是常规性定义，并不特指或区别危机学习的发生时间、主体范围及层次深度。从字面含义看，Crisis Learning 和 Learning from Crisis（Disaster/Incident/Accident）就是危机学习和从危机（灾害/事故等）中学习，使用较为普遍，在文献中常替换使用。后者的多种表达显示了研究领域和分析对象的差异性，Learning from Crisis/Disaster 多出现在公共管理研究文献中，Learning from Incident/Accident 多见于安全科学与工程领域的文献中。危机引发的学习（Crisis-Induced Learning）最早由德弗雷尔（Edward Deverell）在其博士论文《公共部门中危机引发的学习》中提出，突出学习产生的动力因素是危机，特指危机后的学习，用以区别于每天都在缓慢发生的常规学习（Regular Learning）。他认为，危机引发的学习是一种有目的的努力，是由危机引发、由组织成员实施的学习，其结果往往产生新的理解和行为变化，强调将旧方法与新产生的问题相结合来解决现有问题（Deverell，2010）。

第二组概念突出了危机学习在危机全过程中的时间阶段和目的。吸取经验教训难道只在危机结束之后才可以发生吗？对此，王佳（Jia Wang）持否定态度，并认为学习应融入危机管理过程的各个阶段中（Wang，2008）。安托纳克普罗（Elena P. Antonacopoulou）和谢弗（Zachary Sheaffer）提出了在危机中学习（Learning in Crisis，LiC）的概念，认为危机中学习超越了间断式学习，是一个发生在危机前、中、后的学习过程（Antonacopoulou and Sheaffer，2013）。这为我们提供了一种新的视角来理解危机、学习以及二者的关系。根据学习发生的时间点，莫伊尼汉（Donald P. Moynihan）创造性地提出 Intercrisis Learning 和 Intracrisis Learning，即危机间学习和危机中学习。他还对两个概念进行了区分：前者意味着向某个危机学习并做出改变以改善未来的危机应对，发生在某个危机结束后；后者指在单个危机过程阶段中去学习以达到实时改善应急响应的目的。在任何危机中，这两种学习都可能并存且相互关联（Moynihan, 2009）。莫伊尼汉还认为，如果危机中学习确实存在的话，它比危机间学习更难实现，这一观点在其他研究者那里也得到认可，拉加德科（Patrick Lagadec）指出这是由危机瞬息万变的性质所决定的（Lagadec，1997）。总之，危机中学习概念的提出显示了人们对危机过程中学习的突发性质以及组织支持活动的再思考。

第三组概念体现了危机学习的主体范围和层次深度的差异。从危机学习的主体范畴来看有个人学习和组织学习（Individual Learning / Organizational Learning），其出发点是认为学习这种行为活动是在不同组织或者某些层面进行的，比如个人、团体和组织层面，且不同层次之间是有所重叠或相互促进的。从这一点上讲，组织学习是由个人学习发展而来的。除了组织成员个体认知和行为的改变之外，组织学习还应包含组织本身的结构、体系、制度、流程等各方面的变化。显然，组织成员个人观念和行为的改变与组织本身制度文化的变化有量和质上的区别，因此从学习的层次深度而言，史密斯又提出了一阶学习和二阶学习（First Order Learning / Second Order Learning）的概念，他认为一阶学习带来组织表层如制度、结构和计划等的变化，而二阶学习挑战了核心的组织范式，会带来组织深层次的文化变革（Smith，2002）。类似的，斯特恩也提出了一级学习和二级学习（First-Degree Learning / Second-Degree Learning）的分类，并指出：在一级学习中，学习尽管发生但是缺少根本价值观念的改变，二级学习是更深层次的学习，意味着组织中集体价值观发生了改变，这在实践中能对应急响应工作发挥作用（Stern，1997）。德弗雷尔等的研究表明人们在实践中更倾向于采用单环学习（一阶学习 / 一级学习）的方式（Deverell and Olsson，2009）。

已有的组织学习文献回顾中，学者们提到目前定义存在这样几种区别：①从结果还是过程进行定义的争论；②描述性定义和规范性定义的方法区别；③文化、认知和行为的视角差异；④系统或行为、信息加工和社会互动的理论基础差异。类似组织学习定义的区别在危机学习有关的内涵研究中也同样存在，而且某一种定义兼具多个特点，在此不再赘述。

本研究中对政府危机学习含义的理解相对宽泛，只要文献中研究对象是一定范围内的公共危机，学习主体是政府（包含公共服务机构），不论是从一个还是多个危机中进行学习，不论学习发生在何时（危机中或危机后，即 Learning in Crisis or Crisis-Induced Learning/Crisis Related Learning），不论学习对象是什么（工具、观念或战略，即 Instruments, Ideas or Strategies），不论学习方式过程如何（一阶学习或二阶学习，即 First Order Learning or Second Order Learning）（Smith，2002），不论学习类型是哪种（经验学习、社会学习或政治学习，即 Experience Learning, Social Learning or Political Learning）（Birkland，2006），不论学习带来何种效果（组织变化、范式变革或者特定政策的改进，即 Organizational Change, Paradigm Shift or Improved Arguments for Particular Policies）（Birkland，2006），均作为本研究分析的对象。

五　研究思路与方法

作为一个初步探索，研究旨在呈现一个较为系统的地方政府危机学习图景，因此采用多维角度进行探索。这里的多维视角有两层含义：一是指研究内容，研究关注政府危机学习的理论进展、现实刻画和绩效结果等方面，围绕地方政府危机学习障碍因素、现状特征、学习过程、学习困境及化解路径等具体问题逐一展开；二是指具体问题的研究视角，比如研究政府危机学习，不仅从学习过程的角度对知识管理、系统 - 行为、社会互动等理论视角下具体过程模型展开回顾或借鉴，还从政策学习的角度对危机后政策变化进行考察和分析；比如研究政府危机学习困境时，不仅从中外事故调查对比角度进行借鉴学习，还从国内事故调查报告内容分析角度予以揭示。

1. 研究思路

本书采用"理论回顾 - 现状分析 - 实证分析 - 机制设计"的研究框架，

先后回答了十二个具体问题，旨在实现以下四个研究目标：①回溯国外研究进展并提出研究目标；②全面揭示政府危机学习的内容、现状、障碍、影响因素、过程、挑战与困境；③从实证角度出发观察政府危机学习结果；④提出完善政府危机学习的机制设计（见图1-1）。

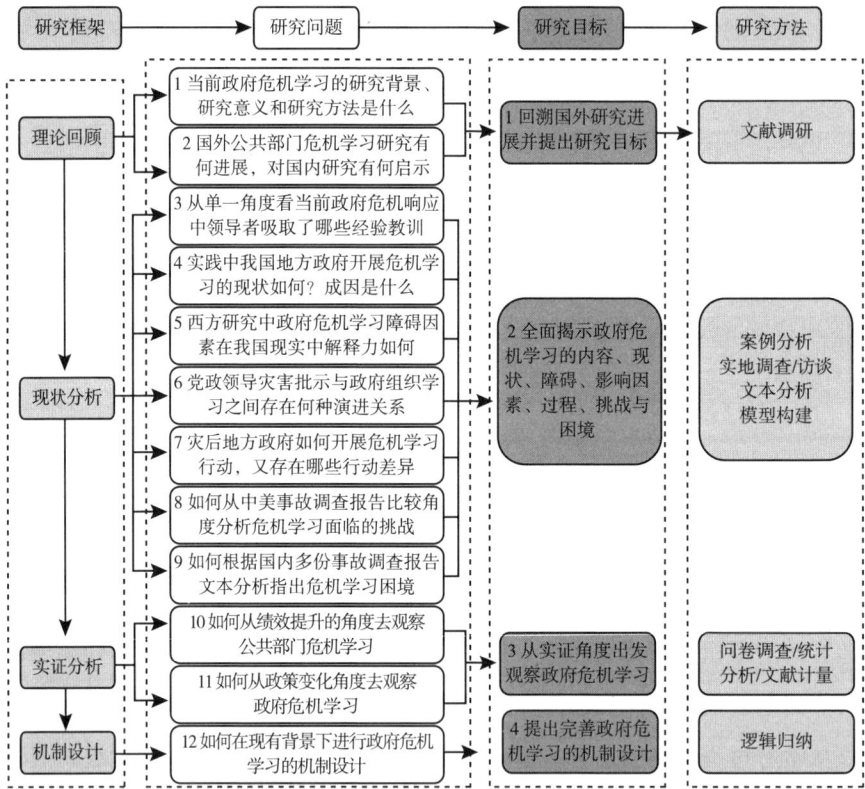

图 1-1　研究思路

2.研究方法

围绕上述研究问题和研究目标，本书中主要采用的研究方法有以下几种。

（1）调研法

调研包括文献研究和实地调研两个方面。文献法贯穿于所有的研究问题中，其中主要用于国内外政府危机学习和组织学习的研究回顾中；在危机学习障碍和学习过程模型有关研究的梳理中也对大量文献展开了调研；而实地调研则是指针对专家和官员的深度访谈或问卷调查，通过访谈来揭示现实困境以及导致学习困境的关键障碍因素、评价危机学习的基本现状等，通过发放问卷来揭示地震后应急广播组织灾后学习的表现等。

（2）案例分析

案例分析是本书主要采用的研究方法之一。案例分析的研究方法贯穿于全书各个研究问题中，以中国过去十余年间发生的重大危机为例，或分析多起重特大事故灾难应急响应失灵进而提出危机领导力视角下的常见教训，或以暴雨为例，围绕某项响应任务展开多地政府组织灾后教训吸取、利用、传播和存储的行动特点或差异分析，又或选择多个案例进行比较来揭示事故调查报告作为危机学习重要工具所面临的多重挑战，上述单案例分析或多案例比较都为后续实证研究提供研究基础。

（3）文本分析

文本分析主要用于政府危机学习行动特征研究和事故调查报告的比较分析。以危机学习行动差异为例，为了更好地揭示现阶段不同地方政府灾后危机学习过程特征、危机学习具体内容及其对响应失灵的回应程度等等，需要对危机后政府组织行动展开研究，而政府公告、政策文本、新闻报道以及官员访谈是获取有关信息的重要来源，因此需要对重大危机管理的经验教训、学习主体、学习方式、学习结果等进行编码和分析。

（4）模型构建

模型是为了达到某种目的，运用一定手段对某事物或过程做出的一种既突出其特点和规律又比较简化的表现形式，既可以是定性的，也可以是定量的，既可以是抽象的数学模型，也可以是较为直观简单的概念模型。该研究是一个定性研究，因此文中的模型构建主要是概念模型或分析框架，比如从时间、主体和过程三个维度构建地方政府危机学习现状评估分析框架，如从软性和强制性角度构建危机学习机制的系统设计框架等。这些概念模型的提出不仅简要呈现了当前中国地方政府危机学习的基本特点，也可以为下一步展开实证研究提供关键研究变量或前期支撑。

参考文献

Antonacopoulou, E. P., Sheaffer, Z., "Learning in Crisis：Rethinking the Relationship between Organizational Learning and Crisis Management," *Journal of Management Inquiry* 1 (2013): 5-21.

Birkland, T. A., *Lessons of Disaster: Policy Change after Catastrophic Events*, Washington D. C.: Georgetown University Press, 2006, p.13.

Borodzicz, E., Haperen, K.V., "Individual and Group Learning in Crisis Simulations," *Journal of Contingencies & Crisis Management* 3 (2002): 139-147.

Carley, K.M., Harrald, J. R., "Organizational Learning under Fire Theory and Practice," *American Behavioral Scientist* 3 (1997): 310-332.

Deverell, E.C., Hansén, D., "Learning from Crises and Major Accidents: From Post-Crisis Fantasy Documents to Actual Learning in the Heat of Crisis," *Journal of Contingencies & Crisis Management* 3 (2009): 143-145.

Deverell, E.C., Olsson, E.K., "Learning from Crisis: A Framework of Management, Learning and Implementation in Response to Crises," *Journal of Homeland Security & Emergency Management* 6 (2009): 19-42.

Deverell, E.C., *Crisis-Induced Learning in Public Sector Organizations*, Stockholm: Elanders Sverige, 2010.

Drupsteen, L., Guldenmund, F.W., "What Is Learning? A Review of the Safety Literature to Define Learning from Incidents, Accidents and Disasters," *Journal of Contingencies & Crisis Management* 2 (2014): 81-96.

Lagadec, P., "Learning Process for Crisis Management in Complex Organizations," *Journal of Contingencies & Crisis Management* 1 (1997): 24-31.

Lukic, D., Littlejohn, A., MargaryanA., "A Framework for Learning from Incidents in the Workplace," *Safety Science* 4 (2012): 950-957.

Lukic, D., Margaryan, A., Littlejohn, A., "How Organizations Learn from Safety Incidents: A Multifaceted Problem," *Journal of Workplace Learning* 7 (2010): 428-450.

Moynihan, D.P., "From Intercrisis to Intracrisis Learning," *Journal of Contingencies & Crisis*

Management 3 (2009): 189-198.

Smith, D., Elliott, D., "Exploring the Barriers to Learning from Crisis Organizational Learning and Crisis," *Management Learning* 5 (2007): 519-538.

Smith, D., "Not by Error, But by Design - Harold Shipman and the Regulatory Crisis for Health Care," *Public Policy & Administration* 4 (2002): 55-74.

Stern, E., "Crisis and Learning: A Conceptual Balance Sheet," *Journal of Contingencies & Crisis Management* 2 (1997): 69-86.

Wang, J., "Developing Organizational Learning Capacity in Crisis Management," *Advances in Developing Human Resources* 3 (2008): 425-445.

马奔、王郅强:《突发事件应急现场指挥系统研究》,《山东社会科学》2011 年第 5 期。

闪淳昌:《建设现代化应急管理体系的思考》,《社会治理》2015 年第 1 期。

宋劲松、邓云峰:《我国大地震等巨灾应急组织指挥体系建设研究》,《宏观经济研究》2011 年第 5 期。

薛澜、刘冰:《应急管理体系新挑战及其顶层设计》,《国家行政学院学报》2013 年第 1 期。

第二篇

政府危机学习理论进展

第二章　政府危机学习：西方研究进展与启示 *

　　20世纪90年代危机学习的有关问题引起了组织理论和危机管理研究者的关注，近年来随着世界范围内极端灾害和跨界危机的频繁发生，学术界又涌现了一批新的研究成果。政府从危机中吸取经验教训为提高政府危机治理能力提供了可能，理应成为当前公共行政研究中的重要命题。本章基于 Web of Science 数据库，对西方与危机学习有关的文献进行了追踪回溯，概述了危机学习过程模型、影响因素、促进策略及其与政府绩效之间的关系等主要内容，揭示了西方现有研究的特点及其在研究内容、视角和方法上存在的不足，最后指出了其对开展我国政府危机学习研究的启示。

一　引言

　　自20世纪90年代起，组织如何从危机中学习以提高危机应对能力的问题引起了学者们的关注（Stern，1997；Borodzicz and Haperen，2002；Elliott et al.，2000；Simon and Pauchant，2000）。进入21世纪以来，随着世界范围内重大危机的频繁发生，危机学习再次成为公共管理学界讨论的焦点（Mahler and Casamayou，2009；McCurdy，2011），关于组织从危机中学习

　　* 原刊于《公共行政评论》2016年第5期，作者张美莲，略有改动，国家自科基金重大研究计划（91024031）和北京市社科基金一般项目（15JDJGB049）阶段性成果。

的理论和实证研究仍在不断深化。尽管已有研究对政府能否从危机中学习以及如何实现有效的危机学习尚无定论，但是，学者们并不否认危机学习研究的积极意义，认为研究政府组织从危机中学习不仅有助于激活组织理论的相关研究，而且对于公共行政研究特别是理解政策变化和发展有着深远意义（Moynihan and Luyt，2009；McCurdy，2011）。可以说，近年来这一问题的关注度有所回升，并涌现了一批新的研究成果，笔者认为有必要对目前国外公共部门危机学习问题进行梳理，以便国内学者加深对危机学习研究的认识，进一步把握危机学习研究的前沿动态。

在 Web of Science 数据库中以"Learning from Crisis"为关键词，时间限定为 2000~2016 年，文献语言限定为英文，进行初步检索得到 1719 条记录，借助 Web of Science 分析工具对其研究方向进行字段分析，文献数量排在前列的领域依次是商业经济、教育研究、工程学、环境生态、公共行政、公共环境职业健康、社会科学其他主题、政府法律等。其中，"公共行政"方向的文献记录为 104 条（6.1%），2000~2016 年出版的文献数和每年的引文数分别见图 2-1 和图 2-2，每篇均引用次数为 8.82 次，这一定程度上反映了公共行政学界学者对该问题的关注度。按照主题相关性对 104 篇文献进行排序并逐一浏览标题和期刊名称，排除标题中含"经济危机""金融 / 债务危

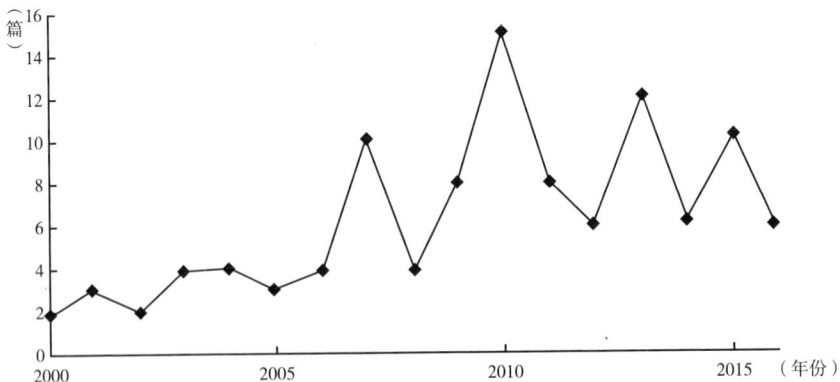

图 2-1　2000~2016 年每年出版文献数

资料来源：笔者根据 Web of Science 整理。

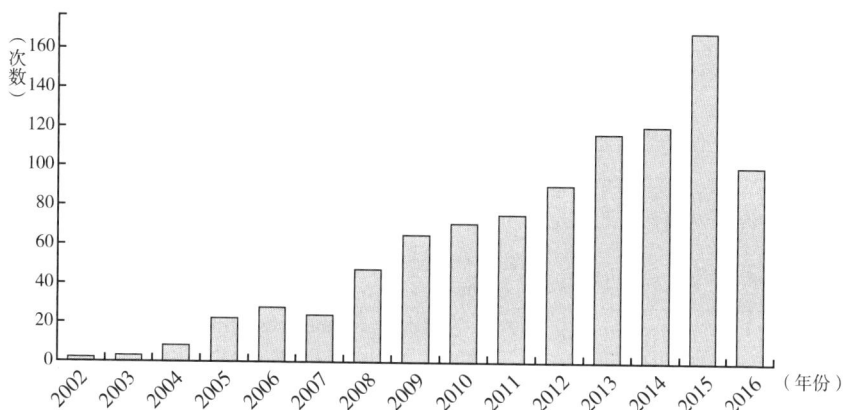

图 2-2　2000~2016 年每年文献引用数

注：2000 年、2001 年文献引用数为零，故表中不注出。
资料来源：笔者根据 Web of Science 整理。

机""国际关系危机""企业 / 私营部门危机""健康及医疗"等以及明显非公共行政与政策领域的期刊（如 *International Relations*，*Journal of Common Market Studies*）文献，获得与主题相关度较高的文献 17 篇。继而对其参考文献进行追溯，又获得相关文献约 50 篇。其中包含一篇对目前安全科学领域中"Learning from Incident/Accident"研究的综述（Drupsteen and Guldenmund，2014），有 80 余篇参考文献，根据研究主题、分析对象和学科属性，选择其中少部分补充到文献样本。总的来看，文献来源广泛，学科领域跨度大，表 2-1 列举了本书文献样本的来源期刊信息。从文献来源来看，刊有相关主题文献数量最多的期刊是 *Journal of Contingencies and Crisis Management* 与 *Safety Science*，分别属于政治学与管理学领域期刊。

表 2-1　主要文献样本的来源期刊信息

期刊名称	收录数据库/来源	所属学科/研究方向	影响因子
Accident Analysis and Prevention	Elsevier	Transportation	2.070
Safety Science	Elsevier	Operations Research & Management Science	2.157
Policy and Society	Elsevier	Policy Research	0.944

续表

期刊名称	收录数据库/来源	所属学科/研究方向	影响因子
Journal of Hazardous Materials	Elsevier	Environmental Control, Risk Assessment，Impact and Management	4.836
Journal of Safety Research	Elsevier	Public，Environmental & Occupational Health	1.504
Public Administration Review	Wiley Online Library	Public Administration	2.636
Journal of Contingencies and Crisis Management	Wiley Online Library	General & Introductory Political Science	1.073
Journal of Management Studies	Wiley Online Library	Business Management	4.26
Organization Science	INFORMS PubsOnline	Management	3.360
Journal of Management Inquiry	Sage	Management	0.943
Group & Organization Management	Sage	Management	1.904
Journal of Homeland Security & Emergency Management	De Gruyter	Political Science	0.760
International Journal of Emergency Management	Online Journal	Emergency Management	—
Journal of Emergency Management	Online Journal	Emergency Management	—

注：影响因子（2015年）以收录数据库/官网来源为准，更新于2016年7月10日，"—"表示未知。

资料来源：笔者整理。

如何从危机中总结经验教训并加以利用从而更好地应对未来危机，对政府和公共管理者而言尤为关键。为了更好地把握国外公共部门危机学习研究的最新进展，本章基于 Web of Science 数据库对国外文献进行了梳理，发现目前研究主要聚焦于四个方面：一是危机学习的过程模型，二是危机学习的影响因素，三是危机学习的促进策略，四是危机学习与政府绩效之间的关系。下文依次按照各个主题展开文献回顾和概述，最后还将简要评述西方公共部门危机学习研究的特点及不足，并指出其对未来我国有关研究的启示。

二　危机学习的过程模型

过程模型是对组织学习过程和本质的系统微观描述，是指导组织学习理论分析和应用实践的重要工具，因此也成为学者关注的重点。传统上人们认为事故灾难之后总结了经验教训就能防止类似事故灾难的再次发生，然而危机学习远没有预想的那样简单，要实现有效的危机学习，需要从经验教训的识别开始且终于经验教训的应用，这个过程中有些步骤必不可少，如切实可行的建议、有效预防的行动等等（Carroll and Fahlbruch，2011；Wahlström，2011）。

究竟危机学习是如何发生的，过程有哪些环节？学者们对此展开了大量研究。第一，研究者提出的过程模型存在三阶段、四阶段、五阶段和六阶段等不同环节，大多呈阶梯状上升或环形，有研究者认为它有些类似戴明环（Plan-Do-Check-Action Cycle）。第二，研究者采用的研究视角至少存在以下几种：①从信息加工或者知识管理角度，研究者提出组织的认知能力体现在对知识的获取、转移、利用与开发方面，并以此来描述危机学习过程（Dekker and Hansén，2004；Wang，2008；Elliott，2009）；②从"认知 - 行为"视角看，学习是认知向行为转化的过程，危机学习的核心在于形成对范例行为的认知并改变组织的思维模式，优化组织的认知结构（Nathan and Kovoor-Misra，2002）；③社会互动视角下研究重视个体、组织和环境的互动作用，强调了学习如何从个体反思到集体反思的过程（Sommer and Njå，2012）；④从系统或行为的角度，研究者把组织看成系统，把组织对环境的反应视为学习，侧重谈组织整体与环境的交互作用，这种观点容易忽视组织微观层面的学习过程。第三，无论研究者提出的过程模型中存在多少环节，基于何种理论基础，采用哪个研究视角，根据德弗雷尔（Deverell）的观点，危机学习的相关概念都可从程度和时间上进行区分，一种分类是单环学习和双环学习，另一种分类是危机间学习和危机中学习。

考虑到危机中学习（Intracrisis Learning）还是一个新概念，提出者并没有明确指出其学习步骤，下文主要针对危机间学习（Intercrisis Learning）或一般意义上的危机学习（Learning from Crisis/Crisis Learning）进行具体过程的归纳（见表2-2），并进一步阐述研究中运用较多的两个视角下的代表模型。

表2-2　危机学习的过程模型

作者	过程步骤					
Lagadec（1997）	成立任务执行小组	任务报告	模拟	运用特定先进技术	多角色学习	实施任务小组
Lindberg et al.（2010）	报告	选择		调查	传播	预防
Jacobsson et al.（2011）	收集与报告	分析与评估		决定	实施	后续工作
Granatosky（2002）	收集	分析		传播	实施	
Cannon & Edmondson（2005）	识别失败	分析失败		有意开展实验		
Elliott（2009）	知识获取	知识转移		知识同化		
Brower et al.（2009）	单组织的心理模式	环境响应		跨组织行动	组织间共享的心理模式	
Dekker & Hansén（2004）	信息产生	经验总结		知识传播	制度化	
Sommer & Njå（2012）	个人经验	个人问题解决		知识积累	集体反思	

资料来源：笔者整理。

1. "组织从危机中学习的过程"——基于知识管理视角

已有的危机学习过程模型中，知识管理视角或者说信息加工理论基础上的研究最为普遍，这些研究把危机经验视为知识（信息），英国利物浦大学艾略特的研究在其中颇为典型。他认为组织学习失败要归因于对危机学习过程的错误理解。从知识管理视角出发，他提出一个理想的组织危机学习过程，包括知识获取、知识转移以及知识同化三个环节，是一个线性过程（见图 2-3）。一旦人们认为某个焦点事件给组织的信念和规范带来了挑战，知识获取的过程随即开始，主要通过公共质询和调查的方式。公共质询是危机后获取知识最主要的方式之一，现实中公共质询多围绕议题设定、倡议联盟和意义建构展开；公共质询的结果就是形成规范和标准，这些规范和标准都是经过编码后确定的，是知识转移的核心。知识转移的过程和结果就是组织及其成员要么接受要么抵制这些规范。知识同化则以组织学习障碍或者加速器的形式出现，诸如组织正式的体系、目标、优先次序和资源、文化氛围及个体态度等，这些都有利于组织从危机中学习。当组织成员接受这些规范和

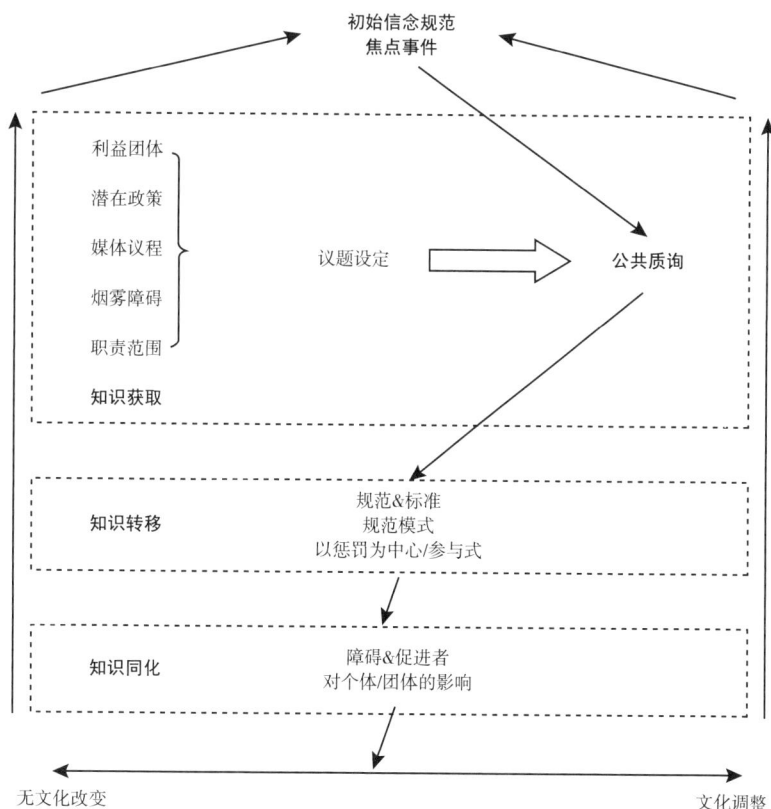

图 2-3　组织从危机中学习的过程

资料来源：引自 Elliott，2009。

标准时，知识同化的过程就会带来组织文化上的调整，否则组织内就不会产生文化上的改变。在后来的研究中，艾略特对组织危机学习的过程有了新的看法，认为组织从危机中学习到发生改变的过程并不是线性的，而是循环的（Recursive），并且把知识获取、知识转移和知识同化作为一个相互联系的整体看待（Elliott & Macpherson，2010）。

2. "从事件中学习的过程模型" ——基于系统 - 行为视角

除了知识管理视角外，现有过程模型中还有一类较多采用了系统 - 行为的视角，以德鲁普斯汀（Linda Drupsteen）等人的研究为例，其模型把危机学习分为 4 个步骤，即调查与分析事件、规划处置、实施处置和开展评估，并把它们进一步细分为 11 个环节（见图 2-4）。各个步骤的质量取决于

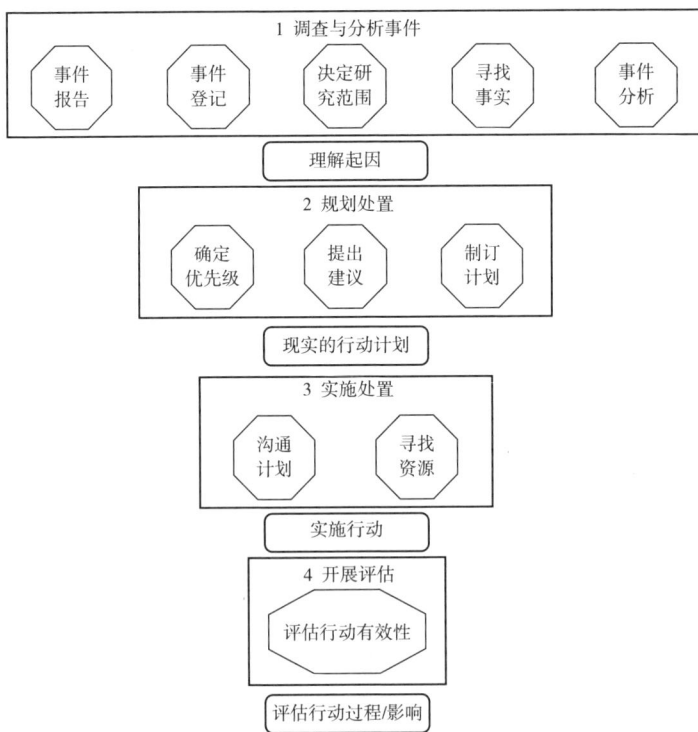

图 2-4 从事件中学习的过程模型

资料来源：引自 Drupsteen et al.，2013。

推动者、方法、资源和产出，每个步骤都会产生一个结果并作为下一步骤的重要投入。结果虽然是必需的，但并不是危机学习的充分条件，结果次优时下一步骤就不一定有效（Drupsteen et al., 2013）。类似的研究还有林德伯格（Anna-Karin Lindberg）等（Lindberg et al., 2010）和雅各布森（Anders Jacobsson）等（Jacobsson et al., 2011）所提出的过程模型。

尽管上述学者对从事件中学习的各个环节进行了界定，但系统 – 行为视角下的危机学习的研究更多是关注其中某个处理环节（如在 *Safety Science* 期刊中，有关论文多聚焦于事故调查、事故分析及公共质询等），尚未见到深入阐述或实证组织危机学习究竟是单环学习还是双环学习的文献。

三 危机学习的影响因素

反思几乎伴随着每一起重大危机而出现，尽管人们反复地总结经验教训，但类似的事故灾难仍不断发生，为什么危机学习总是不尽如人意的问题引起了学者的思考，形成了三种研究思路。

第一，从正反两方面对影响因素进行综合归纳。斯特恩从"有助于组织政府学习的危机情境特征是什么？"和"阻碍政府学习的危机情境特征有哪些？"两个问题入手，根据历史资料和文献分析，归纳出诸如问责、个人经验、历史类比、冲突等因素对于组织从危机中学习的作用是双面的（Stern，1997）。以"高度问责和关注"（Heightened Accountability and Attention）为例，问责的积极意义在于促进谨慎决策和危机后评估，这将有利于危机经验的学习，而它潜在的负面影响是会导致"自我防御"、"合理化"或者仓促改革，这些显然对于遭受危机的组织而言是具有危害的。危机学习促进因素以某种形式表明其本身也会阻碍学习的发生。

第二，从阻碍因素出发进行多维或综合分析。坎农（Mark D. Cannon）和爱德蒙森（Amy Edmondson）从社会与技术系统两个角度对组织危机学习困难或者常常失败的现象进行了分析。①从技术层面而言，系统复杂性使得许多小的失败或者经验教训模糊，难以被识别；管理者缺乏从失败中总结经验教训的技巧和能力；管理者不知道如何进行改进的实验和试点。②从社会系统层面而言，失败给管理者自尊带来的威胁使得其不愿去发现错误，迁怒于告密者的合作文化也限制了失灵上报；低效的小组进程影响了失灵分析的有效性或者组织成员缺乏应对问题的能力；对失败的问责和处罚阻碍了经验学习的活动（Cannon and Edmondson，2005）。类似的二维分析还有萨根提出的技术不确定性和政治障碍。他认为，复杂组织危机管理中的学习往往受到技术不确定的影响，技术不确定有三个表现：一是组织得到的反馈极其模糊，二是与事故有关的信息不完全、不准确，三是因为保密抑制了信息的分享和传播。而政治障碍是说危机学习只有在被政治利益强烈影响的环境下才发生，并且这种识别某个危机诱因的行为往往是为了保护有权者的个人利益而非为了促进学习过程（Sagan，1993）。

唐纳休（Amy K. Donahue）和图伊（Robert V. Tuohy）认为公共部门不能很好地从危机中吸取经验并运用到未来的应对中有四个主要原因：一是改变的动机不足，二是事故反思及总结经验教训的过程存在许多问题，三是危机学习和经验传播的过程也存在不足，四是演练和测试过程设计不理想（Donahue and Tuohy，2006）。基于前人研究成果，莫伊尼汉总结了危机学习低效的九种情况或者原因：①危机的严重后果使试错成为不可能；②危机要求组织间学习而不仅仅是组织学习；③相关经验如标准操作程序或技术等总结过少；④要求学习的范围超出常规情况需要；⑤旧有经验的模糊导致错误的经验总结；⑥危机缩小了人们的关注点并限制了信息处理；⑦存在响应僵化现象，响应者简单直接地利用旧有经验来解决新问题；⑧政治动态常导致讨价还价和次优决策；⑨危机也会导致自我防卫和机会主义，否认问题存在（Moynihan，2008）。

以上两种思路的研究，从研究方法来看，主要采用描述分析、案例研究、实证以及前人研究成果基础上的总结；从影响因素的数量来看，研究讨论了多个因素在组织学习过程中的具体影响；从影响因素的内容来看，包括认知、信息、组织及政治因素四个方面。

第三，从单一因素出发开展的实证研究。其中以政治因素与组织危机学习之间的关系研究最为突出（Stern，1997；Birkland，2006；Boin et al.，2008；Broekema，2016），而这也恰恰是区分政府和公共组织与企业组织危机学习差异的重要方面。究竟政治因素在组织危机学习过程中发挥什么作用，学界对此尚无一致看法。早期阿吉里斯（Chris Argyris）等认为政治压力阻碍了组织学习（Argyris and Schön，1978），唐纳休和图伊也指出政治问责的导向在经验学习的过程中起到了负面影响（Donahue and Tuohy，2006）。而德克尔（Sander Dekker）和汉森（Dan Hansén）却持不同看法，其研究选择瑞典和荷兰刑事司法系统中的两个案例（The Swedish Palme Case & The Dutch IRT Case）进行对比，以分析两个组织各自的学习模式，结果发现组织危机学习在后一案例中明显发生。因此，他们认为政治压力之下公共部门的组织学习与危机呈现更为复杂的关系，政治压力对组织从危机中学习起促进作用还是产生阻碍作用，要取决于政治过程的特点（Dekker and Hansén，2004）。

已有研究无论是关注积极促进因素还是负面阻碍因素，无论是综合因素分析还是单一因素讨论，从组织理论出发大致存在两种研究视角，即文化和结构视角（Moynihan，2009；Deverell，2010）。

文化视角多关注组织共同具有的意识信念、非正式程序和惯例等。文化视角下的研究认为文化是危机学习发生的影响因素，而危机学习的发生也将带来组织文化的变革（Turner，1976；Nathan & Kovoor-Misra，2002）。随着航空业的发展，航空事故率极大降低，这使得危机学习的机会减少。然而，这种成功在航空公司内部产生了一种文化，组织力图最大限度地降低事故而越来越不愿意从危机中开展学习。要改变这种文化倾向，罗斯（Andrew Rose）认为组织需要防止出现试图找到唯一的事故诱因及问责的想法，需要视险兆事件（Near Miss）为免费的经验教训（Free Lessons）并认真加以利用（Rose，2004）。为了挑战文化调整紧随危机而出现的看法，艾略特（Dominic Elliott）和史密斯追溯了1946年以来英国足球业发展过程中安全管理文化的演变情况，详细分析了规范（Regulation）在危机学习中的作用，认为规范是公共质询的结果得以传播的重要工具。其研究结论表明，如果没有补充机制比如规范，只有公共质询是无法保证出现广泛的文化调整的。因此建议要形成更多不同形式的参与式规范（More Participative Forms of Regulation）以鼓励组织危机学习，只有参与式规范才能挑战组织和组织成员的价值观（Elliott and Smith，2006）。

与文化视角不同，结构视角强调探究组织结构和功能在学习中的作用（Deverell，2010），多讨论组织正式标准、系统控制、权力分布及任务分配等因素对学习的影响。结构视角下的研究认为文化的视角低估了正式程序等在促进学习过程中的重要作用。

尽管文化和结构的视角是危机学习影响因素研究的主流，但是目前也出现了少量视角融合的研究。莫伊尼汉认为文化和结构并不是完全互斥或者泾渭分明的，他用突发事件指挥系统（Incident Command System，ICS）在美国产生和发展的例子证明，ICS不仅可以通过形成结构性的惯例（Structural Routines）来促进学习，还能够通过创造一种共享的网络文化（Shared Network Culture）来支持学习，尽管这需要以网络成员之间的关系存在为前提（Moynihan，2009）。总之，对于公共组织如何开展学习这一问题，莫伊尼汉倾向于一种文化与结构融合的路径。在他看来，两种路径的研究都十分重要，很多情况下也是相互交织的。目前学界把组织从危机中学习的影响因素严格划分为文化或结构要素的做法可能会造成对危机学习发生的一些偶然性机制产生错误判断。

四　危机学习的促进策略

如何促进危机学习的过程以及如何实现组织危机的双环学习也得到了学者们的关注。拉加德科认为如果组织能够识别主要致灾因子、合作者广泛参与，以及领导者对问题有所回应，那么组织危机学习则有可能发生

（Lagadec，1997）。克莱顿（Margaret Crichton）等希望通过组织学习来改进组织的抗逆力，为此他们对组织如何更好地进行危机学习以及组织因此而面临什么挑战的问题进行总结。结果表明，要实现最佳的组织危机学习有四条渠道：一是从其他组织或部门中识别和吸取经验教训；二是通过广泛动员组织成员进行经验探究来提高知晓度，并通过经验教训来挑战组织面临的风险评估；三是对经验教训进行重要度的排序；四是要把这些经验教训嵌入组织变革管理的过程中，并对组织学习的有效性进行监督（Crichton et al.，2009）。

组织学习理论认为，只有双环学习才能带来组织的变革，因此双环学习对组织的意义更大。金（Hyunjung Kim）等针对公共部门的决策者如何实现双环学习的问题引入系统动力建模和仿真方法，并以纽约州伤残鉴定问题的案例来证明这一建模过程是如何实现双环学习的（Kim et al.，2013）。萨默（Morten Sommer）和恩雅（Ove Njå）等指出个人经验、问题解决、知识积累和集体反思是在组织学习中提高决策能力的关键过程，通过改进这些过程可以促进危机学习（Sommer and Njå，2012）。布朗（Mary Maureen Brown）和布鲁德尼（Jeffrey L. Brudney）提出运用信息技术的办法来促进公共组织的问题解决、知识传播和学习（Brown and Brudney，2003）。

除了把目光投向管理及技术方面外，文化也是促进组织危机学习的关键因素。有研究者提出，在高风险的组织中安全文化或者文化冗余（Culture Redundancy）是这类组织开展危机学习和文化交流的前提条件，正是这种学习和交流才可以减少对危险的漠视（Nævestad，2008）。除了安全文化之外，研究者还认为组织信任和开放态度必不可少，只有在信任和开放的组织文化中，出了事故才会及时报告，一线人员报告事故也不需要担心被追责，这样事故发生的主要原因才可以被真正发现（Carroll，1998；Wahlström，2011）。

概括而言，现有研究中关于改进组织危机学习的策略存在社会和技术两条路径，前面提到的文化、组织结构、管理、社会心理等都属于社会路径的范畴，技术路径主要是说改进学习经验教训过程中的技术性问题。而除了从理论方面进行探讨外，文献中也见到对实践中危机学习方式或者工具的介绍，这些学习工具可以视为技术路径下的实践探索。下文将介绍文献中论及较多的三类学习工具。

一是在线危机学习系统。从知识管理角度而言，目前国外已经开发了很多在线的经验学习系统或者危机管理知识库。为了促进信息共享，美国国土安全部和联邦应急管理署（FEMA）合作开发了一个数据库（Lessons Learned Information Sharing System）作为全国在线灾害学习和反思的系统。该系统提供诸如趋势分析、大量案例研究、在线研讨会、经验学习与创新实践等产品，目的是促进全国各地全灾种的应急准备。随着在线存储量的快速增加以及文件数字化，区域性的灾害管理门户网站也越来越多，如南亚区域合作联盟（SAARC）灾害管理中心的南亚灾害知识网络（The South Asian Disaster Knowledge Network，http://www.Saarc–sadkn.org/ about.aspx）、东盟人道主义救援协调中心拥有东盟各国实时灾害数据（Association of Southeast Asian Nations，http://www. ahacentre.org/）等等。

二是灾后事故调查及事故调查报告的撰写发布。最初起源于20世纪70年代的美国军方，作为汇集、记录灾害演习或实际灾害响应关键过程的重要评估工具，目前它已经在非军方机构如企业、医疗和公共卫生部门中被广泛采用。在美国公共医疗系统中，一些资助或监管部门还要求医院提供正式的事故调查报告（Savoia et al.，2012）。现有危机学习相关研究多见于 *Safety Science* 期刊中（Carroll and Fahlbruch，2011），这些研究更加关注人为技术事故（如核事故），重点讨论如何采用更好的事故调查模式和事故分析方法来识别事故的直接和根本原因，从而有利于更好地纠正和避免类似错误。

三是各种正式或非正式的简报和汇报。In-Progress Reviews 指响应过程中的评估。Debriefing 是活动过程中的任务报告，其目的是识别好的做法和需要改进之处，包括组织学习。响应体系的不同层级都应在任务确定初期就明确安排谁来汇报、谁来负责汇报材料的汇编和评估等。Hot Washes 最初是军事术语，是指紧随在一场演习、培训、战斗或者某次大的突发事件之后的部门绩效讨论或者评估。后两种方式目前在现有文献中鲜有明确介绍。

五　危机学习与政府绩效的关系

危机学习如何引起组织响应绩效发生变化，实际中又发生了什么变化，危机学习与政府绩效之间存在什么关系，这些复杂问题目前尚未见到较多实证分析和回答。通过对安德鲁飓风后美国红十字会和 FEMA 的危机学习过程进行分析，卡莉（Kathleen M. Carley）和哈拉尔德（John R. Harrald）认为经历相同事件的不同响应组织所学习到的东西有可能截然不同。即使组织认识到需要有所改变也不一定能实现，认识到问题并不一定能带来政府绩效的提高。另外，组织从危机中学习是分阶段的，并不是每个环节都能有助于提高响应绩效。实际上，经历小概率事件后，人们的看法和认知确实发生了变化，但是变化非常有限，且灾害响应的学习是分类的，往往一类灾害后出现一次。阿拉斯加港湾溢油事件之后，人们或者组织才把注意力转向溢油事件的响应，进而产生新的立法和这类溢油事件的预防和响应规划（Carley and Harrald，1997）。

卡莉和哈拉尔德研究的是不同组织（Red Cross 和 FEMA）经历同一危机后的学习情况，近年来网络组织的危机学习也受到了学者关注。布劳尔（Ralph Brower）等针对组织间学习的复杂情况进行了网络组织绩效的评价，为此构建了一个由单个组织的思维模式、组织间共同的思维模式、组织行动、组织间行动以及环境影响五个关系变量构成的组织间危机学习与应急网络体系之间效率关系概念模型，并指出了模型中存在导致组织学习不完整的六种情形，即角色约束学习、观众式学习、经验迷信学习、模糊性学习、碎片化学习、机会主义学习（Brower et al.，2009）。作者推断有效的网络体系将最大化减少这六种不完整学习的发生，增加机会主义学习的可能，但这些问题在实际响应网络中如何发生并影响网络组织的绩效还需要进一步实证研究。

前文提到危机学习的积极意义时指出，危机学习有利于提高组织适应性，但是究竟如何提高，相关研究不多。也有学者展开了组织灵活性、危机响应和学习的关系研究（Deverell and Olsson，2009）。他们把问题汇聚为高级管理者小组如何影响组织的危机学习，提出了高级管理者队伍以授权方式与组织（在行为或认知方面）学习模式有密切关系。研究通过两个案例比较了分权管理小组与集权管理小组中成员的学习方式，通常前者通过危机学习产生新的正式政策或组织结构，而后者依靠个人认知结构来存储经验。因此，两种组织危机学习模式都极大地影响了危机响应中的灵活性问题。

尽管研究者一致认可危机学习的重要性，但是实际中危机学习并不一定能实现预期目标，如将危机经验运用于政策决策与组织变革（Birkland，2009）、提高组织的应变能力（Smith and Elliott，2007）、减少相似错误反复发生的可能（Crichton et al.，2009）以及为未来的危机做好准备（Moynihan，2009）等等。对于组织从危机中学习的种种努力能否成功，学界一直存在乐观主义者和悲观主义者的不同看法（Boin et al.，2005）。悲观主义者认为，尽管危机导致公共领导者及其组织采取了多种学习方式，但是结果却往往令人失望，这是因为存在许多制约个人和组织学习的因素。而乐观主义者认为，不断提高的有目的的学习是有可能的，并且现实中有相当多的成功案例都证明了这一点。这种观点的差异在目前的研究中依然存在，政府危机学习的效果评价及政府危机学习能力的测量的文献也比较少见，危机学习和政府绩效二者关系还有待更多的实证分析来解答。

六　国外现有研究的特点与不足

总之，目前西方政府危机学习的研究数量还不够丰富，"从危机中学习仍然是危机管理研究中最欠发展的方面之一"（Boin et al.，2005：14），并且研究还呈现碎片化特点。碎片化体现在三个方面：一是已有研究学缘结构分散，研究涵盖工程科学、心理学、管理学、社会学与政治学等多个学科；二是已有文献的作者来源广泛，分布于北美、欧洲、亚洲各国；三是已有文献的期刊来源较为广泛，分散在不同学科领域的期刊中。借鉴已有研究成果，本书勾勒出危机学习的研究框架，并对其六个模块进行初步总结（见图2-5）。

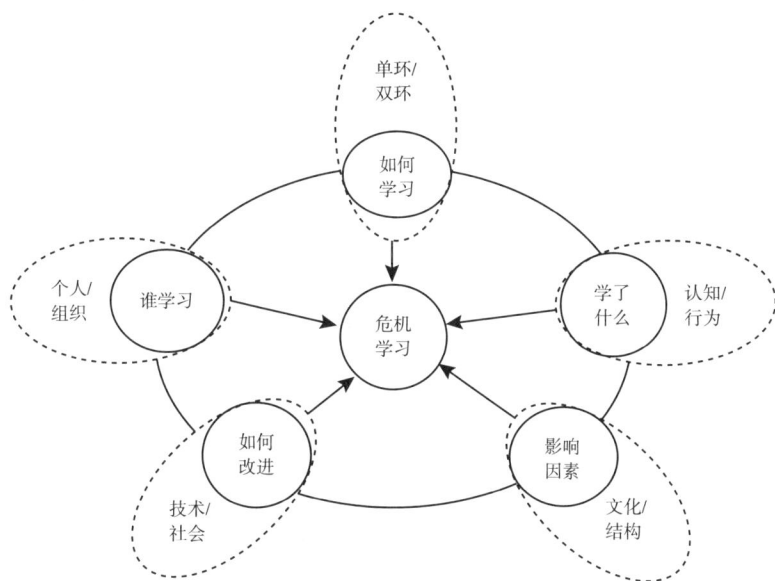

图 2-5　危机学习研究内容框架

资料来源：笔者自制。

第一，危机学习的含义。学者对危机学习的定义是从讨论危机和学习的关系出发，结合组织学习和危机管理的研究成果进行阐述的，基本没有形成共识。不同的学者对危机学习的理解都有不同侧重，存在少许差异，如究竟从过程的角度还是从结果的角度进行定义，究竟危机学习的结果是认知改变还是行为改变，抑或兼而有之？等等。第二，危机学习的主体。究竟危机学习的主体是个人还是组织，为数不多的公共管理领域的研究对此也没有做严格区分。关于个人学习和组织学习的争论长期存在。组织本身是无法学习的，组织的危机学习必须要依靠组织中成员的学习来实现，但是组织学习又不简单地等同于组织中个体学习的总和。目前的危机学习文献大多关注政府或公共组织，而非个体成员。究竟政府组织中领导个人的经验感知和组织成员的个体学习是如何转化为组织层面的认知和行为改变的，这个问题还有待回答。第三，危机学习的过程。目前关于危机学习过程的研究多见于安全科学领域的研究中，公共管理的研究者讨论还不够。已有文献中存在知识管理（信息加工）、认知–行为、社会互动、系统或行为视角下的多个过程模型，从学习层次深度的角度而言不同模型又可划分为单环学习和双环学习（Single Loop Learning & Double Loop Learning）两大类。第四，危机学习的内容。关于学习内容的研究比较多见，文章多以"Lessons Learned/Identified"为标志，大多是针对单一危机或多个危机，根据访谈或调查报告分析逐一回顾危机带来的经验教训，但是类似经验还停留在知识层面。究竟这些经验是属于显性知识（Explicit Knowledge）还是隐性知识（Tacit Knowledge），究竟这些经验是予以实施了（Lessons Implemented）还是蒸发不见了（Lessons Distilled），是否带来了组织认知学习或者行为学习（Cognitive Learning & Behavior Learning），还有待更多的实证研究。第五，危机学习的影响因素。究竟哪些因素阻碍了危机学习，研究涉及认知、信息、组织结构、组织特征、组织文化、政治等各个方面，大致存在文化和结构两个视角，但是已有研究缺乏关于在危机学习具体过程中哪些因素发挥作用、各个因素之间如何相互影响的讨论。第六，危机学习的改进策略。针对改进危机学习的策略问题，目前的研究呈现社会–技术两条路径（Social & Technological Path）。前者主要寻求通过管理、文化和心理上的改进，在组织中形成有利于危机学习的结构、规范、制度或者文化氛围，后者认为需要通过计算机信息技术来改进学习经验教训的方式。

1. 现有研究的主要特点

为了更清晰地揭示国外现有研究的特点，笔者选择了一些代表性样本文献，将其分析对象、学习主体、研究内容和研究方法进行总结（见表2–3），梳理发现已有研究存在以下基本特点。

表 2-3　样本文献的分析对象、学习主体、研究内容和研究方法

分析对象	类别	学习主体	研究内容/观点	研究方法	研究者
安德鲁飓风	自然灾害	联邦应急管理署及红十字会	组织危机学习的理论和实践之间存在很大差异	现场观察访谈	Carley & Harrald（1997）
地震海啸	自然灾害	日本政府	巨灾时代风险反思及组织学习问题	描述性分析	Hart（2013）
卡特尼娜/古斯塔夫/艾克飓风	自然灾害	美国政府及联邦应急管理署	组织从灾害应对中开展危机学习	纵向案例分析	Simmons（2009）
儿童死亡	事故灾难	伦敦某儿童服务机构	该服务机构在危机学习上存在不足	案例研究	Elliott（2009）
大邱地铁火灾事故	事故灾难	大邱市地方政府	地方政府在危机管理过程中开展组织学习的策略	案例研究	양기근（2007）
铁路事故	事故灾难	日本及荷兰交通部铁路公司等	过去二十年间日本铁路管理经验和政策如何被荷兰学习	探索性调查访谈问卷	Van de Velde（2013）
禽流感疫情	公共卫生事件	美国农业部下属动植物检疫服务部门及检疫小组	组织间学习在该疫情控制中如何发挥作用	内容分析访谈	Moynihan（2009）
手足口病	公共卫生事件	英国农业部和卫生部下属的动物疫病防控部门	多起疫情后危机经验是否得以学习，政策是否变化？（1996年疯牛病、2001年和2007年手足口疫情）	档案分析访谈	Connolly（2014）
球场事故	社会安全事件	英国足球业协会组织	事故后足球行业管制模式的跨历史阶段分析	纵向案例分析半结构化访谈调查问卷扎根理论	Elliott & Smith（2006）
"9·11"事件	恐怖袭击	瑞典国家公共服务媒体组织（SVT电视台和SR电台）	集权和分权两种管理方式如何通过危机学习改变组织响应灵活性和组织结构	案例研究溯因分析	Deverell & Olsson（2009）
未明确	泛指不同类型突发事件	挪威搜救服务组织	联合应急响应协调中心在组织中占支配地位的学习过程研究	案例研究	Sommer & Njå（2012）
地铁火灾、工厂爆炸、疯牛病等	泛指不同类型突发事件	组织（泛指）	识别多起事件中反复出现的主题，提出改进组织内经验学习的建议	报告文本分析案例研究	Crichton et al.（2009）

资料来源：笔者整理。

（1）分析对象上自然灾害和技术事故并存，以重大危机为主

已有文献中引发学习的危机涵盖四大类突发事件，从人为技术事故（火灾、地铁事故等）到自然灾害（东京大地震、卡特尼娜飓风等），从欧美国家到亚洲地区，可以说近几十年内世界范围内发生的重大危机和事故灾难均有涉及，这表明目前西方有关研究时间跨度大、危机类型覆盖面广，但是稍加梳理即可发现，研究者关注的多是重大危机，可以说只有那些造成了巨大经济损失、人员伤亡和严重社会影响的重大危机才引起或得到了学者们的重视。人们往往忽视了一些小规模事件或者险兆事件，而这并不意味着这些事件中就没有值得学习的经验。

（2）学习主体上政府组织和公共服务机构并存，以政府机构为主

已有文献中关于学习主体这一问题主要集中于政府机构，不仅包括专门的应急管理机构，如联邦应急管理署（FEMA），还有其他政府职能部门，如农业部下设的检疫部门、卫生部下设的疾病防控部门；除了国家和联邦层面的政府机构，如美国政府、日本政府，也有地方应急响应组织和基层救援小组，如挪威联合搜救协调中心。随着各国危机管理职能从政府向社会延伸，一些公共服务机构和非营利性组织也积极参与到危机响应中来，因此文献中还少量见到诸如红十字会或者体育行业协会之类的 NGO（非政府组织）开展危机经验学习的案例。

（3）研究内容覆盖面广，以危机经验总结为主

从表 2-3 中列举的文献来看，研究内容上既有关于危机学习的理论发展（Brower et al., 2009），也有关于各国危机学习的实践尝试（Savoia et al., 2012；Kaliner, 2013）；既有针对某个特定危机的宏观反思和全面回顾（Hart, 2013），也有综合多个同类或不同类事件的响应环节失灵的总结（Simmons, 2009；Crichton et al., 2009）；既有危机学习后的政策变化分析（Carroll, 1998），也有危机学习后的组织文化变化分析（Elliott and Smith, 2006）；既有危机政治与学习之间的关系分析（Broekema, 2016），也有组织结构特点与危机学习的关系分析（Deverell and Olsson, 2009）。可以概括认

为，现有研究的主题较多，如含义的界定、学习的内容（即危机经验）、学习工具和渠道、学习的前提条件和障碍因素、学习的结果等等，多数文献根据研究主题往往只涉及其中一点或几点，综合性研究较少。总的来看，危机经验的总结性文献数量最多，多以 Lessons Learned 为关键词。

（4）研究方法上定性研究和定量研究并存，以案例实证研究为主

目前已有的文献从研究方法的运用来看，有几种类型：第一类是一般意义上针对某（些）重大危机进行的经验总结，属于纯思辨性探讨，或关注宏观层面或聚焦微观层面，多采用描述性分析，演绎和归纳相结合（Simmons，2009）；第二类是结合现场观察、深度访谈、档案文本、调查报告等进行的案例实证研究，包括多案例的横向比较和跨时间的纵向比较类研究（Crichton et al.，2009；Connolly，2014）；第三类是数理实证研究，这类研究往往综合运用包括访谈、文本分析、问卷调查和模型构建在内的混合研究方法，研究设计规范，文献对案例选择、文本编码、数据来源、处理及分析过程都有详细说明。因此总体而言是定性研究和定量研究并存，但是从实证研究的构成和数量比来看，案例实证仍是主流，而数理实证的文献数量还较少。其中，莫伊尼汉（Moynihan，2009）关于公共组织学习结构－文化模型的研究就是代表，这类研究不仅丰富了公共部门中组织学习的样本量化研究，而且为其研究提出的变量及理论提供了数据支撑，未来需要更多的案例和数理相结合的实证研究。

2. 现有研究存在的不足

政府如何从危机中学习成为西方公共管理领域重要的研究议题之一（An Emerging Research Agenda），有关研究不断涌现，但是客观而言，已有研究在研究内容、研究视角和研究方法上还存在一些不足。

（1）在研究内容上有待更多研究

第一，已有研究在概念定义上尚未达成统一理解，如何在政府危机学习的含义界定中体现政府从危机中学习的内容、目的的特殊性以及学习主体性

需要研究者进一步思考。第二，现有研究中多针对某个突发事件案例或者某个政府组织主体进行危机学习过程分析或模型构建，不仅缺乏组织内个体学习到组织学习转化机制的探索，还忽略了多个突发事件案例间进行经验比较或者多个组织间开展经验学习的阐释。第三，既有研究考察了影响公共组织危机学习的各类障碍因素，但缺乏对危机学习过程中各个阶段障碍的全面整合，也缺乏对关键影响因素作用机理的讨论。第四，现有研究多把危机学习作为一个输入变量或者中间环节考虑其对决策能力、响应能力等方面的影响，缺乏对政府和公共部门危机学习效果的直接评估以及危机学习与政府绩效之间关系的深入研究。第五，既有研究多借鉴或移植企业组织学习的研究成果，缺乏对政府组织面临的政治或环境特性的考虑，企业危机学习的过程模型和改进策略是否适用于政府组织还需要更多实证验证。

（2）单一视角下的研究不利于全面理解危机学习

目前的文献针对不同的研究主题存在不同的研究视角，又或者说从不同视角去看待危机学习的某个部分或环节，这好比盲人摸象，不能全面客观地认识危机学习。认知视角下的研究强调认知结构与认知能力的变化在危机学习中的作用，侧重于讨论危机间学习的过程与学习方式；而文化视角下的研究强调群体行为与规范的形成。因此比较而言，认知视角关注个人，文化视角更关注群体和组织层面。不同视角下研究对危机学习关注的焦点不同。目前，单一视角下针对危机学习的某一问题（如学习过程、学习障碍等）进行研究的文献较为普遍，缺乏多个视角下的整合研究。但是近期也出现了一些文化和认知融合的研究（Moynihan，2009；Broekema，2016），比如在危机学习的过程中，既有认知向行为转化的过程，也有个人、团体和组织间知识社会化的过程。未来需要更多跨视角的融合，才能更全面地诠释和改进危机学习。

（3）案例实证和数量实证还需进一步巩固

西方现有研究多采用调查研究、访谈、参与式观察、现场研究、案例分析等经验型研究方法，研究过程中重视第一手资料的获取，研究结论也不刻意获取具有普遍意义上的结论。广义上看，这些也属于实证研究（案例实证）。具体来说，已有文献以案例实证研究为主，运用单个、多个或者纵向多案例进行分析或对比，或是结合半结构化访谈、档案、调查报告等材料进行文本分析以解释其研究问题或验证某理论，一般性理论构架的文献比较少见，数理实证研究（如量化统计或实验研究）更是寥寥无几。公共部门危机学习的过程还是一个黑箱，学习效果也难以测量，这一定程度上造成了该领域内定量或实证研究的缺失以及理论和实践经验断层现象。实证研究方法的广泛运用是学科成熟的标志之一，从方法论的角度来看这也印证了学者认为危机学习是一个新兴的领域的观点（Le Coze，2013）。未来的研究要兼顾案例实证和数量实证，不断加强实证研究，以期从方法论角度加深对本体的认识。

七　本章小结与启示

目前政府危机学习的研究集中于欧美国家，国内研究成果数量很少。最初的研究始于 20 世纪 90 年代，围绕企业危机学习展开，之后伴随着建立学习型政府的一股热潮，国内公共管理学界展开了有关政府组织学习的研究，其中少量涉及政府从危机中学习的内容。

2003 年"非典"疫情之后，实践层面的危机反思开始在国家和地方各个层面出现，从宏观层面政策制定和制度完善到微观层面应急组织机构改革和领导危机意识提高，无不与灾害引发的学习有直接或者间接的关联。但是，这一时期出现的文献仍然是宽泛意义上的危机学习，直到近来才出现了少量相关度较高的研究，涉及危机学习的过程、要素、演进机制（李丹、马丹妮，2012；安志放，2013；赵晨等，2015），以及组织结构变革、组织"吉祥"文化、领导批示及灾后调查报告与组织学习之间的关系（方堃等，2012；钟开斌，2013；陶鹏，2016；张美莲，2016；马奔、程海漫，2017；易晓晨，2018）。由此可以初步总结国内有关研究的现状：研究数量有限，研究主题分散且欠缺，研究层次较浅，研究方法以描述性分析和案例研究为主，对政府部门危机学习的现实刻画及逻辑解释十分有限，政府危机学习还是一个黑箱。

借鉴国外研究成果，立足于国内研究现状，国内研究者可以尝试从以下方面对未来研究做进一步深化：第一，在核心概念界定上，要突出政府危机学习的本质及其与相近概念的区别；第二，在研究内容上，要弥补现有文献中忽视的若干重要议题；第三，在研究路径上，要开展经验主义和规范主义并重的研究；第四，在研究层面上，要发展更多中观和微观层面的机理研究；第五，在研究视角上，要开展更多多视角融合的研究；第六，在研究视域上，要逐步开展跨学科的政府危机学习研究。

在我国危机情境下继续研究政府危机学习的议题具有重要的现实意义和理论价值，需要秉持开放和谨慎态度，平衡本土化与国际化的关系，既要通过国际经验的横向比较与借鉴来为国内相关研究和政府管理实践提供重要经验，也要提高警惕性，过度依赖可能会适得其反。这是因为目前国外政府危机学习的研究脱胎于组织学习的基本理论，无论是理论探索还是实证研究都过于依赖私人部门的研究成果，忽视了公私部门在组织性质、特定目标、价值观以及结构等方面存在的差异性。公私部门之间的相似性和差异性要求我们在借鉴不同层次的私人部门危机学习过程来解释政府部门危机学习过程和机理时需要充分考虑公共组织的复杂性和动态性。

参考文献

양 기 근 , "Activating Organizational Learning in Crisis Management of Local Government: Strategy on the Organizational Learning in Crisis Management through Organizational Learning Archetypes," *Korean Local Government Review* 2 (2007): 123-142.

Argyris, C., Schön, D.A., *Organizational Learning: A Theory of Action Perspective*, Reading, MA:Addison-Wesley, 1978.

Birkland, T. A., *Lessons of Disaster: Policy Change after Catastrophic Events*, Washington D.C.: Georgetown University Press, 2006.

Birkland, T. A., "Disasters, Lessons Learned, and Fantasy Documents," *Journal of Contingencies and Crisis Management* 3 (2009): 146-156.

Boin, A., Hart, P., Stern, E., Sundelius, B., *The Politics of Crisis Management: Public Leadership under Pressure*, Cambridge: Cambridge University Press, 2005.

Boin, A., McConnell, A., Hart, P., *Governing after Crisis: The Politics of Investigation, Accountability and Learning*, Cambridge: Cambridge University Press, 2008.

Borodzicz, E., Haperen, K. V., "Individual and Group Learning in Crisis Simulations," *Journal of Contingencies & Crisis Management* 3 (2002): 139-147.

Broekema, W., "Crisis-Induced Learning and Issue Politicization in the EU: The Braer, Sea Empress, Erika, and Prestige Oil Spill Disasters," *Public Administration* 2 (2016): 381-398.

Brower, R. S., Sang, O. C., Jeong, H. S., Dilling, J., "Forms of Inter-Organizational Learning in Emergency Management Networks," *Journal of Homeland Security & Emergency Management* 1 (2009).

Brown, M. M., Brudney, J. L., "Learning Organizations in the Public Sector? A Study of Police Agencies Employing Information and Technology to Advance Knowledge," *Public Administration Review* 1 (2003): 30-43.

Cannon, M. D., Edmondson, A. C., "Failing to Learn and Learning to Fail (Intelligently): How Great Organizations Put Failure to Work to Innovate and Improve," *Long Range Planning* 38 (2005): 299-319.

Carley, K. M., Harrald, J. R., " Organizational Learning under Fire Theory and Practice," *American Behavioral Scientist* 3 (1997): 310-332.

Carroll, J. S., Fahlbruch, B., "The Gift of Failure: New Approaches to Analyzing and Learning from Events and Near-Misses, Honoring the Contributions of Bernhard Wilpert," *Safety Science* 1 (2011): 1-4.

Carroll, J. S., "Organizational Learning Activities in High-Hazard Industries: The Logics Underlying Self-Analysis," *Journal of Management Studies* 6 (1998): 699-717.

Carroll, J. S., "Organizational Learning Activities in High-Hazard Industries:The Logics Underlying Self-Analysis," *Journal of Management Studies* 6 (1998): 699-717.

Connolly, J. , "Dynamics of Charge in the Aftermath of the 2001 UK Foot and Mouth Crisis: Were Lessons Learned? " *Journal of contingencies & Crisis Maaagement* 4(2014): 209-222.

Crichton, M. T., Ramsay, C. G., Kelly, T., "Enhancing Organizational Resilience through Emergency Planning: Learnings from Cross-Sectoral Lessons," *Journal of Contingencies & Crisis Management* 1 (2009): 24-37.

Dekker, S., Hansén, D., "Learning under Pressure: The Effects of Politicization on Organizational Learning in Public Bureaucracies," *Journal of Public Administration Research & Theory* 2 (2004): 211-230.

Deverell, E. C., Olsson, E. K., " Learning from Crisis: A Framework of Management,

Learning and Implementation in Response to Crises," *Journal of Homeland Security & Emergency Management* 1 (2009): 19-42.

Deverell, E. C., *Crisis-Induced Learning in Public Sector Organizations*, Stockholm: Elanders Sverige, 2010.

Donahue, A. K., Tuohy, R. V., "Lessons We Don't Learn: A Study of the Lessons of Disasters, Why We Repeat Them, and How We Can Learn Them," *Homeland Security Affairs* 2 (2006): 1-28.

Drupsteen, L., Guldenmund, F. W., "What Is Learning? A Review of the Safety Literature to Define Learning from Incidents, Accidents and Disasters," *Journal of Contingencies & Crisis Management* 2 (2014): 81-96.

Drupsteen, L., Groeneweg, J., Zwetsloot, G. I., "Critical Steps in Learning from Incidents: Using Learning Potential in the Process from Reporting an Incident to Accident Prevention," *International Journal of Occupational Safety and Ergonomics* 1 (2013): 63-77.

Elliott, D., "The Failure of Organizational Learning from Crisis a Matter of Life and Death?" *Journal of Contingencies & Crisis Management* 3 (2009): 157-168.

Elliott, D., Macpherson, A., "Policy and Practice: Recursive Learning from Crisis," *Group & Organization Management* 5 (2010): 572-605.

Elliott, D., Smith, D., Mcguinness, M., *Exploring the Failure to Learn: Crises and the Barriers to Learning*, St. John's University, College of Business Administratio, 2000.

Elliott, D., Smith, D., "Cultural Readjustment after Crisis: Regulation and Learning from Crisis within the UK Soccer Industry," *Journal of Management Studies* 2 (2006): 289-317.

Granatosky, M., A Study of the Handling of Lessons Processing in Lessons Learned Systems and Application to Lessons Learned System Design, Thesis Collection, US Naval Postgraduate School, 2002.

Hart, P., "After Fukushima: Reflections on Risks and Institutional Learning in An Era of Mega-Crises," *Public Administration* 1 (2013): 101-113.

Jacobsson, A., Åsa Ek, Akselsson, R., "Method for Evaluating Learning from Incidents Using the Idea of 'Level of Learning'," *Journal of Loss Prevention in the Process Industries* 4 (2011): 333-343.

Kaliner, J., When Will We Ever Learn? The After Action Review, Lessons Learned and the Next Steps in Training and Educating the Homeland Security Enterprise for the 21st Century, Naval Postgraduate School, 2013.

Kim, H., Macdonald, R. H., Andersen, D. F., "Simulation and Managerial Decision Making: A Double-Loop Learning Framework," *Public Administration Review* 2 (2013): 291-300.

Lagadec, P., "Learning Process for Crisis Management in Complex Organizations," *Journal of Contingencies & Crisis Management* 1 (1997): 24-31.

Le Coze, J.C., "What Have We Learned about Learning from Accidents? Post-Disasters Reflection," *Safety Science* 1 (2013): 441-453.

Lindberg, A. K., Hansson, S. O., Rollenhagen, C., "Learning from Accidents-What More Do We Need to Know?" *Safety Science* 6 (2010): 714-721.

Mahler, J., Casamayou, M. H., *Organizational Learning at NASA: The Challenger and the Columbia Accidents*, Washington, D.C.: Georgetown University Press, 2009.

McCurdy, H. E., "Can Government Organizations Learn and Change? " *Public Administration Review* 2 (2011): 316-319.

Moynihan, D. P., Luyt, N., "How Do Public Organizations Learn? Bridging Cultural and Structural Perspectives," *Public Administration Review* 6 (2009): 1097-1105.

Moynihan, D. P., "From Intercrisis to Intracrisis Learning," *Journal of Contingencies & Crisis Management* 3 (2009): 189-198.

Moynihan, D. P., "From Intercrisis to Intracrisis Learning," *Journal of Contingencies & Crisis Management* 3 (2009): 189-198.

Moynihan, D. P., "Learning under Uncertainty: Networks in Crisis Management," *Public Administration Review* 2 (2008): 350-365.

Nævestad, T. O., "Safety Cultural Preconditions for Organizational Learning in High-Risk Organizations," *Journal of Contingencies & Crisis Management* 3 (2008): 154-163.

Nathan, M. L., Kovoor-Misra, S., " No Pain, Yet Gain Vicarious Organizational Learning from Crises in an Inter-Organizational Field," *Journal of Applied Behavioral Science* 2 (2002): 245-266.

Rose, A., "'Free Lessons' in Aviation Safety," *Aircraft Engineering & Aerospace Technology* 5 (2004): 467-471.

Sagan, S. D., *The Limits of Safety: Organizations, Accidents, and Nuclear Weapons*, Princeton, NJ: Princeton University Press, 1993.

Savoia, E., Agboola, F., Biddinger, P. D., "Use of After Action Reports (AARs) to Promote Organizational and Systems Learning in Emergency Preparedness," *International Journal of Environmental Research and Public Health* 8 (2012): 2949-2963.

Simmons, C., Crisis Management & Organizational Learning: How Organizations Learn from Natural Disasters, Ssrn Electronic Journal (February 28, 2009).

Simon, L., Pauchant, T. C., *Developing the Three Levels of Learning in Crisis Management: A Case Study of the Hagersville Tire Fire*, St. John's University, College of Business Administration, 2000.

Smith, D., Elliott, D., "Exploring the Barriers to Learning from Crisis Organizational Learning and Crisis," *Management Learning* 5 (2007): 519-538.

Sommer, M., Njå, O., "Dominant Learning Processes in Emergency Response Organizations: A Case Study of a Joint Rescue Coordination Centre," *Journal of Contingencies &*

Crisis Management 4 (2012): 219-230.

Stern, E., "Crisis and Learning: A Conceptual Balance Sheet," *Journal of Contingencies & Crisis Management* 5 (1997): 69-86.

Turner, B. A., "The Organizational and Interorganizational Development of Disasters," *Administrative Science Quarterly* 3 (1976): 1-59.

Van de Velde, D., "Learning from the Japanese Railways: Experience in the Netherlands," *Policy & Society* 2 (2013): 143-161.

Wahlström, B., "Organizational Learning-Reflections from the Nuclear Industry," *Safety Science* 1 (2011): 65-74.

Wahlström, B., "Organizational Learning-Reflections from the Nuclear Industry," *Safety Science* 1 (2011): 65-74.

Wang, J., "Developing Organizational Learning Capacity in Crisis Management," *Advances in Developing Human Resources* 3 (2008): 425-445.

安志放:《论组织学习与政府危机管理动态能力的提升》,《辽宁行政学院学报》2013 年第 10 期。

方堃、姜庆志、杨毅:《政府公共危机治理中的学习与组织结构变革研究——以复杂适应性为线索》,《大连理工大学学报》(社会科学版) 2012 年第 1 期。

李丹、马丹妮:《公共部门危机学习动态过程及其系统要素研究》,《四川大学学报》(哲学社会科学版) 2012 年第 2 期。

马奔、程海漫:《危机学习的困境:基于特别重大事故调查报告的分析》,《公共行政评论》2017 第 2 期。

陶鹏:《灾害批示与公共组织学习演进机制:以安全生产管理制度为例》,《公共行政评论》2016 年第 1 期。

易晓晨:《重特大安全事故危机学习的形成机制及影响因素研究》,硕士学位论文,中国科学技术大学,2018。

张美莲:《危机学习面临的挑战——一个事故调查报告的视角》,《吉首大学学报》(社会科学版) 2016 年第 1 期。

赵晨、高中华、陈国权:《我国政府从突发公共事件中学习的步骤及对策》,《科技管理研究》2015 年第 2 期。

钟开斌:《从灾难中学习:教训比经验更宝贵》,《行政管理改革》2013 年第 6 期。

第三篇

政府危机学习现状分析

第三章 政府危机学习教训：危机情境中领导力的视角[*]

罗斯指出总结经验教训是灾后学习最直观的形式。它是危机学习的第一步，在已有相关研究中最常见并且成果最多。本章也从我国政府究竟从危机中得到了哪些经验教训这一初始命题出发。由于危机情境下卓越领导力的重要性毋庸置疑，因而识别危机中领导者持续出现的教训也非常有必要。本章运用案例研究方法，选择2003年以来发生在我国的六起重特大事故灾难进行应急响应失灵表现及其频次的梳理。研究发现：快速评估、协调联动、先期处置、决策指挥和危机沟通是我国重特大事故灾难应急响应时最易出现失灵的关键环节；而这些持续的教训意味着危机情境下领导者在意义感知、决策制定和意义建构等方面存在能力不足。

一 引言与文献回顾

危机学习有关问题在国外研究中已经获得了大量研究者的关注（Stern，1997；Carroll and Hatakenaka，2001；Elliott and Smith，2000；Moynihan，2009；McCurdy，2011）。而其中"学到什么"（Lessons Learned）这一主题

---

* 原刊于《社会治理》2017年第2期，作者张美莲，略有改动，原题为《危机处置领导力不足的关键环节——基于六起特大事故灾难应急响应失灵的分析》，北京市社科基金一般项目（15JDJGB049）阶段性成果。

的研究成果最多。几乎每一次巨灾和重大危机都伴随着大量的经验总结和教训反思。Donahue 和 Tuohy 在《卡特尼娜飓风调查报告》发表后指出，即使是一般响应者也可以很容易指出飓风响应过程中的问题所在。研究者围绕指挥结构问题指出它们反复发生的其中一个原因是我们从未真正从中吸取教训（Donahue and Tuohy，2006）。Hyeon Kim 在其研究中提及的东亚地区三起渡船事故（2012 年香港"南丫 4 号"沉船事故、2014 年韩国"世越"号客轮事故、2015 年中国"东方之星"号游轮翻沉事故）就能说明这点（Kim，2016）。这三起事故暴露出一些相同的管理不足，如果我们可以从过去发生的类似事故中吸取教训（如有关单位和管理部门能够提高航行水平和规范、增加培训、加强安全检查监督等），那么这些事故就可能不会发生。重大突发事件后深刻反思的文献不计其数，如 Kevin Pollock 在联合紧急服务互通项目（Joint Emergency Services Interoperability Programme，JESIP）下开展了一项研究，分析了英国自 1986 年以来在紧急事件和重大事故中反复出现的失败和教训（Pollock，2013）。

类似研究有几个基本特征：围绕单一特定事件进行全方位的经验反思，围绕某一具体教训通过多次事故进行反思，或者是历时分析，通过长时段重大突发事件的综合回顾和响应比较来总结多个问题上持续出现的教训。在我国，从危机中学习的问题已获得了一些研究者的关注（李丹、马丹妮，2012；安志放，2013；陶鹏，2016）。但总的来说，我国各级政府对从突发事件中学习的重视程度不高，过程不够系统，方法不够科学，这使得当前的政府学习行为在很大程度上仍处于自发的状态，最终导致政府学习成效不高（赵晨、高中华、陈国权，2015）。

新时期危机发生已成为一种常态，如何从危机中总结经验教训并加以利用从而更好地应对未来，这对我国各级政府而言都至关重要。另一方面，过去十余年内，我国经济社会高速发展，生产事故类的突发事件频繁涌现。尽管近几年来全国各类安全生产事故总量持续下降，但是重特大事故仍然很多，2015 年全国 21 个省区市共发生 38 起重特大事故，平均每 10 天一起，各类事故灾难所带来的经济损失更是难以估计。本章选择 2003 年以来我国六起重特大事故灾难进行梳理，在应急响应流程分析框架下总结其不同任务失灵的具体表现，并针对这些失灵来分析危机中反复发生的教训及其潜在原因，试图为领导者进行经验学习并进一步提高危机领导力提供方向。

要归纳应急响应过程中不断出现或者反复发生的经验教训，首先需要对应急响应流程进行活动细分和范畴界定。借鉴美国做法李湖生等提出了突发事件应对通用任务框架，在任务框架中，应急响应环节包括抢救与保护生命、满足基本需要、保护财产和环境、消除现场危险因素以及事件管理协调等（李湖生，2013）。张勇进和汪玉凯指出战时应急处置阶段的工作环节有预案启动、物资调运、组织结构建立、抢险救援、人员安置、灾害监控、应急运输以及生命线工程恢复等八项内容（张勇进、汪玉凯，2010）。周友苏认为政府在公共危机应急处置救援阶段的主要行为有启动应急预案、成立领导与指挥系统、抢险救援、社会秩序控制、信息收集与发布、社会动员（周友苏，2013）。孙文波将应急处置与救援过程分为动员与组织、指挥与决策、协调与沟通、应急保障、应急救援、应急控制六个部分（孙文波，2012）。李雪峰等对应急响应环节的分析维度进行界定，提出了形势研判、决策制定、领导指挥、协调协同、公众沟通和危机终止六个方面（李雪峰等，2015）。

已有研究对应急响应流程或者环节的界定划分存在些许差异，各有侧重，也各有缺失，如李湖生、张勇进等并没有纳入风险沟通的内容。总的来说，都是围绕响应目标开展的任务分析，这为本章对应急响应流程的界定提供了借鉴思路。任何事故灾难应急响应的基本流程都是先期处置—快速评估—决策指挥—协调联动—危机沟通。具体的响应任务根据事件类别差异有所不同，针对本章选取案例，我们认为应急响应的主要任务环节可细分为：先期处置（启动现场处置预案、成立指挥机构、现场封闭、疏导交通、人群疏散、伤员救治、排除险情、事态控制、上报信息）、快速评估（事件损失和影响评估、灾民需求评估）、决策指挥（现场指挥、资源和人员调配、交通保障、治安维护、预防次生衍生灾害、信息上报）、协调联动、危机沟通（灾情发布、舆情引导和媒体沟通）等，如图3-1所示。

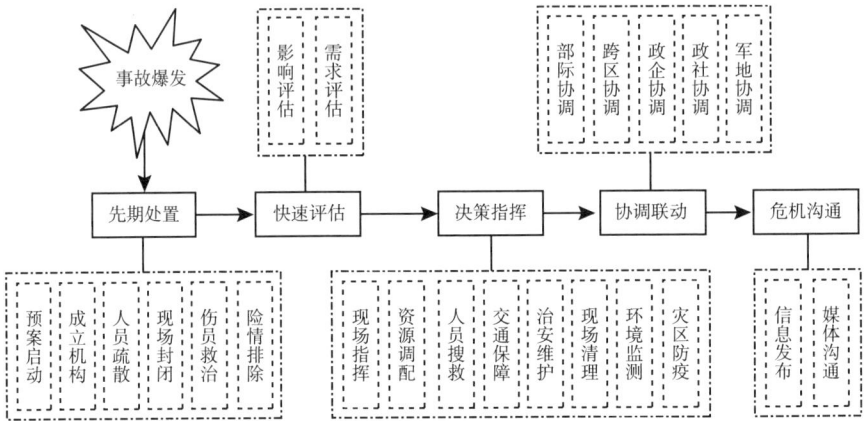

图3-1　重大事故灾难应急响应流程及具体任务

二　案例选择及分析思路

失灵（Failure）可以视为一种与期望结果的偏离，包括可以避免的错误以及不可避免的负面结果。失灵也有多种表现，如低效、无效、失败、失控等。国外有关灾害科学和应急管理研究的文献中类似表达还有"Malfunction" "Dysfunction" "Breakdown" "Out of Run" "Out of Control"等。基于应急响应流程的任务失灵分析，其思路是将应急响应过程根据事件发展的时间和任务脉络进行细分，针对具体任务的开展情况和实施结果进行失灵与否的判断。重大事故灾难的发生往往缺乏先兆，演化路径也难以预测，因此具体任务的开展过程中常常出现各种不同程度和表现不一的失灵现象。某一个环节的失灵并不一定导致整个响应活动的失败，但是哪些任务环节常常发生且极易引发响应失灵现象，这一问题亟须回答。

本章选择自2003年以来国内多起重特大事故灾难作为案例分析对象，

见表 3-1。这些事故具有一些共同特征：都被认定为特大责任事故，都是由忽视安全生产隐患和违规操作等造成的，事发后的应对处置能够整体上反映我国政府、企业、社会组织和公众应对重大事故灾难的现状和问题，具有代表性。

表 3-1　六起事故灾难的背景信息

案例	案例1："12·23"开县井喷事故	案例2："11·13"吉林双苯厂爆炸事故	案例3："6·3"吉林宝源丰禽业公司火灾事故	案例4："11·22"青岛油管泄漏爆炸事故	案例5："8·2"昆山工厂爆炸事故	案例6："8·12"天津港爆炸事故
发生时间	21:55	13:36	6:10	10:25	7:34	23:34
事件影响	243死，直接经济损失达8200余万元	8死，60伤，直接经济损失6908万元，引发松花江水污染	121死，76伤，直接经济损失1.82亿元	62死，136伤，直接经济损失超过7.5亿元	146死，114伤，直接经济损失超过3.51亿元	165死，798伤，直接经济损失68.66亿元
持续时间	约85小时	约两天	4~5小时	约三天	不到1小时	约41小时
事故发生地	重庆市开县高桥镇罗家寨	吉林石化公司101双苯厂化工车间	德惠市吉林宝源丰禽业公司主厂房	青岛经济技术开发区	昆山市昆山经济技术开发区	天津滨海新区塘沽开发区瑞海公司危险品仓库
事故等级	特大责任事故	特大责任事故	特大责任事故	特大责任事故	特大责任事故	特大责任事故
责任单位	中石油	中石油	宝源丰禽业有限公司	中石化	中荣公司	瑞海公司

资料来源：笔者整理。

以上述案例为考察对象，搜集事故调查报告，由于部分案例报告中处置环节内容信息不足，为此在知网数据库中就这些事故进行文献搜索，并辅以报刊、年鉴、网络专题报道等。各案例的文献数量及主题特点等见表 3-2。围绕事故处置和应急响应环节对搜集的二手数据进行梳理和分析，特别关注事故发生经过、救援情况、组织任务分工及开展结果等方面。

表 3-2　知网中六起事故灾难有关文献基本情况

案例	文献数量	分布特点	主题
案例1	60余篇	以事故救援纪实报道为主，学术性文献较少	应急救援行动及效果分析、农村广播重要性、环境知情权、政企联动等
案例2	70余篇	主题集中在媒体和信息沟通方面	媒体报道、信息传播、危机沟通与政府形象、环境知情权、流域生态补偿、跨界水体保护等
案例3	30余篇	以媒体报刊报道为主，学术文献较少	消防安全、生产安全及安全监管等
案例4	约25篇	主题分散，学术文献少，短评多	供血应急保障、政府间权责分配、事故处置分析、卫星遥感技术应用、风险评估、安监执法等
案例5	30余篇	以报刊报道、短评为主	医疗救援、伤员救治、粉尘爆炸、安监安检等
案例6	20余篇	学术性文献仅10余篇	舆情应对、信息传播、谣言形成、社会工作等

资料来源：笔者整理。

结合图 3-1 与案例资料中关于失灵环节的描述，将各案例中应急响应具体任务及其出现失灵与否的结果汇总在表 3-3 中。失灵与否的判断基于灾害调查报告、媒体报道、公众评价等。各案例中响应失灵环节的频次也统计列入表中。

根据表 3-3，从应急响应任务来看，各个案例中最易发生任务失灵的环节有：险情排查排除（5次）、事故影响评估（5次）、现场指挥（5次）、政企协调（5次）、应急需求评估（4次）、预防次生灾害（4次）、信息报告与发布（4次）；从应急响应流程来看，各个案例中应急响应流程中出现失灵频次从高到低依次是快速评估（6次）、协调联动（5次）、先期处置（5次）、决策指挥（5次）和危机沟通（4次）。数字表明，这些应急响应流程在绝大多数的重大事故灾难中会出现不同的失灵现象。响应流程中的具体任务在指挥组织结构中由不同的角色来承担和具体实施，既包括不同层级的领导者和指挥者，也包括战术层的执行者，这里我们仅关注领导层（包括战略层和战术层）的响应能力问题。

表3-3 基于应急响应流程的任务失灵及频次

流程	任务	案例1	案例2	案例3	案例4	案例5	案例6	任务频次	流程频次
先期处置	启动预案	×	〇	—	〇	—	—	2	5
	成立机构	—	—	—	×	—	—	—	
	疏散群众	×	×	—	—	〇	—	3	
	封闭现场	×	—	—	×	〇	—	2	
	伤员救治	×	—	×	—	〇	—	2	
	险情排查排除	×	×	×	×	〇	×	5	
快速评估	事故影响评估	〇	×	×	〇	—	×	5	6
	应急需求评估	—	×	×	〇	×	×	4	
决策指挥	现场指挥	×	×	×	〇	×	×	5	5
	资源调配	×	—	—	〇	—	×	2	
	交通保障	×	×	—	〇	—	—	1	
	治安维护	—	—	—	×	—	—	3	
	现场清理	—	×	×	〇	—	—	1	
	环境监测	〇	×	〇	〇	—	—	1	
	预防次生灾害	〇	×	〇	×	—	×	4	
协调联动	政府内部际协调	—	×	×	×	〇	×	3	5
	政府间跨区协调	—	×	×	〇	〇	×	2	
	政企协调	×	×	×	×	〇	×	5	
	政社协调	〇	×	×	〇	〇	—	—	
危机沟通	信息报告与发布	—	×	×	×	〇	—	4	4
	舆情引导与媒体沟通	〇	〇	×	—	—	×	3	

注：符号"〇"表示事故应急响应过程中具有某具体响应任务，符号"×"表示某应急响应任务出现失灵现象，符号"—"表示无法从现有材料中判断该任务是否出现失灵。

资料来源：笔者整理。

三 基于应急响应流程的危机领导力

聚焦于应急响应过程中的领导力问题是出于其重要性的考虑，现实中失灵现象的反复出现与领导者密切相关。灾害是具有破坏性的，需要有能力的领导，这也被很多实践所证实。就 2005 年美国卡特尼娜飓风而言，Comfort 等认为领导力低下是飓风由天灾演变成人祸的重要原因（Comfort and Okada，2013），Martin 也指出卡特尼娜飓风应对最重要的经验教训就是需要有强有力的领导（Martin，2007）。

尽管危机领导力的重要性得到研究者们的一致认可，但是不同研究者对危机领导力核心构成能力的看法有所差异。James 和 Wooten 指出危机领导中六种核心能力的实施有助于推动组织变革，而这六种能力分别是在组织中形成信任氛围的能力、培养和创造合作观念的能力、发现组织脆弱性的能力、快速决策能力、勇于行动的能力及危机学习能力（James and Wooten，2005）。Muffet-Willett 和 Kruse 提出了危机领导的三个关键特征分别是了解响应操作和运行、熟悉高压和时间约束下决策及有能力展示和沟通愿景（Muffet-Willett and Kruse，2009）。

究竟哪些领导力要素对于重大事故灾难的应急响应最为关键尚且没有一致看法。Arjen Boin 是著名的应急管理专家，在跨界危机管理方面做了大量研究。他和一些学者提出危机中公共领导力的五个关键任务分别是意义感知、决策制定、意义建构、危机终止和危机学习（Boin et al.，2005）。较于前述学者观点，这一划分涵盖了本章应急响应流程中的若干核心任务（如研判、指挥决策、沟通等等），因此本章借用 Arjen Boin 的危机领导力理论作为分析框架。对应上述应急响应流程，危机中领导的意义感知主要体现在先期处置和快速评估流程中，决策制定主要表现在决策指挥和协调联动流程中，意义建构则表现为危机沟通方面；危机终止和危机学习则不在应急响应过程的分析范畴内。根据 Boin 对上述概念的理解及表 3-3 中各个流程的任务失灵情况，笔者认为：在我国现阶段发生的重大事故灾难中，领导者（或者决策者和指挥者等）在危机意义感知、决策制定和意义建构等关键性任务方面都存在重复失灵。这些失灵在不同的事故中有不同的表现，下文将重点分析这些在多个事故中反复出现的教训。

表 3-4　应急响应过程中危机领导力不足

案例	意义感知 （Sense Making）	决策制定 （Decision Making）	意义建构 （Meaning Making）
案例1	×	×	—
案例2	×	×	×
案例3	×	×	×
案例4	×	×	×
案例5	×	—	—
案例6	×	×	×

注：符号"×"表示某关键任务在案例中失灵，"—"表示无法判断。

资料来源：笔者整理。

四　应急响应中领导者能力不足

1.危机爆发之初领导者危机研判能力不足

意义感知（Sense Making）就是"认识危机"，指当面临突然来临的危机时领导决策者需要从含糊不清、模棱两可甚至矛盾的信息中发现一些不同寻常的东西，这些东西往往是隐藏着的，决策领导者必须认识到它们正在发展，必须要评估这些东西可能带来的威胁，要确定威胁到谁？接下来会如何演变？简单地说，就是危机领导者需要在危机开始显露或者爆发时迅速明白发生了什么事。Boin 认为危机领导力中领导者危机感知的能力最为关键，也就是能否对事故和灾情进行准确认知的能力，而这又取决于领导者的专业水平和经验。上述多个案例表明，重大事故灾难的应急响应过程中，领导者对险情认识不足、敏锐度不高，对灾情险情的初步评估和研判往往有误。主观上缺乏足够重视、缺乏相关的知识储备和经验，客观上缺乏辅助研判的准确信息等都导致领导者对危机的认识能力不足。

吉林双苯厂爆炸事故（案例2）中，当厂区第一次爆炸发生后不久，企业专供消防队伍和附近的吉林市消防支队迅速赶往现场，但是现场指挥决策者在对事故爆炸情况缺乏充分了解的情况下命令消防队伍进入现场灭火并实施救援行动。由于决策者缺乏对现场情况的准确判断，大量消防人员在随后厂区发生的多次连环爆炸中死亡或受伤。

缺乏经验或相关背景知识也会造成对灾情认识不清，吉林宝源丰火灾事故、青岛油管泄漏爆炸事故和昆山工厂爆炸事故都是如此。宝源丰火灾事故（案例3）在灭火结束后的事故现场清理时出现了难题，长春市政府和有关专家缺乏专业化救援指导和实践经验，一度使得事故现场的液态氮的处置工作进展缓慢，严重影响了其他工作的开展（国家行政学院应急管理案例研究中心，2015）。青岛油管泄漏爆炸事故（案例4）发生后，青岛开发区管委会及企业双方负责人在发现原油泄漏之后都没有及时估计原油泄漏量，更没有对事故泄漏可能造成爆炸或其他的事故有所察觉。企业最初把该事故视为一般突发状况（刘子倩、苏晓明，2013）。国家安监总局新闻发言人指出，原油泄漏到爆炸8个多小时，其间从企业到政府的有关部门对事故风险研判失误，没有及时采取封路警戒措施，也没有及时通知疏散周边群众（陈炜伟，2013）。有关领导对险情的低估和错误判断造成应对不力。这似乎从一个侧面再次印证了以经验为基础的危机学习（Experience Based Crisis Learning）的影响或者效果明显，"直接遭受危机是一个强有力且让人难忘的经历，鲜明的记忆能够让个人和组织去领悟危机的起因及其应对行动的效果"（阿金·伯恩等，2010）。在昆山工厂爆炸事故（案例5）中，媒体围绕"粉尘爆炸"进行了许多报道，从中不难发现，事故有关单位负责人在爆炸发生后甚至都没有及时意识到爆炸源是什么以及为什么会发生爆炸，可见其对于潜在的危险浑然不知。

尽管危机领导者主观上重视，但现实中还可能因缺乏信息或信息碎片化等问题对潜在风险评估不准确，进而影响开展及时有效的危机应对。天津港爆炸事故（案例6）发生后的第二天上午，天津爆炸现场救援指挥部决定暂停现场救援，待现场勘查完毕后再决定下一步行动。但是因为此次事故爆炸地点的危化品数量、种类、存储方式等都不清楚，所以指挥部和领导者风险评估这一环节耗时较长，这也再次印证了当前重大事故灾难中领导者危机研判能力不足。

2. 在面对复杂情境和信息获取困难时领导者难以科学决策和高效指挥

决策制定（Decision Making）是领导者在危机情境下的回应表现之一。危机情境往往有多种表现和需求，究竟如何做出决策需要领导者权衡可用资源以及对决策目标进行科学合理的排序。上述多个案例暴露出决策指挥人员在面临事件冲击时容易出现决策失误或者指挥失灵。

重庆井喷事故（案例1）发生后的几小时内，现场指挥部和钻井公司负责人就面临是否采用点火的方式来压井的决策难题。开县政府领导和钻井公司现场负责人面对点火会造成国有企业重大财产损失和不点火却导致有毒的硫化氢气体不断排放并加剧村民伤亡的双重压力，犹豫不定，缺乏判断力和果断性，难以做出及时点火的正确决策。

成功的危机管理并不仅仅取决于关键决策的制定，还取决于整个响应网络对于危机决策执行和响应协作情况。然而，在上述多个案例中，部门协调、政企协调以及社会协调不力也是危机回应失败的重要方面。

重庆井喷事故（案例1）发生后，事故责任单位川东钻探公司和当地政府都各自组建了指挥机构，事发地政府是基层县级人民政府，事故责任单位川东钻探公司隶属重庆市的四川石油管理局，因此两个应急指挥部间缺乏协调，各自为战。除了政企协调困难之外，部门之间也存在类似情况。吉林双苯厂爆炸事故（案例2）发生后，企业第一时间出动了专职消防队伍，其安全总监随后带领工作组和技术人员赶往爆炸厂区并参与救援工作。但是作为事故责任单位，企业在整个抢险过程中究竟有哪些具体救援行动、如何参与并协助政府应急抢险，这些信息在已有文献中都不清楚。由于立场不同和利益冲突，企业方面希望爆炸和伤亡得到快速解决，对于苯类污染物大量流入松花江缺乏足够重视，更没有及时采取有效措施予以控制，导致了事态扩大。在天津港爆炸（案例6）发生后，由于事故涉及危险化学品种类多、数量大，现场散落大量氰化钠和多种易燃易爆化学品，不确定危险因素众多，加之现场道路阻断，救援难度增加。这些困难造成了爆炸后的初期现场救援准备和能力明显不足，先期处置的应对措施不够有效。而爆炸后社会组织自发地参与救援，也因为缺乏有序的引导而加剧了救援过程中的混乱场面。

3. 危机情境下领导者意义建构能力有限

意义建构（Meaning Making）是指领导者在形成自身对危机的认识和判断后，需要将危机认识对外公布，使公众特别是受灾地公众接受这一认识。其目的是影响人们对危机的认识，从而加强公众对其决策的支持。换言之，意义建构可理解为危机政治下的风险沟通问题，包括"危机框架策略"、危机信息报告和发布、媒体沟通以及舆情引导等等，而这些也是我国大量重大事故灾难中反复出现的教训。

在开县井喷事故（案例1）发生后，开县政府组织人力告知村民转移，却还是未能让村民及时有效地离开家园，人员疏散和转移的过程中还是出现了不少村民返回家中的情况。有文献指出这是因为事故发生时间较为久远，地处西部农村，当地缺乏广播。尽管随着社会的发展，这些情况已经有了很大的改善，但是政府领导的危机沟通仍然暴露出许多问题，比如危机信息的报告方面。松花江水污染发生后，有关部门并没有及时向上级部门报告这一情况，也没有及时将信息对外发布，而是采取了瞒报、谎报，从而导致了哈尔滨市民抢水和恐慌的现象。

在自媒体发展迅速的今天，信息传播渠道多种多样，许多与灾害有关的人也能够在极短的时间内将事故的信息传播出去，因此政府如何在这个过程中快速提供可信的、真实的、权威性的与危机有关的信息和解释，妥善有效地开展媒体沟通并且准确把握舆情的发展方向，对于最终战胜危机非常重要。宝源丰火灾事故（案例3）前期，当地政府在媒体沟通和应急舆论引导环节上出现了应对不力的情况。事发次日（6月4日）下午，宝源丰火灾爆炸事故现场救援指挥部召开第三次新闻发布会，却仅仅4分钟就结束了，对事故原因和遇难者名单等公众关注的问题均未做出回答。两天后（6月6日）德惠市委召开新闻发布会，遗憾的是仍然没有做出有效的信息发布（国家行政学院应急管理案例研究中心，2015）。天津港事故（案例6）中也曾出现舆情应对不力的情况，在爆炸发生后，由于不清楚事故爆炸的原因以及爆炸地区危化品的有关信息，一时间各种流言满天飞。而此次事故中政府部门的新闻发布也让人失望，在事故发生后的前8次新闻发布会中，对于爆炸事件的伤亡通报、救援进展、危险化学品品类及处置措施等关键性信息，新闻发布人表述模糊，搪塞推诿，严重影响到新闻发布会的权威性与政府的公信力。

五　本章小结

危机中领导力的提升对于有效应对和处置事故灾难具有积极作用，这一点毋庸置疑。识别危机情境下领导者反复出现的失误是从危机中学习的第一步，即总结经验教训。本章通过梳理指出，危机响应中领导和指挥人员容易在快速评估、协调联动、先期处置、决策指挥和危机沟通等环节中出现失灵，而这些失灵意味着危机领导者在意义感知、决策制定和意义建构等方面存在较大不足。

未来需要通过借鉴经验教训，不断提高领导者和指挥人员的意义感知能力、决策制定能力以及意义建构能力，从而避免再出现类似错误，重复各种响应失灵。首先，提高领导者认识危机的能力需要领导者从思想上牢固树立风险和危机意识，时刻保持清醒头脑，从那些初露端倪的现象中察觉出潜在的威胁，需要通过各种手段不断地学习与事故灾难有关的知识，提高知识储备，此外还要不断完善应急信息指挥系统来辅助决策。其次，提高领导者决策指挥能力需要领导者善于先期处置并控制事态恶化发展，要明确处置需求并快速做出正确决断，以免错失处置的最佳时机，要整合各方力量通力合作进而有条不紊地控制危机发展，而这需要建立反应灵敏的信息支持机制、形式多样的决策咨询机制、高效统一的指挥协调机制来加以保障。最后，提高领导者风险沟通和媒体应对的能力，需要完善当前的新闻发布机制以及危机新闻报道的快速反应机制，要重视信息的密集收集，树立网络舆情的风向标，及时回应公众关心的问题。

参考文献

Amy Donahue, Robert Tuohy, "Lessons We Don't Learn: A Study of the Lessons of Disasters, Why We Repeat Them, and How We Can Learn Them," *Homeland Security Affairs* 2 (2006): 1-10.

Arjen Boin et al., *The Politics of Crisis Management: Public Leadership under Pressure*, New York: Cambridge University Press, 2005, p.10.

Dominic Elliott, Denis Smith, "Exploring the Failure to Learn: Crises and the Barriers to Learning," *St John's University College of Business Administration* 3 (2000): 17-24.

Donald Moynihan, "From Intercrisis to Intracrisis Learning," *Journal of Contingencies & Crisis Management* 3 (2009): 189-198.

Eric Stern, "Crisis and Learning: A Conceptual Balance Sheet," *Journal of Contingencies & Crisis Management* 2 (1997): 61-77.

Erika Hayes James, L.P. Wooten, "Leadership as (Un)usual: How to Display Competence in Times of Crisis," *Organizational Dynamics* 2 (2005): 141-152.

Howard McCurdy, "Can Government Organizations Learn and Change? " *Public Administration Review* 2 (2011): 316-319.

Hyeon Kim, "Lessons from Recent Ferry Accidents in Eastern Asia," *Public Administration Review* 1 (2016): 16-17.

John Carroll, Sachi Hatakenaka, "Driving Organizational Change in the Midst of Crisis," *MIT Sloan Management Review* 3 (2001): 70-79.

Kevin Pollock, Review of Persistent Lessons Identified Relating to Interoperability from Emergencies and Major Incidents Since1986, http://www.epcollege.com/EPC/medi a/Media Library /Knowledge% 20Hub%20Documents/ J%20 Thinkpieces/O cc6-Paper-v2.pdf.

Louise Comfort, Aya Okada, "Emergent Leadership in Extreme Events: A Knowledge

Commons for Sustainable Communities," *International Review of Public Administration* 1 (2013): 61-77.

Muffet-Willett, Stacy L., S. D. Kruse, "Crisis Leadership: Past Research and Future Directions," *Journal of Business Continuity and Emergency Planning* 3 (2009): 248-258.

Richard Martin, "Battle-Proven Military Principle for Disaster Leadership," *Fire Engineering* 8 (2007): 69-90.

〔荷兰〕阿金·伯恩等著《危机管理政治学——压力之下的公共领导能力》,赵凤萍、胡杨等译,河南人民出版社,2010,第155页。

安志放:《论组织学习与政府危机管理动态能力的提升》,《辽宁行政学院学报》2013年第10期,第7~9页。

陈炜伟:《原油泄漏到爆炸发生的8小时》,http://news. xinhuanet. com/energy/ 2014-01/11/c _125989683.htm。

国家行政学院应急管理案例研究中心:《应急管理典型案例研究报告(2015)》,社会科学文献出版社,2015,第68~69页。

国家行政学院应急管理案例研究中心:《应急管理典型案例研究报告(2015)》,社会科学文献出版社,2015,第56~69页。

李丹、马丹妮:《公共部门危机学习动态过程及其系统要素研究》,《四川大学学报》(哲学社会科学版)2012年第2期,第94~98页。

李湖生:《非常规突发事件应急准备体系的构成及其评估理论与方法研究》,《中国应急管理》2013年第8期,第13~22页。

李雪峰、曾小波、董晓松:《"4·20"芦山强烈地震应对案例研究——对各级政府应急响应的描述、分析与反思》,社会科学文献出版社,2015,第12页。

刘子倩、苏晓明:《中石化泄漏爆炸:空白的7个小时》,http://finance. inews week. cn/ 20131129, 75743, 6.html。

《2013年上半年我国发生各类生产安全事故逾22万起》,http://news.sina. co m.cn/ o/2013-07-30/155027811379.shtml;国家安监总局:《2014年安全事故29万起 死亡人数6.6万人》,http://news.eastday. com/c/lh2015/u1a8615206.html;国家安监总局:《去年我国安全生产事故和死亡人数双下降》,http://china.cnr.cn/ NewsFeeds/20160115/t20160115_ 521150576.shtml。

《山东省青岛市"11·22"中石化东黄输油管道泄漏爆炸特别重大事故调查报告》,http://www.chinasafety.gov.cn newpage/ Contents/Channel_2 1679/2014/0110/ 244575/ content_244575.htm。

孙文波:《我国事故灾难应对的政府绩效评估研究》,硕士学位论文,浙江大学,2012。

陶鹏:《灾害批示与公共组织学习演进机制:以安全生产管理制度为例》,《公共行政评论》2016年第1期,第39~55页。

《天津港"8·12"瑞海公司危险品仓库特别重大火灾爆炸事故调查报告》,http://

www.chinasafety.gov.cn/newpag e/newfiles/201600812.pdf。

《天津港"8·12"瑞海公司危险品仓库特别重大火灾爆炸事故调查报告》，http://www.chinasafety.gov.cn/newpag e/newfiles/201600812.pd。

张勇进、汪玉凯:《政府应急管理需求识别》,《国家行政学院学报》2010 年第 5 期，第 81~85 页。

赵晨、高中华、陈国权:《我国政府从突发公共事件中学习的步骤及对策》,《科技管理研究》2015 年第 2 期，第 104~107 页。

周友苏:《重大公共危机应对研究》，人民出版社，2013，第 102~103 页。

第四章 政府危机学习现状：多重困境与化解路径 *

四川和青岛等地政府危机学习的实践表明，政府危机学习主要发生在重大事故灾难之后，尚未完全实现跨部门及跨组织的经验学习和共享，危机学习较大程度上仍停留在知识吸收阶段。由此认为地方政府危机学习在内容、形式和动力方面存在创新性不足、规范性不够和主动性不强的多重困境。而这与领导者危机学习意识淡薄、危机学习机制缺失、激励机制缺失、保障不足以及经验共享平台缺乏等因素有关。要化解上述困境，不仅需要领导者牢固树立危机学习意识，克服侥幸心理，从机制建设角度而言还要进行五个方面的尝试：建立制度化的危机学习机制使学习有章可循，建立危机经验共享平台进一步扩大信息共享，建立危机学习激励机制以鼓励改变和创新，建立危机学习过程监督机制以减少形式主义，加大资源投入和保障力度来确保持续学习和改变。

一 引言

党的十八届三中全会明确提出要"推进国家治理体系和治理能力现代化"。2014 年 2 月，习近平总书记在省部级主要领导干部专题研讨班上再次强调这一目标，并指出"我们在国家治理体系和治理能力方面还有许多亟待

* 北京市社科基金（16JDGLB038）阶段性成果，作者张美莲。

改进的地方"。国家治理体系包含公共事务的各个方面，具体到社会风险治理领域亦是如此。近年来一些类似重大事故灾难反复发生，究其原因是"我们未能从过去的失败中真正地学习和借鉴经验"（Drupsteen et al.，2013）。如何化解这一难题，2013 年 3 月 1 日习近平总书记在中央党校的讲话中给出了明确方向："要认识好、解决好各种问题唯一的途径就是增强我们自己的本领。增强本领就要加强学习。"政府需要不学习新知识、接受新信息、尝试新方法、迎接新挑战、改进制度运作以适应环境所引发的新问题和新矛盾，而提高适应能力的基础在于学习（王绍光，2008）。

"非典"疫情之后，"危机学习"在中央和地方全面展开，从宏观层面的顶层设计、制度完善到微观层面机构职能调整、人员扩充，无不与"危机引发的学习"（Crisis-Induced Learning）有关（Deverell，2010:34）。2003 年以来我国应急管理体系的演变证明：政府能够利用各种形式的实践和实验进行学习，并获取必要的经验教训，进而调整政策目标和政策工具来回应不断变化的社会环境（王绍光，2008）。然而实践中相似事故灾难反复发生，应急响应过程中相似失灵也重复出现，这一严峻现实警示我们亟须对政府危机学习的过程、方式及效果等具体问题展开反思。危机学习与组织学习密切相关，在国外颇受重视，而国内有关研究还很欠缺，早期学者偏重对危机经验教训进行总结，尤其是宏观层面的经验反思（薛澜等，2003；闪淳昌，2011）。随着研究的深入，也见到一些文献讨论危机学习和政府危机管理能力（李程伟，2014）、组织结构变革（方堃等，2012）之间的关系，探究组织"吉祥"文化（钟开斌，2013）、领导批示（陶鹏，2016）、灾后调查报告（张美莲，2016）对危机学习的影响，但总体来看已有研究不够深入，对于政府危机学习微观机理和内在逻辑解释还很有限。

不得不承认的是，灾后反思不能只是停留在表面，经验学习和改变不能"停在嘴上"，如果忽视经验落实"最后一公里"的诸多问题，相似危机管理失灵反复出现则将成为必然，在新的历史发展阶段要想实现从综合应急管理体系向现代宏观国家安全体系转化的目标也将步履维艰。因此区别于以往研究的宏观叙事，本章将研究视角转向中观和微观层面，聚焦地方政府灾后危机学习行动，针对四川、青岛等地方政府应急管理工作人员进行调查与访谈，试图对地方政府灾后危机学习基本情况进行总结，揭示地方政府危机学习的现状、特征及不足，在此基础上从机制建设和完善的角度提出走出政府危机学习困境的合理建议。

二 分析框架及研究结果

1. 政府危机学习现状的三维分析框架及初步结论

为了形成对我国政府危机学习现状的一个综合判断，借鉴国外相关研究理论，从危机学习的主体、时间和过程三个维度出发，构建一个主体域、时空域相结合的全面的分析框架，见图4-1。

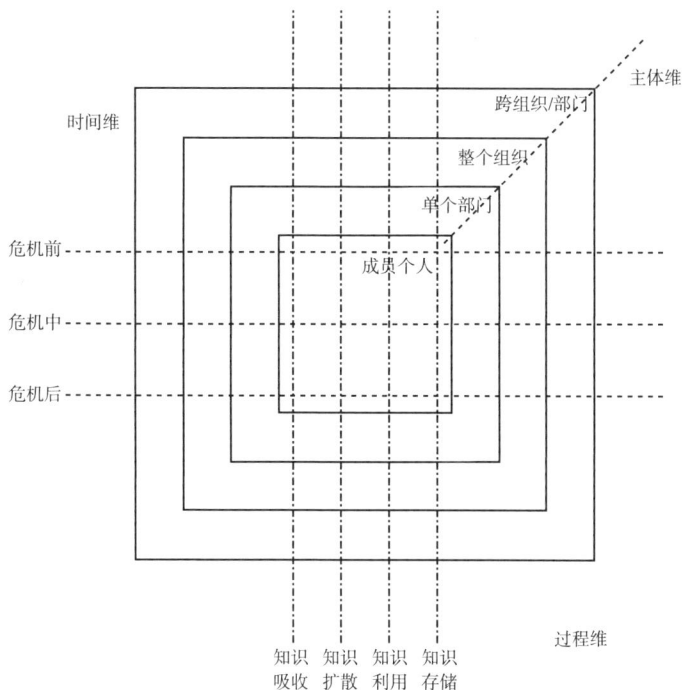

图 4-1 政府危机学习现状三维分析框架

第一，从危机学习的主体范畴来说，Borodzicz 和 Haperen 将其分为"个人学习"和"组织学习"（即 Individual Learning & Organizational Learning），这种划分的出发点是认为学习这种行为活动是在组织不同或者某些层面进行的，简单来说包括个人、团体和组织，不同层次之间是有所重叠或相互促进的（Borodzicz and Haperen，2010）。因此，就范围大小而言，地方政府危机学习的主体维包括个人（应急管理部门领导者和成员）、小组（单一应急管理部门）、组织（整个政府组织）以及组织间（跨区域或跨部门政府组织）。只有涵盖相关组织上下及内外所有成员的危机学习才能最大程度上获得经验教训的共识。

第二，根据危机学习的时间阶段来看，一般而言危机后学习较易发生，也受到更多关注，但是学习应融入危机全过程中。根据学习发生的时间节点，Moynihan 提出并区分了"危机间学习"和"危机中学习"（即 Intercrisis Learning & Intracrisis Learning）两个概念，前者意味着从某次危机中学习并做出改变以改善未来的危机应对，发生在某危机结束后；后者指在单个危机过程阶段中去学习以达到实时改进应急响应的目的（Moynihan，2009）。在任何危机中，这两种学习都可能存在且相互关联。类似的提法还有"在危机中学习"（Learning in Crisis，LiC），这一概念提供了一种新的视角来理解危机、学习以及二者间关系（Antonacopoulou and Sheaffer，2013）。借鉴这一思路分析框架在时间维度上包括危机前学习、危机中学习和危机后学习，危机前学习某种意义上更类似于危机前的准备工作，危机中学习则对决策者和响应人提出更高要求，危机后学习相对易于发生，也更应常态化和制度化。

第三，在危机学习的过程方面，早期也是最为常见的是组织学习中关于单环学习和双环学习的区分，后来一些研究者对学习过程进行了更加微观的描述，如从信息加工角度提出组织的认知能力体现在对知识的获取、转移、利用与开发方面，而这恰恰就是危机学习的过程（Dekker and Hansén，2004；Elliott，2009）。因此笔者认为危机学习从过程维而言包括知识（即危机经验）的吸收、扩散、利用和存储等连续且递进式的环节。

综合调研观察、访谈及政府网站信息，基于上述分析框架笔者总结了我国地方政府危机学习基本现状：首先，各地政府组织和有关职能部门的危机学习行动主要出现在危机后，危机前也会做一定的准备工作，但危机态势的复杂化和瞬息万变使得危机中学习难以发生；其次，受访者（从部门负责人到部门成员）均认为其在经历重特大突发事件的洗礼后危机意识和突发事件处置能力得到提高，但是对于跨组织和跨部门的危机学习是否真正发生却持怀疑态度；最后，从过程来看，受访者一致认为应急工作经验或认知的提高是毋庸置疑的，但是从访谈内容中难以看出习得的危机教训是否能够有效改进未来类似危机的应对，也就是说危机经验知识的利用情况或危机学习的效果问题还有待进一步证实。

未来地方政府危机学习实践需要不断解决以下三个方面的挑战：首先是如何把危机学习当作一项常规性工作，在危机来临前以及危机过程中也进行经验教训的总结和利用，而不是只在危机发生后才开展经验学习；其次是如何使政府组织中领导个人的危机经验增长扩散惠及整个组织以及如何实现跨组织、跨部门的危机学习；最后是如何把危机学习过程从目前只重经验教训的识别延伸至经验教训的利用等更深层次活动中。

2. 政府危机学习现状的实地调查及结果分析

在我国，究竟政府组织从历次重大危机中学习到了什么经验，采用了哪些学习方式，具有什么特点，又存在哪些困境，什么原因促进或者阻碍了地方政府危机学习？只有对这些问题展开调查才能准确把握我国地方政府危机学习的基本现状。因此，"新时期中国特色应急管理体系的顶层设计和模式重构"课题组于 2015 年 7~8 月走访了成都、乐山、雅安和青岛四个城市及其下辖若干区县，先后有 57 位应急管理工作人员接受了访谈和问卷调查，其中，受访者男女比例为 52∶5；所在政府层级地市和区（县）比为 23∶34；所在部门类型综合部门和职能部门比为 25∶32；科级和处级（及其以上）比为 36∶21。

作为一个初步的探索性研究，调查采用半结构化访谈的方式，访谈问题围绕当地主要事故灾难带来的直接经验教训以及事故灾难后组织及成员发生的变化等,每个受访者访谈时间 30~60 分钟不等,每组访谈由至少 2 名访谈人员记录整理。问卷内容包括机构人员构成、职能、经费、日常工作中预案管理、信息沟通、培训演练和协作等各方面基本情况。此外,课题组还获取了大量应急管理工作文件,如受访单位应急管理工作年度计划和年度总结、各类应急预案及政府办相关发文等。文中"地方政府"指地级市(含县级市)人民政府的应急管理办公室以及承担应急工作的相关职能部门(如安监、环保、消防、地震、公安、民政、气象等)应急办,其规模从 3 人(如县政府应急办)到 20 余人(地市政府应急办)不等。"灾"泛指重特大突发事件,就调研地点而言,包括汶川地震、芦山地震以及青岛油管泄漏爆炸事故等。根据访谈记录整理,结合问卷结果及文件资料的辅助分析,下文将逐一呈现地方政府应急管理部门灾后危机学习的主要内容、形式和影响因素,为揭示危机学习的现实困境提供支撑。

(1)危机学习的主要内容

危机学习可能带来组织观念、行为、规范和制度等各个方面的变化,本章将个体和组织上述各方面的变化都视为危机学习。根据受访者对"灾后组织和部门人员发生了哪些变化"这一问题的回答,初步发现各地政府和有关部门从灾难和事故中学习到的主要经验有:①完善应急值守;②规范信息报告;③调整人员机构;④职能调整;⑤增强部门协作;⑥修订预案;⑦增强危机意识;⑧完善工作机制;⑨改进应急专业技术(见表 4-1)。

表 4-1 不同层级和部门政府组织危机学习的主要内容

学习内容	规范应急值守	信息报告	组织/人员调整	职能调整	协作增强	预案修订	危机意识提高	完善工作机制	应急技术提高
地市政府综合部门	○	○	○	×	○	○	○	○	×
地市政府专项部门	×	×	×	○	×	×	○	○	○
县级政府综合部门	○	○	○	×	○	○	○	×	×
县级政府专项部门	○	○	×	○	×	×	×	×	×

注:根据受访者回答判断,多次提及某学习内容时用"○"表示,不存在或未提及则用"×"表示。

　　根据受访者所处政府层级和部门性质对学习内容进行对比发现，综合部门危机学习内容在不同层级呈现较高相似性，如地市级政府和县级政府综合部门都认为其灾后在上述①②③⑤⑥⑦六个方面存在较大改变；但是综合部门和专项部门之间学习内容存在较明显差异，尤其是在地市一级，如地市政府综合部门主要是在规范值守、信息报告、增强协作、预案修订等方面有所改变，而在地市政府专项部门中，灾后针对各自预案修订、工作机制完善及应急技术提高则更突出。危机学习内容的部门差异特点可能源于综合部门和专项部门在应急职能上的差异，同时也反映了我国应急管理体制条块分割的特点。访谈还发现，专项部门的危机学习内容呈现层级差异，地市政府专项部门与县级政府专项部门危机学习内容并没有呈现较高的一致性，这种情况可能与实际访谈中两个层级受访职能部门存在差异有关，本章重点关注政府综合部门危机学习，对此暂且不做讨论。

　　（2）危机学习的主要形式

　　通过访谈、走访获取的文件材料以及各地政府网站公开信息发现，各地政府灾后危机学习主要采取召开会议、事故调查、应急培训、案例记录、工作总结以及个人学习等六种形式。受访者肯定了这些形式在危机经验识别、扩散、利用和存储等各个环节中的积极作用。其中，开会是灾后政府组织危机学习最常见的形式，不同会议关注点不同，但都是为了寻求不断出现的新问题的有效解决办法，这对于灾害经验教训的总结和分享起到了促进作用。事故调查是一种正式的制度性安排。事故调查及撰写调查报告的直接结果是加深政府有关部门对事故的全面认识，调查报告的发布也为公众了解事故过程、事故原因和经验教训提供了依据。培训和演练也是政府开展危机学习的重要手段，调研各地政府围绕应急管理工作开展了大量理论和实操培训，其效果也得到受访者的肯定，演练可检验培训效果，一些地方还把二者结合起来。案例记录是突发事件发生后政府对事件全过程进行回顾和经验留存的一项基础工作，这种形式在很多部门都被采用，有助于组织经验积累和知识存储。工作总结在内容上一般围绕上年度地方应急管理部门已经完成的工作以及仍存在的不足而展开，是对年度工作的反思和总结，工作总结的起草、定稿和下发的整个过程不仅实现了综合应急管理部门内部应急管理经验的交流学习，还在一定范围内促进了其他部门的经验学习。访谈中年轻的应急管理工作者表示会向一些有经验的同事请教或者通过网络寻找资料自学。但是，个人经验积累和交流要在更大程度上促进危机经验的学习还需要在政府内部建立一个积极良性的结构化的危机经验分享和传播机制。

（3）危机学习的影响因素

国外文献中学者从认知、信息、组织、文化及政治等方面都对政府组织危机学习的影响因素展开了论述或案例研究，但是究竟我国地方政府灾后危机学习的动因和障碍是什么，不能完全依赖西方社会的有关解释。限于调研深度，笔者初步列举访谈中受访者谈及的主要动力及阻碍因素。

主要动力 调研中有受访者坦言："没有灾害，就没有领导重视，我们就难以开展工作。"这个回答简单明了地指出了危机学习的两个主要促进因素。一是危机的直接影响。伯恩等指出，"直接遭受危机是一个强有力且让人难忘的经历，这种鲜明的记忆能够让个人或者组织去领悟危机的起因及其应对行动的效果"（阿金·伯恩等，2010：155）。这在一定程度上肯定了危机发生的积极意义。实践也表明，组织危机学习及变革的力度与受灾程度之间往往正向相关。然而，尽管危机发生给学习打开了机会之窗，却并不一定能带来组织变革。其中有错综复杂的原因，结合受访者的回答认为领导因素是第二个驱动力。以汶川地震为例，尽管四川多地都遭到地震重创，但是各地政府从灾害中开展学习的范围、力度以及效果不大一样，究其原因，领导者实际重视程度成为关键因素。另外，分析各地政府文件内容后发现，各地年度应急管理工作的主要内容基本与上级行政单位或者管理部门做法一致。地市级政府开始建设应急指挥平台，各区县也跟进，地市开始修订预案，区县也开始修订预案，这一事实表明上级行政命令也是政府危机学习的重要动因。

重要阻碍 比较青岛和四川应急管理工作以及组织危机学习活动时发现，尽管两地都受到重大自然灾害或特大事故灾难的直接影响，但是经济发展水平较低造成的资源约束是影响四川多地地方政府危机学习活动开展的重要因素。调研发现，青岛市应急管理工作年财政投入约 500 万元，约十倍于乐山或雅安市的投入。据粗略统计，2016 年 1 月到 8 月期间，青岛市及下辖区县共举行各类演练活动达 49 次，可以说大量资金投入是青岛市应急管理培训、演练和宣教工作开展颇具特色又富有成效的保障。

调研时有受访者表示，目前我国事故调查以问责为导向，打击了部分应急管理工作人员的热情。问责不利于发挥事故调查的正向激励作用，影响了调查报告中关于改进建议的政策执行和落实。此外，受访者也指出部门间信息沟通不够也限制了危机学习的可能或者效果。

雅安和乐山，同属西部地市，都直接或间接遭受地震影响，但是两地应急管理工作实践的差异表明，资源动员和获取的难易程度、应急管理官员政治升迁空间、分管领导的任职经历以及领导个人风格等都是影响危机学习开展和效果的重要因素。

三 现实困境及成因分析

1. 现实困境

尽管危机后组织学习的程度和效果难以计算和测量，但对组织观念及行为改变的定性评价是可行的（Elliott and Smith, 2006）。根据调研和文献研究总结地方政府危机学习在内容、形式和动力三个方面的特征与不足，笔者认为现阶段我国地方政府灾后危机学习仍以一阶学习为主，学习不够深入，危机学习带来的组织变革有限。

（1）危机学习内容——以知识性和适应性学习为主，创新性不足

如前所述，调研各地政府危机学习的主要内容有信息报告、应急值守和预案修订等，多是紧密围绕其核心职能进行的，学习内容和任务相对简单且独立，而这些内容又主要通过召开会议、举办讲座和培训的形式来实现，在具体内容上侧重于介绍理论知识、解读规章规范和分析典型案例。因此学习

要么是以知识性学习为主，要么是"刺激－反应"式的适应性学习，比如在经历汶川地震后发现应急指挥部设置不够明确进而来重新细化并予以规定，是一种事后纠正，不能否认它们具有一定积极意义，但是还不足以适应越来越复杂的突发事件处置和应对环境。整体而言，目前各地政府危机学习内容仍囿于知识性学习和适应性学习，缺乏创新性，很大程度上是为了维持组织现状而进行的局部微调，具有明显的滞后性。因此，如何通过学习来发现、吸收新信息和解决新问题的能力有待提高。

（2）危机学习形式——以内部学习为主，开放性和规范性不够

在目前最主要的六种危机学习形式中，会议最为常见，不同会议目的不同，但是往往越是与经验反思相关的会议封闭性越强，开放程度越低；事故调查仅仅针对生产安全事故，而且通常只有重特大事故调查报告才予以公开；灾后跨组织和部门的经验交流在频次和数量上还不够；联合或综合性演练次数较少。各地开展危机学习活动多是因为直接或间接受到突发事件影响，而对于其他地区发生的重大突发事件，尚未引起充分重视。在六种学习形式中，仅事故调查予以明确规定，会议、培训和工作总结是日常应急管理工作中的重要内容，缺乏规范性；案例记录和个人经验学习具有前提要件，需要某地发生了某突发事件，不具有确定性和普遍性。总之，目前地方政府危机学习形式开放性和规范性不够，可以断言地方政府机构内部尚未建立危机学习长效机制。

（3）危机学习动力——以外生性因素为主，主动性不强

调研过程中，当问及"您认为什么原因有助于组织的经验学习？"时，受访者的回答集中于两点：一是直接或间接遭受当地或者临近地区重特大突发事件的影响，二是上级领导重视或者行政命令。两个原因从性质上看都属于外生因素。调研发现，基层应急管理工作步调大多落后于上级政府或管理部门，鲜有基层政府能积极主动发现问题和解决问题，面对工作中的难题期待得到上级领导的支持或者财政拨款。调研中仅有少数受访者表示，"做好应急管理工作能有效预防危机发生，保护群众生命和财产，能够从中获得工作

满足感"，一些人表示"应急管理工作难做，有机会的话希望可以调往其他部门工作"。这些事实从侧面反映出地方政府危机学习动力现阶段以外部驱动为主，很大程度上还是被动学习，在风险防范和应急准备的政策落实上有待提升。

2. 成因分析

根据走访调查的情况，我们认为目前地方政府危机学习深度不够、效果不甚理想的原因不仅与部分应急管理领导者缺乏危机学习意识有关，更与应急管理体制机制尚不健全分不开。

（1）领导者危机学习意识淡薄

领导者危机学习意识淡薄的一个重要表现就是日常应急管理中普遍存在的侥幸心态。目前地方政府灾后危机学习行动多由重特大突发事件刺激引发，没有发生危机的地方政府常抱有危机不会发生在我们这里的侥幸心态。调研中也发现这一问题，比如某地以往很少发生地震，因此其地震部门领导者对地震多发地区灾后应急响应不足或者存在的问题并不特别了解或者关心，缺乏主动学习其他地方经验教训的意识，这一现象有一定普遍性。青岛油管泄漏爆炸事故调查报告中显示，事发地政府有关部门领导在漏油之初并没有予以重视，以为是偷油导致漏油或一般突发事件。河北邢台"7·19"暴雨灾害后市长在新闻发布会上道歉，表示市政府对强降雨预判不足，各级干部抗大洪、救大灾应急能力不足。究其原因，也是多年来邢台未曾发生大的洪灾而使该地政府干部放松警惕。然而早在2012年，北京房山"7·21"暴雨也曾影响到河北部分地区，但未成为其前车之鉴。这说到底与部分领导在思想意识上危机学习观念淡薄有关。

（2）现有制度规范中危机学习机制缺失

应急管理机制是组织体系在应对突发事件中有效运转的内在机理，它强调应急体系内各种构成要素之间的相互联系以及决定组织运转的调节方式、机理，是整个组织系统目标过程得以运行的潜在动力（钟开斌，2009）。目前我国应急管理机制建设的基本要求是"统一指挥、反应灵敏、协调有序、运转高效",为此,在实践中围绕预防与应急准备、监测与预警、处置与救援以及事后恢复与重建不同阶段建立了各种各样的应急管理机制。但是无论是在文件还是实践中,都很难找到与危机学习直接相关的机制规定或真实案例。从危机管理过程论来看,危机学习属于恢复阶段的工作内容,在恢复与重建阶段已经建立的工作机制包括恢复重建机制、救助补偿机制、调查评估机制、责任追究机制等等(闪淳昌、周玲、钟开斌,2011;童星、陶鹏,2013)。尽管调查评估机制与危机学习有一定关联,但实践中实施情况并不理想,其目的与危机学习目的并不完全一致。总之,目前应急管理工作机制建设仍是重"救火""灭火",围绕"应急"目的展开。在新的历史时期,要实现更好的危机治理,需要转变观念,从强调应急到重视准备,从重视"救火"到重视"防火",从只重视经验总结到重视经验学习效果,而在这个转变过程中建立危机学习工作机制显得尤为关键。

(3)与危机学习相配套的激励机制缺失、资源保障不足、经验分享平台缺乏

研究者认为学习的过程就是认知向行为转化的过程(Nathan and Kovoor-Misra,2002),安德鲁飓风后美国红十字会和 FEMA 的危机学习过程表明,即使经历相同事件不同响应组织所学习到的东西也可能截然不同(Carley and Harrald,1997)。即使组织认识到需要有所改变也不见得能实现,因为认识到问题和知道如何进行变革是两回事。在受访地区,尽管说起灾害的经验教训,受访者都能够侃侃而谈,但是说起如何改变,一些人则寄希望于上级,向上级部门要支持、要制度、要方案、要资金。如果这一切都没有,最可能和常见的情况就是尽可能恢复正常并维持现状,因此有危机意识的领导者要鼓励组织成员对"元学习"(即学会学习)不断追求,需要设立激励机制使成员在实际条件下最大限度发挥主动性和创造性来解决问题。

尽管在实践中并没有正式建立危机学习机制,但是各地实践表明,危机学习活动不同程度地存在,其效果也存在地区差异、部门差异和层级差异。

这种差异形成的原因与资金投入密切相关。如前所述，灾后危机学习的主要形式有开会、培训及演练等等，但是培训和演练是需要人力、物力、资金等投入的，因此如果无法确保危机学习所需要的各种投入，危机学习显然开展不了，更不用说如何去落实和执行危机引发的政策变化情况。以协调联动为例，受访者几乎无一不认可其重要性，四川地区的调研也显示，为了加强与周边地区的应急合作与协调，某市倡导并建立了西南六市州区域合作机制，后将合作主体扩展到川滇十市州，并制定了交流学习制度、联席会议制度来促进应急管理经验的分享。但是作为汶川地震后的经验学习的表现之一，究竟区域合作机制的后续运转以及管理经验分享的实际效果如何不得而知。调研还显示，各地各部门灾后进行经验交流的次数很少，甚至某市应急管理部门对其下辖区县应急管理工作并不十分清楚。行政组织条块分割带来的制度藩篱、信息分散、经验碎片化等弊端也是地方政府危机学习开放性不足的重要原因。

四　危机学习困境的化解路径

当前要提高和改进地方政府从危机中学习的能力，应急管理领导者首先要摒弃侥幸心理，不仅要对本地区、本部门和本行业发生的危机有所了解，还要积极关注其他地区发生的类似危机及应对处置失灵，并从中吸取经验教训。此外，从机制建立和完善的角度而言，可以从以下几个方面着手。

1. 建立制度化的危机学习机制以增强其合法性和强制力

借鉴国际先进经验和发展趋势，加强机制建设的顶层设计是我国在进一步推进应急管理规范化和标准化建设过程中的首要步骤。笔者认为，在此顶层设计过程中，有必要在国家相应法律、法规文件的整体框架下，将危机学习机制明确纳入应急管理全流程中。伯恩等的研究表明，"公共部门中危机引发的学习往往通过特别委员会、使用咨询公司或者学术研究等机制来运行，在一些部门，制度化的学习机制已经得到了很好的发展。美国国家运输安全委员会的成立就是很好的例子，这些机构在重大交通运输事故发生后会开展事故调查，将灾后调查直指灾难原因，同时还带有鲜明的吸取教训防止类似灾难再次发生的目的"（阿金·伯恩等，2010：157）。类似的还有美国化学安全与危害调查委员会（U.S. Chemical Safety and Hazard Investigation Board，CSB），其法律地位、权责、组织与功能等都在联邦法规中有明确规定。CSB调查的独立性、专业性、开放性及其良好的媒体互动都极大促进了化工灾害经验的学习和传播。在英国，重大事故和灾难后开展公共质询（Post-Event Inquire/Public Inquiry）也是一项有着悠久历史的传统，公共质询这一机制被托夫特和雷诺兹视为"有助于预防灾害再次发生最有价值的信息来源"（Toft and Reynolds，1999：45）。在研究网络体系的危机响应学习时，莫伊尼汉指出存在多种多样的危机学习方式，如虚拟体验、向组织中其他成员学习、从信息系统中学习、学习论坛、通过标准作业程序学习、从过去中学习等（Moynihan，2008）。无论采用哪种危机学习机制、何种危机学习方式，首先要将危机学习作为一项制度和规范予以确认，以增强其实践上的合法性、强制性。因此，建立制度化的危机学习机制是确保危机学习发生的前提和依据。

2. 建立统一的危机经验学习平台以扩大信息共享

调查显示，个人经验学习也是目前危机学习的方式之一，个人对危机的直接经验是非常有价值的，但又是稀缺的，而本质上这种经验又有可能是矛盾的。这里存在两个问题：其一，因为个人经验的稀缺性，那么有直接经验的人如何将其隐性知识和内化经验转化成显性知识，分享或者惠及组织中的其他成员？其二，对于有直接经验的个人而言，如果固守为数不多的难忘的生动的个人经验，很容易导致忽视建立在广泛经验基础上的知识吸收和补充。因此，借鉴国外已有做法，在政府机构内部建立危机经验学习平台很有必要。

在这方面，国外早已建立诸多经验学习系统（Lessons Learned Systems），涉及多个领域，如美国海岸警卫队、联合国维和部队、美国工业卫生协会、美陆军医务部、美国能源部 Hanford 项目、英国核燃料公司 BNFL 项目、采矿行动信息中心等（Granatosky，2002）。不同领域或项目的经验学习系统的建立具有不同的目的，但共通之处在于更好地服务于经验学习和传播。与此相比，当前国内危机学习渠道有限，形式单一、封闭，折射出危机学习平台缺乏、信息共享程度不够。因此有必要针对不同危机类型或者以行业系统为例，逐步发展信息化知识共享平台，促进危机经验教训共享和最大化传播。

3. 建立危机学习激励机制以鼓励改变和创新

学习的核心在于增长和改变，因此有效的危机学习必然要求对已有的组织结构、机制或文化等做出一定改变来适应新情况的需要。改变并不一定随学习出现，改变同时又是困难的，由于改变所带来的结果无法预期，很多时候领导并不愿意承认失败或者找出症结，更不会冒险采取改革措施，更多时候是采取一些措施来维持现状。从现实情况来看，往往是因为一些影响恶劣的事件发生后，媒体压力和公众关注度上升，形成一种政治压力，政府组织及领导不得不做出一些学习和改变的姿态。纵览现有危机管理工作文件，几乎找不到鼓励灾后经验总结和创新解决问题的内容，更多的是关于应急管理作为年度考核评价中一票否决式的负向激励。因此只有在政府系统内部建立一种能对学习和改变起到正向激励作用的机制，鼓励应急管理领导者及一线响应者不畏惧问责和惩罚、不害怕改变可能带来的负面影响，才有可能确保经验学习和改变不是一时兴起或者一种权宜之计。

4. 建立危机学习过程监督机制以减少形式主义

调研表明，各地政府在重特大突发事件后或者上级发文要求之下都开展了形式多样的学习活动，但这些活动过程缺乏监督，活动效果也缺乏评价。组织学习理论认为学习包含认知（知识状态的改变）和行为（组织结果的改变）两个方面，因此即使危机学习的确发生，政府应急管理人员对教训有了深刻的认识，但是没有相应行动上的变化，这一现象被研究者形象地描述为"经验蒸发"（Lessons Distilled），也并不一定带来组织绩效的提高。在我国现实环境下，这一情况十分普遍，以开会为例，似乎只要会开了，领导强调了，文件下发了，就等于经验得到了学习，然而其效果往往不容乐观，更多时候这些远远实现不了原则调整、方法革新和程序改善等制度安排的目标，甚至这些行为仅仅是政治表征，"向公众和社会证明政府有所行动和改变"（Birkland, 2009）。因此要确保危机学习的内容从被感知、理解到真正执行落实，离不开过程监督，建立危机学习过程监督机制，在一定程度上能够有效减少学习过程中的形式主义。

5. 加大资源投入和保障力度以确保及时改变和持续学习

在访谈中许多受访者表示即使认识到了问题所在，也常常因为缺乏足够的人力落实经验教训或者因为资金和上级支持力度不够而难以改变。通常从危机发生到危机经验吸收利用需要一段时间，其间如果没有及时对发现的问题进行纠正，随着时间推移，一方面，社会对危机的关注度降低，另一方面，政府面临的各种压力也降低。在各方利益博弈和资源约束之下，危机学习就让位于其他更加迫切的发展目标，毕竟，现实中地方政府发展目标是广泛、系统又多元的。因此，即使危机学习有所开展，其经验教训总结往往流于形式，而识别的经验教训也难以持续得到改进，无法从根本上给组织带来积极变化，抑或经验教训执行落实不彻底。

另外，危机学习是一个长期的缓慢过程，如果不再次发生类似事件很难检验其学习和改变的成效，对于地方政府而言，这并不是一项能够凸显政绩的工作内容，因此难以确保学习所需的条件，如人力和时间投入、物质成本及领导支持等。建立资源动员和保障机制，是确保政府组织不断从危机中学习并及时做出必要改变的重要条件。

五 本章小结

本章在文献研究基础上提出我国地方政府危机学习现状分析或评价框架，综合实地调研、访谈情况，笔者认为，当前各地政府危机学习主要发生在重大事故灾难之后，尚未实现跨部门及跨组织的经验学习和共享，危机学习较大程度上仍停留在知识吸收阶段。进一步分析指出，我国地方政府危机学习存在危机学习内容有限、危机学习机制欠缺规范、危机学习动力不足等问题，而这些现象的原因要归结于以下几点：领导者危机学习意识淡薄是直接原因，危机学习机制和激励机制缺失是根本原因，而危机学习保障不足以及经验学习系统缺乏等也是危机经验和信息难以共享的重要因素。

未来要化解这些困境，需要领导者牢固树立危机学习意识，克服侥幸心理，从机制建设角度而言还要进行五个方面的尝试：建立制度化的危机学习机制以增强其合法性和强制力，建立统一的危机经验学习平台以扩大信息共享，建立危机学习激励机制以鼓励改变和创新，建立危机学习过程监督机制以减少形式主义，加大资源投入和保障力度以确保及时改变和持续学习。

参考文献

Antonacopoulou, E. P., Sheaffer, Z., "Learning in Crisis: Rethinking the Relationship between Organizational Learning and Crisis Management," *Journal of Management Inquiry* 1 (2013): 5-21.

Birkland, T. A., "Disasters, Lessons Learned, and Fantasy Documents," *Journal of Contingencies and Crisis Management* 3 (2009): 146-156.

Borodzicz, E., Haperen, K.V., "Individual and Group Learning in Crisis Simulations," *Journal of Contingencies & Crisis Management* 3 (2010): 139-147.

Carley, K.M., Harrald, J.R., "Organizational Learning under Fire Theory and Practice," *American Behavioral Scientist* 3 (1997): 310-332.

Dekker, S., Hansén, D., "Learning under Pressure: The Effects of Politicization on Organizational Learning in Public Bureaucracies," *Journal of Public Administration Research & Theory* 2 (2004): 211-230.

Deverell, E.C., *Crisis-Induced Learning in Public Sector Organizations*, Stockholm: Elanders Sverige, 2010.

Drupsteen, L., Groeneweg, J., Zwetsloot, G.I., "Critical Steps in Learning from Incidents: Using Learning Potential in the Process from Reporting an Incident to Accident Prevention," *International Journal of Occupational Safety and Ergonomics* 1 (2013): 63-77.

Elliott, D., Smith, D., "Cultural Readjustment after Crisis: Regulation and Learning from Crisis within the UK Soccer Industry," *Journal of Management Studies* 2 (2006): 289-317.

Elliott, D., "The Failure of Organizational Learning from Crisis a Matter of Life and Death?"*Journal of Contingencies & Crisis Management* 3 (2009): 157-168.

Granatosky, M., A Study of the Handling of Lessons Processing in Lessons Learned Systems and Application to Lessons Learned System Design, Naval Postgraduate School, Thesis Collection, 2002.

Moynihan, D.P., "From Intercrisis to Intracrisis Learning," *Journal of Contingencies & Crisis Management* 3 (2009): 189-198.

Moynihan, D.P., "Learning under Uncertainty: Networks in Crisis Management," *Public Administration Review* 2 (2008): 350-365.

Nathan, M.L., Kovoor-Misra, S., "No Pain, Yet Gain Vicarious Organizational Learning from Crises in an Inter-Organizational Field," *Journal of Applied Behavioral Science* 2 (2002): 245-266.

Toft, B., Reynolds, S., *Learning from Disasters: A Management Approach*, Macmillan Education UK, 1999, p.45.

〔荷兰〕阿金·伯恩等著《危机管理政治学——压力之下的公共领导能力》,赵凤萍、胡杨等译,河南人民出版社,2010。

方堃、姜庆志、杨毅:《政府公共危机治理中的学习与组织结构变革研究——以复杂适应性为线索》,《大连理工大学学报》(社会科学版)2012年第1期。

李程伟:《危机学习能力建设:政治学角度的思考》,《信访与社会矛盾问题研究》2014年第3期。

《青岛应急网–市内工作动态》,http://www.qdemo.gov.cn/n32206052/n32206070/index.html,最后访问时间:2016年8月30日。

闪淳昌:《应急管理:中国特色的运行模式与实践》,北京师范大学出版社,2011。

闪淳昌、周玲、钟开斌:《对我国应急管理机制建设的总体思考》,《国家行政学院学报》2011年第1期。

陶鹏:《灾害批示与公共组织学习演进机制:以安全生产管理制度为例》,《公共行政评论》2016年第1期。

童星、陶鹏:《论我国应急管理机制的创新——基于源头治理、动态管理、应急处置相结合的理念》,《江海学刊》2013年第2期。

王绍光:《学习机制与适应能力:中国农村合作医疗体制变迁的启示》,《中国社会科学》2008 年第 6 期。

薛澜、张强、钟开斌:《危机管理:转型期中国面临的挑战》,清华大学出版社,2003。

张美莲:《危机学习面临的挑战——一个事故调查报告的视角》,《吉首大学学报》（社会科学版）2016 年第 1 期。

钟开斌:《从灾难中学习:教训比经验更宝贵》,《行政管理改革》2013 年第 6 期。

钟开斌:《"一案三制":中国应急管理体系建设的基本框架》,《南京社会科学》2009 年第 11 期。

第五章　政府危机学习障碍：来自中国的案例证据[*]

　　针对"危机发生－经验总结－危机又发生"的学习怪圈，国外学者展开了大量研究并提出了阻碍政府危机学习的诸多因素，而国内就此还少有深入探讨。本章试图探讨西方政府部门危机学习障碍在我国现实中解释的适用性问题。结合四川、青岛两地地方政府机构的调研和访谈，研究认为系统同构学习困境、组织记忆丧失以及成功政治哲学的弊端等障碍在我国表现为"一事一学习"、人员流动导致经验流失以及事故调查问责导向。此外上级支持度低和资金缺乏、政府机构学习的形式主义以及制度化的危机学习机制缺失也是影响我国政府危机学习及其效果的重要因素。

一　引言

　　尽管各国政府部门在每次重大突发事件后都会开展事故调查（After Action Investigation）、公共质询（Post-Event Inquire）、经验教训总结等危机学习的具体活动，但是这似乎并不能有效防止同类事故的再次发生。从国际范围来看，同一个组织接连发生类似事故或者政府在连续的事故中响应不力

---

　　* 原刊于《北京社会科学》2017 年第 5 期，原题为《西方公共部门危机学习障碍在中国是否同样存在？——来自四川和青岛的证据》，作者张美莲，略有改动，北京市社科基金（16JDGLB038）阶段性成果。

的案例不胜枚举，如 2001 年和 2002 年在斯德哥尔摩西北部先后发生由火灾引发的城市大规模停电，2003 年和 2007 年美国 DPC 化工厂先后发生氯气泄漏事故。在中国，以中石油为例，自 2010 年至 2014 年 6 月中石油在大连所属企业就发生了 6 起较大事故。为什么这些事故灾难的经验教训反复总结，但应急响应失误还是一次次出现？国外学者逐渐开始思考"什么因素阻碍了政府组织危机学习"和"危机后的双环学习为何难以实现"等问题（Dekker and Hansén，2004；Moynihan，2009）。

国内有关组织学习的研究始于 20 世纪 90 年代，最初是围绕企业危机学习展开的，之后伴随着建立学习型政府的一股热潮，国内公共管理学界也展开了有关政府组织学习的研究。直到近年来才有少数研究者开始关注政府部门或者公共组织如何从危机或灾害中学习的研究，在危机学习影响因素方面，钟开斌通过芦山地震的案例分析认为，有关部门组织内部重视成绩总结轻教训吸取的"吉祥"文化的广泛存在阻碍了人们对灾难全方位的客观认识以及从灾难中有效学习（钟开斌，2013）。陶鹏以灾后党政领导的灾害批示为政治要素，研究了政治环境在公共组织学习发生中的演进问题，认为灾害批示对灾后政府组织学习的发生具有建构效应（陶鹏，2016）。笔者从灾后调查报告的角度提出保障调查独立性和减少报告的官僚色彩有利于危机经验的利用和传播（张美莲，2016）。这些研究从文化或政治角度揭示了当前影响我国政府组织从危机中学习的重要因素，但是危机学习的影响因素不仅仅止于此。

目前国内在这一主题上缺乏全面的系统研究，究竟哪些因素影响了政府危机学习的发生及其效果呢？本章借助国外文献中对公共部门危机学习影响因素的分析，提出一个基于学习全过程和组织全系统的影响因素分析框架，选择国内两地方政府灾后危机学习的情况进行比照，初步揭示了西方政府危机学习影响因素在我国的适用性问题。

二 西方政府危机学习的障碍因素

围绕哪些因素阻碍了政府或公共组织危机学习以及政府组织中双环学习为何难以实现等有关问题，西方学者展开了大量的研究，这些研究从认知心理学、信息科学、组织理论、行政学等理论出发探讨危机学习中的障碍因素。

1. 认知因素

Nathan 和 Kovoor-Misra 指出，巨灾或跨界危机往往是小概率事件，也通常具有独特性，这可能使管理者尽管对外部危机有兴趣，但是抱着这类事件"不可能发生在我们这里"的侥幸心理而不去进行学习（Nathan and Kovoor-Misra，2002）。这种想法显然是组织内部或者管理者持有的错误观念。Weick把这种观念称为认知标准化（或认知局限），简单地说就是"危机下新的、出乎意料的威胁情境会降低个体理解危机并且找到适应性解决办法的能力"（Weick，2001）。Lipshitz 等认为"极端压力会使响应者遵循第一反应而展开行动"（Lipshitz et al.，2001），它会导致管理者建立起一个过于简单的危机认知框架，从而不能正确理解危机发生的内在联系（Roux-Dufort，2000）。

Roux-Dufort 和 Metais 进一步提出认知标准化的三种典型策略：认知局限、心理和情感局限、社会政治局限。它们分别产生不同的作用，认知局限使决策者形成对危机的简单认识，心理和情感局限使情绪负荷降低从而减轻心理压力和恐惧，而社会政治局限则使危机在社会、政治等各个层面的组织利益相关者间易于接受，因此从这点来看，标准化机制能够恢复对危机共同的理解，有积极意义。但是与此同时，他们还认为认知局限也会导致学习过程受到束缚，这是因为在实践中"出现危机的组织往往更倾向于寻求稳定和恢复现状，而不是发现改变的契机"（Roux-Dufort and Metais，1999）。Moynihan认为危机中学习（Intracrisis Learning）也面临认知局限的巨大挑战，因为危机情境带来的巨大压力往往会使人们的注意力缩小从而限制信息处理过程。

除了个体的认知局限外，Antonacopoulou 和 Sheaffer 也表示，社会认知不足也给危机学习（Learning in Crisis）带来了巨大挑战（Antonacopoulou and Sheaffer，2014）。社会认知是指人们如何解释和建构其所在的环境，并在其存储、处理、舍弃和运用信息的过程中得出结论，反映了人类互动的心理过程。学习是社会认知结构之间交互的结果，这些社会认知结构又与其组织文化紧密相连。学习过程被代表着社会认知结构安排的心理模式所影响，而这些认知结构解释了知识和信息是如何在大脑中回忆和表现的问题。比如 Reiter 提到权威心理模式会带来惰性，一旦形成就难以改变（Reiter，1996）。因此，从成功中总结的经验就成为管理者的束缚，使其难以发生调整与改变（Baumard and Starbuck，2005）。

2. 信息因素

组织学习的材料（通常也称为知识）是由各种信息构成的，因此组织学习还受与信息有关的因素影响。Sagan 认为与事故有关的信息不完全、不准确以及非公开等因素都会抑制信息的分享和传播，从而使危机学习的效果不理想（Sagan，1993）。Moynihan 还指出，当信息和任务不匹配时也会影响危机中学习的发生。信息管理不善也是其表现之一，Coles 从文献中总结以往研究者对组织从突发事件中学习困难的原因时也指出，组织内部和组织间信息管理阻碍了危机经验的传播（Coles，2014）。

另外，无效沟通或信息困难都是影响组织学习的因素，Smith 和 Elliott 认为当沟通因一些情况而扭曲时就形成了无效沟通，如问题讨论无法继续进行、需要自我审查或者使用专家语言；过载信息、从众和有限理性等都是信息困难的表现（Smith and Elliott，2007）。信息困难被 Pidgeon 和 O'Leary 视为"从灾害中学习最常见的两个障碍因素"之一（Pidgeon and O'Leary，2000）。他用"挑战者"号失事的案例解释了信息困难影响危机学习的四种情况。第一，由于对事故重要性的错误看法，最初关于重大失灵和事件的理解常常是错误的。这就会导致组织层面上对失灵进行选择性解释，反过来将会塑造组织成员对事件的解释和决策。这一解释常根据组织中关于什么是灾害的严格界定而形成。第二，在持续变化的情况下信息处理本身就存在困难，这就会使一些危险的前提条件被忽略，这样事件也会变得更复杂、模糊和变幻莫测，而某一时间点可获得的信息是分散在不同地方和部门中的，个人和组织只可能拥有部分信息，通常对事件情境的解释也是不同的或者不断变化的，并且汇集信息以形成事件清晰描述的（物质或政治）成本也受到限制。第三，安全条例被违反时怎么处理也是不确定的。第四，即便获得准确的信息，结果也有可能比之前更糟糕。

3. 组织因素

除了上述认知和信息角度的解释外，还有一些研究从组织理论出发，关注组织结构和特征、组织文化等方面因素在组织从危机中学习的过程中如何发挥作用。以组织支持为例，Anderson 和 Kodate 认为组织的合法性以及权威行政是在灾后反思会议中实现有效学习的基础（Anderson and Kodate，2015）。下文主要围绕组织结构和组织文化而阐述。

Fiol 和 Lyles 研究指出，以往研究认为集中的组织结构会强化巩固过去的行为，因此学习过程进展缓慢；而分权的组织结构能够通过促进新模式的同化加速学习过程（Fiol and Lyles，1985）。但是，也有研究持不同的看法，如 Boin 等认为特别集中创新小组和决策者权威领导的组织结构框架有助于促进危机学习。而 Deverell 则表示需要找到组织集权和分权的平衡，才有助于组织危机学习，过于集权或者过于分权都对组织不利（Deverell，2010）。

组织文化也是影响危机学习发生的重要方面。Veil 在其危机障碍模型中指出多个学习障碍，其中之一是"依赖成功"（Reliance on Success）的组织文化，组织仅仅依赖于过去的成功，对潜在的威胁视而不见而阻碍其走向未来的成功。Boin 等在其研究中用"追求成功而不是如何避免"（Preoccupation with Achievement rather than Avoidance）来描述这样一种文化上的障碍（Boin et al.，2005）。Weick 和 Ashford 也指出"自大和狂妄滋生脆弱性"（Weick and Ashford，2001）。Tompkins 用 NASA 的案例证明了忽视潜在威胁的冒险文化如何在"挑战者"号爆炸事故中被识别，却因没有得到足够重视而继续带来"哥伦比亚"号失事的悲剧（Tompkins，2005）。Cannon 和 Edmondson 认为组织从失败中学习受到社会系统中嵌入障碍的影响，这里所说的社会系统的障碍就包括文化的因素。作者认为受组织文化、组织结构以及社会心理等方面因素的影响，人们所具有的否认、掩盖、歪曲失败的倾向，是阻碍学习的关键性因素（Cannon and Edmondson，2005）。

4. 政治因素

政治因素可以解释为"问责、组织政治及掩盖"，较早由 Gephart 在对技术灾害理论进行批评时提出，他认为 Turner 的灾害孕育模型忽略了政治过程、权力和风险管理机构的日常管理之间的关系，于是在其研究中引入一个具有政治色彩的灾害意义构建模型（Political Sensemaking Model of Disasters）。在他看来，对现实带有政治色彩的意义构建模型能够更好地说明为什么某些事件的解释更具合法性（Gephart，1984）。换句话说，政治因素使一些事件在孕育阶段表现出的具有象征性的发现变得不确定。比如说，印度博帕尔毒气泄漏事故到底是美国联合碳化物公司所声称的技术事故还是受害者所认为的灾难？因此 Gephart 指出组织学习的过程常常会被政治斗争和组织掩盖所带来的间接影响干扰。

随后，问责、政治化、成功政治哲学的弊端等政治因素成为研究者关注的重点，但是对政治因素究竟是促进还是阻碍了危机后组织学习这一问题看法不一。Donahue 和 Tuohy 认为政治问责导向在组织危机学习的多个过程中都产生了负面影响（Donahue and Tuohy，2006）。Dekker 和 Hansén 的研究却获得了不同结论。通过对瑞典和荷兰刑事司法系统的两个案例（The Swedish Palme Case & The Dutch IRT Case）进行对比，以分析两个案例中各自的组织学习模式，结果表明组织学习在后一案例中明显发生。因此作者认为，公共部门的组织学习和政治之间有更为复杂的关系，政治压力或政治化对组织从危机中学习既可以起到促进作用，也可能产生阻碍作用，而这要取决于政治过程的特点。近年来 Broekema 对欧洲水域的四次溢油事件中的政治回应进行分析也得出类似观点，危机问题政治化既可能促进也可能阻碍危机后的欧盟学习（Broekema，2015）。

三 西方障碍因素研究类型分析与评价

尽管上述归纳对国外公共组织或者政府部门危机学习影响因素的梳理未尽，但是总的来说，上述总结基本覆盖了各国不同学科背景研究者的发现。为了更清晰地呈现，下文将从四个角度对危机学习影响因素的有关研究进行归纳，并进行简要评价。

1. 类型归纳

第一，从影响因素的关注数量看研究分为两类。①聚焦单一因素的作用机理。如组织特征方面，Toft 和 Reynolds 研究了系统同构与组织间危机学习的关系（Toft and Reynolds，1997），Fiol 和 Lyles 分析了不同特点的组织结构对组织危机学习的影响，Dekker 和 Hansén 关注政治化在经验总结、知识传播以及制度化过程中的影响。②多元影响因素的综合研究。Moynihan 融合了结构和文化的视角，同时研究了信息系统、资源充沛性、任务导向、决策灵活性以及学习论坛等因素与公共组织学习之间的关系。

第二，从影响因素的作用性质而言存在三类研究。①正面促进因素研究。Cedergren 和 Petersen 通过全国事故调查的跨国比较提出从事故调查中开展学习的前提条件（Cedergren and Petersen，2011），Dekker 提出培育一种公正文化（Just Culture）真正有利于从事件中吸取教训，因为这种公正文化有助于平衡危机学习与事故问责（Dekker，2009）。②反面障碍因素研究。Smith 和 Elliott 借助辛普森事件全面梳理了危机学习各个方面的阻碍因素。

③从促进因素和障碍因素两个角度正反阐述。Stern 从"有助于组织政府学习的危机情境特征是什么？"和"阻碍政府学习的危机情境特征有哪些？"两个问题入手，讨论了问责、个人经验、历史类比或冲突等潜在因素，并详细解释了这些因素在不同情形下的积极或负面作用（Stern，1997）。

第三，从影响因素提出的依据区分有两种研究类型。①基于前人研究的总结或发展而来。Moynihan 在已有研究基础上提出危机中学习面临的三个挑战，即信息与任务不匹配、认知局限以及政治障碍；另外，他在研究不确定性条件下的学习时，也总结了十条危机过程中有效学习的障碍（Moynihan，2008），又如 Drupsteen 和 Guldenmund 在回顾安全科学领域的 40 余篇文献后总结出，只有组织信任和开放性、事故影响以及与事件有关的人三个条件同时具备时，组织从危机中学习才会发生（Drupsteen and Guldenmund，2014）。②基于调查和访谈等实证研究的发现。Donahue 和 Tuohy 针对经验丰富的应急响应者开展了一系列非正式访谈，结合焦点小组讨论，不仅实现了对从文本分析中获得的危机经验教训分类的确认，还总结了这些经验反复出现的原因；又如 Moynihan 通过 2004 年在得克萨斯州 53 个部门中开展的大规模（62628 人）邮件问卷所获得的数据构建了危机学习影响因素模型。

第四，从影响因素提出的逻辑视角而言存在以下几种划分。①社会 – 技术二维视角。Cannon 和 Edmondson 认为从失败中学习受到嵌入在社会系统和技术系统中的两大类障碍因素的影响（Cannon and Edmondson，2005）。②心理 – 社会认知 – 政治三维视角。Antonacopoulou 针对动荡时期提出在危机中学习（Learning in Crisis）这种新的学习模式，这一模式把学习视为发生在危机前、危机中和危机后的一个持续过程。作者认为这种模式面临三个挑战：心理和精神上的缺陷、社会认知的不足、成功政治哲学的弊端（Antonacopoulou and sheaffer，2014）。③多维视角。Lipshitz 等提出了有效组织学习的结构 – 文化 – 心理 – 政策 – 环境五维要素。他们认为组织结构仅仅是有效的组织学习的必要条件，组织学习的效果还取决于其他几个维度的条件（Lipshitz et al.，2002）。

2.研究评价

根据回顾可知，国外关于公共部门危机学习障碍这一问题的研究得到了较多学者的关注，学者们基于丰富的理论基础和多元的研究视角开展了大量案例分析或者实证研究，产生了较为丰硕的研究成果。无论是单案例研究还是多案例比较，无论是关注危机学习发生前提条件还是阻碍因素，无论是基于前人研究追溯还是实证研究验证，都有助于我们加深对危机学习障碍因素和作用关系的理解，同时也为实践中如何改进政府管理部门从危机中学习提供了重要的方向。

总结分析发现，目前影响因素的提出大多是通过案例分析提炼而来的，较少考虑到不同因素之间的互动关系，尚未见到系统的影响因素整合分析，并且现有研究中关于危机学习影响因素大多是混合而谈，忽视了对危机学习诱发、危机学习中断或者危机学习效果不理想等不同情况的区分，而现实中不同组织危机学习的层次水平不一，危机学习不同阶段所受到的影响因素也不同，究竟为什么组织难以实现双环学习的问题仍然没有明确的回答。

究竟如何对我国政府组织从危机中学习的过程和效果进行分析和评估，如何在借鉴国内外研究基础上提出我国政府机构危机学习障碍因素的整合分析框架，不仅要考虑多个层面（如组织成员和领导者、组织内部、跨组织）之间的内在互动关系，而且要兼顾危机学习全过程（如知识存储等不同环节）的潜在影响因素及其作用机理。

四　来自中国的经验印证与案例分析

"新时期中国特色应急管理体系的顶层设计和模式重构"课题组在2015年7~8月先后在四川成都、乐山、雅安以及山东青岛等地方政府应急管理部门开展了实地调研，就灾后政府机构危机学习的有关问题进行了深入访谈。访谈围绕灾害经验教训、灾后人员及组织变化、组织变革过程中遇到的困难等方面进行，访谈采用半开放式，每个受访者时间从 30 分钟到 1 小时不等，每组访谈由至少 2 名人员记录整理。访谈部门包括民政、消防、卫生、安监、公安、国土、教育、气象、海事等各地各级政府应急办。受访者的人口统计特征见表 5–1。

表 5-1　受访者的人口统计特征（人数 =57）

人口特征	性别		年龄			职务级别			政府层级		部门类型	
	男性	女性	30岁以下	30~49岁	50岁及以上	科级/员	处级	司局级	区/县	地市	综合部门	职能部门
频率	52	5	8	40	9	36	17	4	34	23	25	32
百分比(%)	91.23	8.77	14.04	70.18	15.79	63.16	29.82	7.02	59.65	40.35	43.86	56.14

针对汶川地震、芦山地震及青岛油管泄漏爆炸事故对各地政府组织的影响及其改变，结合国外文献分析我们认为，西方公共部门危机学习的多种影响因素在我国也不同程度地存在，有许多相似之处。下文主要讨论系统同构困境、组织记忆丧失、成功政治哲学的弊端三个障碍因素在我国特定环境中的表现形式，之所以选择这三个因素，主要是根据访谈中受访者的叙述和观点。此外，根据走访情况及对各地政府门户网站关于灾后各种活动的分析，上级支持度低和财力不足、学习过程形式主义和制度化的危机学习机制缺失也是影响国内地方政府开展危机经验学习的重要因素。

1. 西方危机学习障碍因素在我国的表现

（1）同构学习（Isomorphic Learning）困境与"一事一学习"

"同构"（Isomorphism）一词最早由 Toft 和 Reynolds 为了解释相似危机发生而提出（Toft and Reynolds，1997）。他们认为，某一系统中出现的失灵都有可能在另一个相似系统中再次发生，并且，即便是两个看似不同的系统，如果它们之间存在相同或相似的构成或者过程，那么同样会出现相似的失灵。

作者还指出了四种同构类型，即事件同构、跨组织同构、共同模式同构以及自身同构，并且指出同构现象是促进组织之间危机学习的重要条件。Stead和 Smallman 通过对 JM、BCCI 和 Barings 三家银行危机案例的分析指出，尽管危机发生的时间、组织规模以及文化不同，但是同构现象仍然存在于这三家银行危机发生的各个阶段中（Stead and Smallman，2002）。其研究印证了 Toft 和 Reynolds 的观点——在一个系统中出现的危机有可能会再次出现在另一个不同但相似的系统中，并且得出运用工业危机理论和分析工具来理解企业商业危机是可能且有效的结论。然而系统同构能够促进危机学习的观点过于乐观，同构学习似乎只停留在理论阶段，实践中，"从其他组织中学习"相似经验从来没有想象的那么容易，面临太多挑战。

长期以来，我国重特大突发事件的灾后经验总结都是"一事一学习"，反思活动具有个案性，灾后整改带有运动式治理、政策性安排的特点。2013年 11 月 22 日青岛油管泄漏爆炸事故发生后，被称为城市"生命线"的地下管线的安全问题引起了高度重视。习近平总书记就该事故做出了"一厂出事故、万厂受教育，一地有隐患、全国受警示"的重要指示，国家安监总局就有关油气管道和城市管网安全生产专项整治提出了具体要求，一时间全国各地都开展了地下管网的隐患排查工作，很多地方还印发了地下管线安全专项治理工作方案。但是在"11·22"事故发生后不久，2014 年 4 月和 6 月先后又发生两起管道原油泄漏或爆燃事故，事故单位仍然是中石油。根据中国城市规划协会地下管线专业委员会发布的 2009~2013 年中国地下管线事故统计报告，2008~2010 年，全国仅媒体公开报道的地下管线事故平均每天就有 5.6起，而从事故原因来看，管线自身的老旧是元凶之一，但并非管线事故主因，管线事故的主因是第三方施工"违规作业"（王选辉，2014）。在这一案例中，我们发现，尽管事故发生的组织性质相同，事故原因也类似，但显而易见的是，后两起事故的责任单位并没有及时有效地借鉴和吸取青岛"11·22"事故的经验教训。

上述案例表明事件同构或者相似模式同构在实践中并没有有效地促进相

似组织之间的危机学习。此外，访谈还发现另一种同构类型（即跨组织同构）也存在经验学习困境。调研过程中主要访谈对象来自综合性部门（如政府应急办）和专项应急部门（如安监或地震部门等），它们在职能和业务上存在差异性，专项应急系统的技术性和专业性较强。我们发现，两类部门中对于彼此的工作并不是特别了解，更不要说组织间可以相互学习经验，"很多专项内部的应急工作做的怎么样，综合协调部门并不了解"。

（2）组织记忆（Organizational Memory）丧失与人员流动导致的经验流失

不同的组织学习定义有不同的关注重点，其中一类关注组织记忆。组织记忆是指那些存储于组织内部可以用于当前或者未来决策的信息，这些信息分布在各不相同的组织存储结构中，存储结构既可以是组织中的个体，也可以是组织内部的流程、文档、办公系统等。因此，组织学习依赖于个体记忆的特征。虽然存在时间流逝和人员流动，但是经验教训在日常活动中维持并累积。Dasgupta 指出规则、程序、技能、信念以及文化等都是通过系统社会化和系统控制来保存的（Dasgupta，2012）。经验或信息社会化的过程使知识从个体迁移到组织或者更大范围，系统控制则可以通过计算机辅助系统将知识和信息保存，以便未来提取运用。组织记忆的这种可保持特点可以通过降低组织成员的学习成本来促进危机学习过程。组织不仅记录信息，还塑造其未来发展路径，而这个路径很大程度上依赖于其内部记忆存储的过程。也就是说，如果组织能够系统地保存经验并供决策者使用，那么从长远来看，组织就不会忘记这些经验，并且学习也将成为一种习惯。否则，组织记忆丧失则成为危机的障碍。

组织人员流动带来的组织记忆丧失不利于开展危机学习，这一现象在我国也同样存在。Stern 曾指出，"以经验为基础的学习（Experience-Based Learning）一个关键的前提就是多大程度上发展了组织记忆且能使参与者可获得，而不幸的是，政府包括其他组织似乎在这个方面都很薄弱……随着人员流动，组织例行公事便失去了宝贵的竞争力和经验的保存"。调研过程中我们发现应急管理部门的工作人员相对年轻，尤其是在区县一级的政府应急办和

诸如安监、气象、交通等职能部门更为突出，受访者中较多是在近几年才调
往应急部门的，一些还是刚毕业不久的大学生，缺乏应急管理相关的工作经
验。当被问到汶川地震或油管泄漏爆炸事故后当地应急管理工作中发生了什
么变化或者其对事故灾害的收获和体会时，很多人表示"那个时候还没到应
急办"，究竟发生了什么并不清楚。因此对于年轻的应急管理工作人员而言，
应对和处置突发事件的经验几乎为零，那么如何使这些人能够吸取过去的经
验和教训是提高应急管理工作能力的重要一环。这时就需要已经形成的文件、
规范、事故处置报告、系统平台等"组织记忆"。

调研还发现，应急管理部门工作人员的流动在不同层级和地方呈现不同
特点。地市一级政府应急系统的工作人员多是政府内部各部门调动，而在县
级则多是从基层选拔和调动而来的。这两种调动方式各有千秋：政府办内部
调动有利于发挥综合协调职能，但是容易出现保守或者不积极的工作态度，
寄希望于在岗期间不要出事，然后调往其他部门；基层选拔则注重具有较强
的实践处置经验，工作能力强则有升迁机会。不管是在什么层级和地方，应
急工作人员调动对于其调离的部门而言直接影响就是失去有经验的工作人员，
这一定程度上就造成了应急管理工作经验和知识的流失。总之，我国政府应
急管理部门工作人员的流动、年轻化也带来组织危机经验记忆丧失的问题，
不利于公共部门危机学习时的经验积累和传递。

（3）成功政治（Politics of Success）的弊端与事故调查的问责导向

政治因素一直是国外研究者关注的重要方面。很多研究认为，政治因素
常常会抑制危机经验的学习，如 Cannon 和 Edmondson 指出组织对失败的问
责和处罚妨碍了学习经验的活动。一些时候，重要的经验常常因为与主流组
织观念或者组织权力结构不适应而被忽视，政治压力使这些宝贵的经验极大
地降低了其潜在价值。Drabek 认为问责的政治常常会为了寻找需要承担责任
的个体而忽视了系统失灵（Drabek，1994）。当谈到危机学习存在的障碍时，
Sagan 指出"往往只有在被政治利益强烈影响的情况下危机学习才有可能发
生，并且这时识别危机诱因的行为是为了保护当权者个人利益而非为了促进

学习过程"。Moynihan 还指出，政治动态会产生讨价还价和次优决策，危机会滋生机会主义，导致自我防御（Defensiveness）进而否认问题的存在，拒绝错误和责任。人们的心态、组织和政治环境的特征通过不同方式与学习相抵触，其中最重要的就是自我防御。Stern 认为当行动者发现其行为遭受批评时会反过来为自己辩护，会形成一种有利于自己的事件解释，试图把自己与事件负面影响分离，甚至否认错误的存在，这就是自我防御。在这种情况下，行动者会努力避免那些预示着绩效失灵的信息，而这种自我防御在个体、团体和组织层面都普遍存在。

危机问责带来自我防御在我国同样存在。调研访谈中主要论及的突发事件类型是以地震为代表的自然灾害和以油管泄漏爆炸为代表的安全生产事故，前者属天灾，即使救援过程中出现应急响应不力，也少有问责，而后一类型的事件中问责则非常普遍，几乎是只要出现死人情况就要有人承担责任。这就导致了访谈中获得的一种直观感受，应急工作大家内心不愿意做，尤其是涉及安全生产的，因为安全生产事故的调查结果大多是责任事故，有关部门要么监管不到位，要么应对不力。即使是其他类型突发事件应对中，应急口的政府工作人员也是以在职期间"不出事"为工作目标，在现场处置时，为了避免承担责任，总是请示报告和等待领导决定。某位受访者提到，他们在突发事件处置时，首先考虑的是按照其职责范围应该做什么，做到什么程度，什么坚决不能做。突发事件问责带来的消极不作为在基层比较普遍，多一事不如少一事是很多人的内心想法。

事故调查究竟是重查因还是重问责，答案众所周知。然而一旦发生重大突发事件，新闻舆论和社会情绪都迫使事故调查在短时间内要有交代，要有人受处理。青岛油管泄漏爆炸事故后，国务院立即成立事故调查组，随后就对有关人员进行立案问责。调研中我们发现，青岛地区应急管理部门的工作人员对其有关人员在此次事故中受到问责存在一些情绪。也有其他地区同行表示，该事件中受到问责的某位负责人是一个有想法、有能力的年轻干部，对其受到问责表示可惜。关于问责，调研中受访者普遍认为目前国内重特大事故调查以问责为主的导向不利于寻找事故管理中存在的不足，呼吁查因和问责并重。钟开斌认为目前我国的事故调查已经异化为各方面进行复杂博弈、对有关人员进行处理的政治化问责过程（钟开斌，2014）。总之，目前国内以结果为导向的突发事件问责机制使事故调查过程迅速、原因泛泛而谈，结果又让公众难以信服，这些都不利于发现事故背后的根本原因，也使现实中类似的事故反复发生，危机学习成为一种空谈和理想，成为一种象征性学习（Symbolic Learning）。

2. 其他阻碍因素

（1）上级支持力度不够、财力不足等造成的资源约束

危机与学习的关系在已有研究中要么是把学习作为应急准备的活动之一，要么认为通过学习可以提高组织韧性从而更好地应对危机。现代危机学习理论认为，危机学习不应该只在危机发生之后。然而纵观过去十几年实践中的发展，大多数的重大反思和变革是伴随重特大突发事件而来的。而日常中几乎每天都在发生大大小小的事故灾难，却并没有真正引起重视。可以说只有那些造成了巨大的经济损失和人员伤亡、产生了恶劣的社会影响和严厉的政治追责的重特大突发事件，才会引起领导者的痛定思痛。调研中有受访者表示，上级领导者和主管应急工作的领导者如果足够重视，很多事情就好推进。如果领导者过去有相关工作经历，或者属于强势型领导者，那么对于整个部门乃至地方的应急工作都是有利的。调研各地应急口的领导者思想意识上还缺乏创新精神，创新不只是嘴上说说，创新也需要财务支持和鼓励，西部地区受到财力不足的限制，很难与东部省份相比较。

从实践来看，上级领导支持有助于工作开展。但是很多时候，领导的支持还需要落到实处，需要有资金做保障。政府组织开展危机学习的形式有很多，共同的特点就是需要投入人力、物力和财力。选派人员去其他地区学习考察需要经费，宣教、培训、演练都需要聘请专家、组织人员以及确定场地，这些都需要有充足的财力做支撑。比如在四川某县级市调研时，尽管当地的

地质灾害风险排查的工作得到了当地领导和部门负责人的重视，但是这是一项耗时耗钱又需要人力长期投入的工作，因为缺乏足够的资金和人力被搁浅，当地有关部门期待上级部门的专项拨款。

（2）形式主义存在，反思改进执行不力

目前我国应急管理工作中形式主义的作风依然存在，一个典型的例子就是在国家安监总局发布的众多重特大事故调查报告中，事发地政府有关部门"应对不力"作为事故发生原因反复被提及。政策执行了，应对措施采取了，但是结果就是"不力"，为什么呢？这与各地政府实际工作中难以彻底摆脱的形式主义有关。从危机中吸取的经验教训从发现到应用是一个过程，其中做到哪一环节，做到什么程度，多大范围上去运用，运用后如何进行过程中监督控制，都属于模糊地带，政府组织中各部门角色和利益、工作目标、限制条件等相互博弈挤压，使反思后的改进效果评估受到忽略。"调查研究隔层纸，政策执行隔座山"，说的就是形式主义。从访谈中发现，各地开展灾后组织学习的方式有很多，开会学习就是其中很重要的一个环节。历次重大突发事件发生后有关政府组织都会开展各种各样的总结或表彰大会，会上宣扬主旋律，弘扬正能量，似乎只要开了会、发了文件就等于学习经验了，做了很多表面工作，却没有真抓实干，也很难真正带来组织内部人员危机意识的提高。危机学习的形式主义和官僚主义表现在如下几个方面：只重视原因查找，忽视后期改进；只重视学习过程，忽视学习结果和效果；只重视领导反思学习，忽视全组织的学习和改变。危机学习活动中的形式主义与不合理的政绩考核、领导工作作风不好以及懒政心态等有关。

（3）制度化的危机学习机制缺失

为了学习，政府不仅需要一些吸取经验教训的能力，还需要一个使用这种能力并对其结果起作用的持续动力。学习机制能促使和鼓励组织开展学习，具有计划性和积极特征。学习能力是可以被设计的，Shani 和 Docherty 提出了三种学习机制，即认知、结构和程序学习机制（Shani and Docherty, 2008）。组织职能任务、战略文件、政策计划或者合作协议等属于认知学习机制的范畴，沟通渠道属于结构学习机制的内容，而程序学习机制指的是那些内嵌到组织中用来支持学习的规则、惯例等。这三种机制需要结合起来以促进不同性质的组织、团队或个人的学习。三种学习机制尽管有区别，但共同特征是促进新的知识共享的形成，能够在网络组织体系中产生知识，使学习成为组织常态。其研究还认为，不管哪种学习机制，都需要组织成员作为个体和团队持续不断地积极参与。Moynihan 指出具体的学习机制从形式上看包括岗位培训、信息系统、向他人学习、学习论坛等。在实践中比较典型的包括事故调查报告（AAR）、公共质询（Public Inquiry）等。Kaliner 针对国土安全领域的突发事件学习问题还细分了学习框架，认为包括事件中总结、事件后反思、持续学习／规划会议（Ongoing Learning/Planning Meetings）、处方式学习（Prescriptive Learning）等（Kaliner，2013）。而在一些实践部门，制度化的学习机制已经得到了很好的发展。Boin 指出在一些国家，某些类型的安全委员会就是为了运输部门而成立的，其中以美国国家运输安全委员会最为突出，它将危机后的调查引向灾难的原因，同时带有鲜明的吸取教训以防止类似灾难再次发生的目的。反观国内的应急管理实践，尽管工作中不乏危机中学习和危机后反思的具体活动，但是这些内容大多在目前的应急管理部门的组织职能设定、工作制度或者预案等文件中未明确予以指出，更缺乏相应的具体实施方案和评估，从这个意义上看，政府危机学习机制尚不完善，这是影响我国地方政府灾后危机学习的重要因素。

五　本章小结

作为一个解释性的研究，本章初步探讨了西方政府部门危机学习影响因素对中国现实问题的解释是否适用这一问题。通过对我国四川和青岛等地方政府机构的观察、访谈和案例分析，笔者认为西方政府部门危机学习障碍因素，如认知局限、信息困难、组织结构、组织文化以及政治问责等在我国文化背景下也是同样存在的，但是这些因素在不同地方的政府机构中表现及影响程度各异，具体这些因素是如何作用于政府组织危机后学习的具体过程及其效果如何，这些问题还有待下一步的实证研究来回答。除了一些共有的因素外，调研发现，在中国危机学习效果不尽如人意的重要原因还包括上级领导支持力度和财力有限、政府机构在危机学习过程中存在较为普遍的形式主义以及制度化的危机学习机制的缺失等等。如何破解这些难题还有待实践部门和学术界的更多对话与共同努力。

参考文献

Anderson, J.E., Kodate, N., "Learning from Patient Safety Incidents in Incident Review Meetings: Organizational Factors and Indicators of Analytic Process Effectiveness," *Safety Science* 80 (2015): 105-114.

Antonacopoulou, E.P., Sheaffer, Z., "Learning in Crisis: Rethinking the Relationship between Organizational Learning and Crisis Management," *Journal of Management Inquiry* 1 (2014): 5-21.

Baumard, P., Starbuck, W. H., "Learning from Failures: Why it May Not Happen," *Long Range Planning* 38 (2005): 281-298.

Boin, A. et al., *The Politics of Crisis Management: Public Leadership under Pressure*, Cambridge, England: Cambridge University Press, 2005.

Broekema, W., "Crisis-Induced Learning and Issue Politicization in the EU: The Braer, Sea Empress, Erika, and Prestige Oil Spill Disasters," *Public Administration* (2015) .

Cannon, M.D., Edmondson, A.C., "Failing to Learn and Learning to Fail (Intelligently): How Great Organizations Put Failure to Work to Innovate and Improve," *Long Range Planning* 38 (2005): 299-319.

Cedergren, A., Petersen, K., "Prerequisites for Learning from Accident Investigations-A Cross-Country Comparison of National Accident Investigation Boards," *Safety Science* 8-9 (2011): 1238-1245.

Coles, E., Learning the Lessons from Major Incidents:A Short Review of the Literature, http://www.epcresilience.com/EPC/media/Images/Knowledge%20Centre/Occasionals/Occ10-Paper.pdf, 2014.

Dasgupta, M., "Organizational Learning and its Practices: A Review," *Social Science Electronic Publishing* 1 (2012): 1-11.

Dekker, S., Hansén, D., "Learning under Pressure: The Effects of Politicization on

Organizational Learning in Public Bureaucracies," *Journal of Public Administration Research & Theory* 2 (2004): 211-230.

Dekker, S.W. A., "Just Culture: Who Gets to Draw the Line?" *Cognition Technology & Work* 3 (2009): 177-185.

Deverell, E.C., *Crisis-Induced Learning in Public Sector Organizations*, Stockholm: Elanders Sverige, 2010.

Donahue, A.K., Tuohy, R.V., "Lessons We Don't Learn: A Study of the Lessons of Disasters, Why We Repeat Them, and How We Can Learn Them," *Homeland Security Affairs* 2 (2006) .

Drabek, T.E., "Disaster in Aisle 13 Revisited," in Russell R. Dynes and Kathleen J. Tierney, eds., *Disasters, Collective Behavior, and Social Organization*, Newark: University of Delaware Press, 1994, pp.26-44.

Drupsteen, L., Guldenmund, F. W., "What Is Learning? A Review of the Safety Literature to Define Learning from Incidents, Accidents and Disasters," *Journal of Contingencies & Crisis Management* 2 (2014): 81-96.

Fiol, C.M., Lyles, M.A., "Organizational Learning," *Academy of Management Review* 4 (1985): 803-813.

Gephart, R. P., "Making Sense of Organizationally Based Environmental Disasters," *Journal of Management* 10 (1984): 205-225.

Kaliner, J., "When Will We ever Learn? The After Action Review, Lessons Learned and the Next Steps in Training and Educating the Homeland Security Enterprise for the 21st Century," *Chds State/ Local* (2013).

Lipshitz et al., "Taking Stock of Naturalistic Decision Making," *Journal of Behavioral Decision Making* 5 (2001): 331-352.

Lipshitz, R., Popper, M., Friedman, V. J., "A Multifacet Model of Organizational Learning," *Journal of Applied Behavioral Science* 1 (2002): 78-98.

Moynihan, D.P., "From Intercrisis to Intracrisis Learning," *Journal of Contingencies & Crisis Management* 3 (2009): 189-198.

Moynihan, D.P., "Learning under Uncertainty: Networks in Crisis Management," *Public Administration Review* 2 (2008): 350-365.

Nathan, M.L., Kovoor-Misra, S., "No Pain, Yet Gain Vicarious Organizational Learning from Crises in an Inter-Organizational Field," *Journal of Applied Behavioral Science* 2 (2002): 245-266.

Pidgeon, N., O' Leary M., "Man-Made Disasters: Why Technology and Organizations (Sometimes) Fail," *Safety Science* s1-3 (2000): 15-30.

Reiter, D., *Crucible Beliefs: Learning, Alliances and World Wars*, Ithaca, NY: Cornell University Press, 1996.

Roux-Dufort C., "Why Organizations Don't Learn from Crises: The Perverse Power of Normalization," *Review of Business* 3-4 (2000): 25-30.

Roux-Dufort, C., Metais, E., "Building Core Competencies in Crisis Management through Organizational Learning: The Case of the French Nuclear Power Producer," *Technological Forecasting & Social Change* 2 (1999): 113 -127.

Sagan, D.S., *The Limits of Safety: Organizations, Accidents, and Nuclear Weapons*, Princeton University Press, 1993.

Shani, A.B., Docherty, P., "Learning by Design: Key Mechanisms in Organization Development, " in Cummings, T., ed., *Handbook of Organization Development*, Sage, Thousand Oaks, CA, 2008, pp.499-518.

Smith, D., Elliott, D., "Exploring the Barriers to Learning from Crisis Organizational Learning and Crisis," *Management Learning* 5 (2007): 519-538.

Stead, E., Smallman, C., "Understanding Business Failure: Learning and Un-Learning from Industrial Crises," *Journal of Contingencies & Crisis Management* 1 (2002): 1-18.

Stern, E., "Crisis and Learning: A Conceptual Balance Sheet," *Journal of Contingencies & Crisis Management* 2 (1997): 69-86

Toft, B., Reynolds, S., *Learning from Disasters: A Management Approach*, Macmillan Education UK, 1997.

Toft, B., Reynolds, S., *Learning from Disasters: A Management Approach*, Perpetuity Press Ltd., Leicester, 1997, pp.61-64.

Tompkins, P.K., *Apollo, Challenger, Columbia: The Decline of The Space Program*, Los Angeles, CA: Roxbury, 2005.

Weick, K.E., Ashford, S.J., "Learning in Organizations," in F. M. Jablin, L. L. Putnam, eds., *The New Handbook of Organizational Communication: Advances in Theory, Research, and Methods*, Thousand Oaks, CA: Sage, 2001, pp.704-731.

Weick, K.E., *Making Sense of the Organization*, Oxford, UK: Blackwell Ltd., 2001.

陶鹏:《灾害批示与公共组织学习演进机制:以安全生产管理制度为例》,《公共行政评论》2016 年第 1 期。

王选辉:《违规操作为管道事故首因》,《法制晚报》2014 年 8 月 2 日。

张美莲:《危机学习面临的挑战——一个事故调查报告的视角》,《吉首大学学报》(社会科学版) 2016 年第 1 期。

钟开斌:《从灾难中学习:教训比经验更宝贵》,《行政管理改革》2013 年第 6 期。

钟开斌:《事故调查勿以政治问责代替技术分析》,《领导科学》2014 年第 15 期。

第六章　政府危机学习演进：灾害批示的视角[*]

公共组织学习作为优化应急管理制度的重要途径，离不开灾后政治环境，党政领导的灾害批示与公共组织学习关系互动形塑着应急管理制度变革。本章将灾害批示作为重要影响变量，分别将焦点事件与公共组织学习以及将单环学习与双环学习进行连接，构建起灾后公共组织学习的"批示－双环"叠加演进模型并形成假设体系，以安全生产管理制度变迁为例，采取模式匹配的分析方式对理论假设体系进行解释检验。研究发现：灾害批示与公共组织灾后学习演进是一个复杂动态过程，焦点事件、灾害批示、知识生产、行为转变等要素之间的互动而产生的建构效应与政治加值效应，使灾后公共组织学习在制度层面呈现阶段性有限变革和整体性深层变革，本章为理解我国灾害政治背景下的公共组织学习模式与政策变迁走向提供理论解释框架，并对优化我国灾后公共组织学习提出相关建议。

一　问题的提出

人文社会科学领域高度聚焦学习议题，形成了多学科交叉的研究状态，

　　*　原刊于《公共行政评论》2016 年第 1 期，原题为《灾害批示与公共组织学习演进机制：以安全生产管理制度为例》，作者陶鹏，略有改动，国家社会科学基金重大项目（11 & ZD028）和国家自然科学基金重点项目（91224009）阶段性成果。

在政治科学领域，组织学习、政治学习、政府学习、政策学习等概念是考察公共组织层面利用经验与知识改变认知与行为的运作机理。公共组织学习可被视为信息与知识获取、组织纠错、复杂认知建构以及政治系统压力调试（Brown et al.，2006），公共组织学习与危机特殊情境交叉，使灾后公共组织学习亦成为灾害社会科学研究的重要议题。灾害危机被视为焦点事件（Focusing Events）而引发灾后公共组织学习（Birkland，1998；Sylves，2008）。从公共组织学习发生机制上看，可被划分为单环学习（Single Loop Learning）与双环学习（Double Loop Learning）。组织单环学习模式是指在外部环境稳定背景之下，组织排除外部调查介入而依靠自身对危机引致问题进行发现与解决，其特征维持基本价值、原则下的表层制度调试。组织双环学习则是强调外部压力之下由外部调查介入而对组织问题的发现与解决，一旦发现有改变必要则组织政策、规范等皆会改变（Argyris and Schon，1978，1996）。从灾后公共组织学习在灾害演进时间节点来看，可以被划分为Intercrisis Learning 与 Intracrisis Learning（Moynihan，2008）。整个公共组织学习过程受到文化、组织目标、政治环境、社会压力等多要素影响，尤其是在危机情境下，灾害政治环境对于公共组织学习影响至关重要。

灾害政治已成为灾害社会科学研究的重要领域，灾害政治逻辑（Guggenheim，2014；Hart，1993；Abney and Hill，1966；Olson，2000）、灾后社会政治冲突（Olson and Gawronski，2010；Nel，2008；Poggione and Gawronski，2012）、框架竞争（Framing Contest）与制度变革（Stone，1989；Boin et al.，2009）、政府救灾实务与官僚理性（Gasper and Reeves，2011；Garrett and Sobel，2003；Sylves and Buzas，2007）成为经典研究议题，灾后组织学习与灾害政治间的关系研究也逐渐受到关注。灾后公共组织学习作为应急管理周期内的基础环节，通过评估组织在应对风险、整备、响应以及恢复阶段的行为，客观分析应急管理过程中的得与失，进而形成组织认知与行为方面转变。灾害危机事件背景下的特定政治场域中，焦点事件、舆论、利益相关团体等多源流力量所构成的灾后政治环境，将形塑事件因果链及公共组织学习方向（Hart，1993）。

在中国政治系统中，批示指示具有重要影响，批示指示所涉及的事项也会被政治－行政系统所重视，得到更为积极有效的贯彻执行，"乃至有批示串联整体行政过程之迹象，是行政运作过程中的常态机制，由此深刻影响了行政决策、行政执法、行政责任追究的全过程"（秦小建、陈明辉，2013）。虽然，党政领导的灾害批示指示并未与应急响应级别之间进行制度化连接，但不同级别领导的灾害批示不仅意味着政治系统对外界压力的反应，亦将引致灾害危机应对的资源投入与事后学习强度。因此，灾害批示是中国政治系统对于灾害危机事件的政治回应，影响着灾害危机管理和学习。灾害批示是中国应急管理运行所处政治环境的重要特征，灾后政治环境与公共组织学习之间关系逻辑的研究将打开中国灾后制度变迁的新认知，中国灾害政治环境对公共组织学习是否发生以及如何发生影响的问题值得进一步深入研究，本章聚焦灾害批示对中国灾后公共组织学习的发生及其演进路径的影响，并提出优化中国灾害政治环境下公共组织学习的策略。

二　理论框架与研究假设

1. 灾后公共组织学习的动态复杂性

灾后组织学习可被理解为灾害危机事件引致灾后调查学习获得新认知与行为，并将学习成果制度化到灾害管理体制之中。在组织与灾害事故之间的关系研究上呈现两种认知倾向，在查尔斯·佩罗（Charles Perrow）看来，现代社会变得更加具有错综复杂性（Interactive Complexity）、紧密耦合性（Tightly Coupled），前者是指"不熟悉、非预案的、非预测的事件出现在系统中，并且难以可见或不可立即理解"，于是导致组织混乱失序；后者是指现代社会系统之间高度依赖，导致系统很难迅速从灾害中恢复。灾害事故是非预期的、难以避免的，它是复杂社会科技系统（Socio-Technical Systems）的必然，事故的发生成为"正常事故"（Normal Accident）（Perrow，1984：5）。而高可靠性组织理论（Highly Reliability Organization）则强调灾后公共组织学习，避免问题被简化处理而获得更多学习机会，通过对组织规范、价值、行为的反思学习并最终体制化到应急管理制度之中，进而形成具有持续活力、高可靠性的组织（Roberts，1990；Weick and Roberts，1993；La Porte，1996）。理论间的冲突也从侧面反映出灾害事故与公共组织学习之间是一个动态复杂过程，需要从整体上系统全面地认识和对待二者之间的关系。

首先，灾后公共组织学习具有动态演进性。知识、行为、制度化作为公共组织学习的重要内容要素，体现出从知识到行为层面转变再到体制化的过程特征。Dominic Elliott 提出组织灾后学习过程，即焦点事件→知识获得（Knowledge Acquisition）→知识转化（Knowledge Transfer）→知识吸收（Knowledge Assimilation）→文化转变（Cultural Readjustment）（Elliott，2009），通过一个灾害学习过程达成组织文化调试与制度转变（Turner，1976）。而灾后组织学习的基本过程往往亦并非单一事件能够达成的，Thomas A. Birkland 较早关注灾变事件引致的政策变革，通过对原油泄漏、核辐射等事件的灾后立法与规制方面变革的研究，提供了灾后公共组织学习发生的初步证据（Birkland，1998）。而焦点事件发生与公共组织学习的实现之间的联系亦不可采用简单线性的模式，有学者通过灾后公共组织学习多案例比较，发现公共组织学习的发生并不是依靠单一事件，而是一个缓慢渐进（Creeping Incremental Process）过程。

其次，灾后公共组织学习过程受政治因素影响。灾后公共组织学习过程受到组织文化与心理层面、组织结构以及政治环境要素的影响。尤其是当灾害管理与政府行政体制互嵌时，灾害危机可被视为社会政治秩序合法性象征体系的崩溃，危机管理亦被视为一个由"合法性""去合法性""合法性再生"构成的动态过程（Hart，1993）。官僚理性在灾害管理中不断扩张，影响着灾后公共组织学习方向、范围以及强度。灾害危机事件充满时间压力、不确定性以及价值冲突，灾后公共组织学习环境则由组织避责、框架建构、调查评估等要素构成，灾害政治增强了灾后公共组织学习的不确定性，如有研究通过比较德国和瑞典的灾后公共组织学习发现两国在类似事件上公共组织学习效果存在显著差异，政治环境可能阻滞灾后公共组织学习的有效性（Dekker and Hansén，2004），政治环境在灾后公共组织学习中亦呈现正反功能的复杂特征。

2. 理论框架

灾害政治与灾后公共组织学习之间的宏观联系已被建立，灾后政治环境影响公共组织学习效果，灾后公共组织学习过程的复杂性亦获得初步认知。然而在政治因素影响公共组织学习的基本过程路径上却缺乏精细的理论建构。传统单一事件引致公共组织学习研究，侧重从单一事件解释而忽视了灾后公共组织学习作为累积性学习与复杂性因素的影响。多事件引致灾后组织渐进学习过程分析缺乏对于政治要素影响过程机理的深入建构。此外，现有关于政治因素与灾后公共组织学习的理论框架解释还可能受到来自灾种差异、政治体制差异的挑战。本章关于灾害批示对灾后公共组织学习影响路径的理论建构，强调在同一政治体制、同灾种、多焦点事件条件下，揭示灾害批示在灾后公共组织学习动态过程中的作用机理。

在组织学习文献中，通常将组织学习划分为组织单环学习与组织双环学习，依据灾害政治影响下的公共组织学习动态复杂特征，灾后公共组织学习虽然具有单环与双环学习两种基本类型，但灾害批示往往会触动公共组织双环学习。灾害批示意味着高层领导高度重视，自上而下的政治压力出现，外部调查的介入对于事件因果链展开分析，从而实现公共组织学习的知识生产与行为转变。公共组织学习结果往往呈现单一事件触发的有限技术、管理变革，即公共组织单环学习，亦可呈现深层次价值、理念、制度变革，即公共组织双环学习。公共组织双环学习实现过程应当是一个累积过程，一方面是由不断重复出现的焦点事件呈现多个类似事件累积来影响政治压力强度，另一方面是焦点事件重复发生会带来政治系统对于公共组织学习效果的重新评价，二者相互叠加最后促成了公共组织双环学习的实现。如此，灾害批示是组织双环学习的重要触点，而组织双环学习开启后，灾害批示影响灾后公共组织学习的方向与速度，单一焦点事件受到灾害批示的推动能够快速达成技术与管理层面的有限公共组织学习，而基于多个焦点事件累积和公共组织学习效果评价引起的政治压力加值则会确实促使深层制度与理念变革，使灾后组织双环学习得以真正生成（见图6-1）。

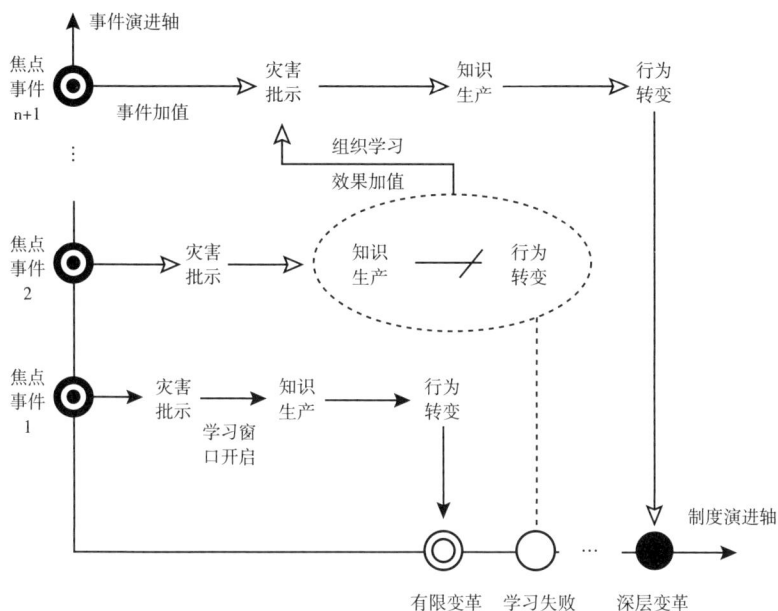

图 6-1　灾后公共组织学习的"批示－双环"叠加模型
资料来源：笔者自制。

　　假设1　在中国灾后政治环境中，灾害批示是打开灾后组织双环学习窗口的充分条件。

　　灾害危机事件的发生使社会功能中断，瞬时引起社会舆论聚焦，造成政治系统的压力。焦点事件与组织双环学习之间的联系并非直接的，而是需要灾害批示的连接，一些焦点事件在没有灾害批示的情况下往往会被隐藏或内部处理，而灾害批示则将公共组织学习暴露于内外部压力之下进行。当焦点事件引发政治重视后，灾害批示所强调的事故调查、原因分析、责任追究等为组织双环学习的开启提供了基础。而灾后组织双环学习的实现则是一个复杂动态过程，从制度变迁的程度可划分为有限技术 – 管理变革与深层制度 – 理念变革。于是得出假设2与假设3。

假设2　灾害批示形成的建构效应将决定灾后组织知识生产与行为转变，单一事件的影响易显化为有限技术 – 管理变革。

社会建构主义灾害观并不否认灾害的发生现实，而是认为利益团体和不同利益相关者决定了灾害问题是否被纳入公共议程（陶鹏、童星，2012）。灾后公共组织学习的开启受到灾害批示形成的建构效应影响，对危机事件的定性将影响公共组织学习方向。知识生产集中体现于灾害危机事件的认知层面，即灾害危机原因、结果以及二者之间连接的解释，对于灾害链在制度、技术、理念上的认知，指引着公共组织学习的知识生产方向。具体来说，制度方面即为灾后对于应急管理制度及其相关管理制度的认知，技术方面即为对于应急管理相关技术指标、设备方面的认知，理念方面即为对于事件重视与认知的强化。单一焦点事件中的知识生产所引致组织行为转变则呈现有限技术 – 管理面相，表现为解决新问题或"亡羊补牢"，并未直接解决深层次问题，但在长期积累过程中会促发深层制度变革。于是得出假设3。

假设3　灾害批示形成的建构效应与政治压力加值效应的相互叠加，共同推动深层次制度与理念变革，促使灾后组织双环学习生成。

类似焦点事件的阶段高发将提高政治系统面对的外部压力，容易引起政治重视，进而对过往公共组织学习进行评估，高发焦点事件与公共组织学习效果共同推动了政治压力加值，增强了公共组织学习的方向与深度。灾害批示作为公共组织学习效果的评价，一方面会借鉴已有公共组织学习成功因素予以肯定扩散，另一方面则会反思公共组织学习失败因素而进行深层制度与理念变革尝试。

于是，灾害批示与灾后公共组织学习互动过程呈现三种阶段性模式，即窗口开启、有限制度变革以及深层制度变革，三种阶段模式从整体上体现出灾害批示与灾后组织学习的双环叠加演进过程。

三　研究设计

1.数据来源与案例库建立

首先，以《人民日报》新闻报道为内容分析的文本数据源，利用"人民日报图文数据库"进行全文内容检索。通过关键词"批示"和"指示"爬取初级数据库。其次，通过建构安全生产事故灾难相关关键词体系对初级数据库进行二次检索，$\{f_1, f_2, f_3, \cdots, f_m\}$ 表示可能会出现在某一类突发事件相关新闻中的一组关键词，即我们要提取新闻的一组特征向量，其中 f_i 表示关键词，m 表示关键词数量。通过关键词可缩小新闻的识别范围，进而爬取出符合事件描述特征的安全生产事故案例索引。最后，以建立案例索引为基础，利用网络、新闻、年鉴以及收集到的事故灾难后的领导批示和事故调查报告充实案例内容，形成完整案例库。

2.案例研究设计

单案例研究同样具有描述、探索和解释功能，本章以安全生产管理制度变迁为例，通过选取和分析该制度变迁节点上的重要子案例，解释灾害批示与灾后组织学习之间呈现的叠加过程，继而构建灾害批示与安全生产制度变迁之间的总体解释。本章所采取案例证据分析基本策略是依据理论支持观点策略（殷，2010），即根据理论假设体系来开展资料收集和案例分析结构布局。首先，在具体子案例分析上使用模式匹配方式，通过建立在实证基础上的模式与建立在预测基础上的模式相匹配。灾害批示、知识生产以及行为转变的因果过程呈现阶段性特征，即窗口开启、有限制度变革以及深层制度变革，通过案例选择来对三种模式进行匹配。其次，安全生产制度变迁案例中的三种阶段模式之间的叠加变化过程，则可以从整体上形成对于假设体系的解释。当然，案例研究并非基于抽样原则而是基于主观选择进行复制性检验，通过挑选安全生产领域的灾后组织学习的子案例，满足灾害批示与灾后制度变迁阶段模式的逐项复制要求，即在理论框架已申明的初始化条件之下，灾害批示与灾后组织学习的互动而产生出特定的灾后组织学习现象（即阶段模式），进而从整体上形成对于假设的解释，以提升理论的内在效度。

四　安全生产管理制度变迁案例分析

1. 灾害批示触动焦点事件走向灾后公共组织学习：南丹矿难

2001 年 7 月 17 日，广西壮族自治区南丹县龙泉矿冶总厂拉甲坡矿发生特大透水事故，81 名矿工遇难。事故发生后，具有黑社会背景的矿主与当地腐败官员勾结，隐瞒事故真相长达半个月。后经媒体介入事件并以《人民日报·信息专报》形式汇报高层，时任国务院总理朱镕基对事件进行批示，表示要"查个水落石出，严厉打击黑恶势力勾结官员，草菅人命。当前首先要排除一切阻力，查明遇难人员"（人民网，2011）。没有这个批示，当时被遮瞒得密不透风的南丹矿难，或许要历经更长时间才能被捅开，甚至不能被完全捅开。

领导人的偏好、突发事件、国外力量的推动是政策议程的重要因素，而焦点事件与领导人偏好、社会媒介力量的汇聚则是开启灾后公共组织学习的窗口。国家领导人获得信息有两条重要路径，即报告制度和内参情况反映制度，其中后者在影响决策方面大大超过公开发表信息。正如有学者在对"河北邯郸鸿达煤矿井下瓦斯事故"的案例分析中提出，庞大的国家官僚体系对事故的反应显得迟缓和力不从心，而一旦国家权力正式介入，则又显示出极其强大的政治动员能力和高效的处理危机的策略和技术（钟开斌，2005）。南丹事故受到高层批示之后在国务院成立调查小组进入现场调查取证，并于 2001 年 12 月 19 日向社会公布了南丹事故调查报告，同时处理了相关责任人。

2. 灾害批示建构效应与有限制度变革：昆山工厂车间粉尘爆炸事件

2014 年 8 月 2 日 7 时 34 分，位于江苏省苏州昆山市昆山经济技术开发区的昆山中荣金属制品有限公司抛光二车间发生特别重大铝粉尘爆炸事故，当天造成 75 人死亡，共计死亡 146 人，直接经济损失 3.51 亿元。事发之后，习近平总书记、李克强总理立即做出重要批示，要求全力救治伤员，做好遇难者亲属安抚工作，查明事故原因，追究责任人责任，吸取血的教训，强化安全生产责任制，保障人民群众生命财产安全。

首先，灾害批示的因果链建构导向。从灾害批示所强调的要求可以看出，应急处置的方向为救治伤员、安抚亲属，同时也明确要求查明灾害事故原因、追究责任，强调公共组织吸取教训并强化安全生产责任制。由于事件死亡人数多、性质恶劣，灾害批示强化了对事故原因的分析与责任追究。同时，灾害批示为整个事故调查确立了技术、制度以及理念认识层面的基本导向。

经过 4 个多月的调查所形成的《江苏省苏州昆山市中荣金属制品有限公司"8·2"特别重大爆炸事故调查报告》之中，形成了对于事故分析的技术链和制度链，从而实现了灾后公共组织学习的知识生产。在事故发生技术链中，"事故车间除尘系统较长时间未按规定清理，铝粉尘集聚，引发除尘系统及车间的系列爆炸"。在事故发生制度链中，"中荣公司无视国家法律，违法违规组织项目建设和生产，是事故发生的主要原因；苏州市、昆山市和昆山开发区安全生产红线意识不强、对安全生产工作重视不够，是事故发生的重要原因；负有安全生产监督管理责任的安全监管部门、公安消防部门、环境保护部门、住房城乡建设部门未认真履行职责，审批把关不严，监督检查不到位，专项治理工作不深入、不落实，是事故发生的重要原因"。

其次，行为转变。昆山"8·2"粉尘爆炸事故发生之后，当地企业和政府相继在企业安全生产主体责任、政府安全监管以及粉尘防爆专项治理上展开了政策与组织机构调整，共计出台与转发相关制度文件 18 件，其中，地方 11 件，上级政府 7 件。其一，在落实企业主体安全责任层面，事故发生之后昆山市政府要求上报铝镁机械加工停产停业企业基本情况以进行专项检查，并于 2014 年 8 月 12 日对整改验收工作做出部署。其二，落实地方政府监管，尤其是开发区安全监管。印发《昆山市集中开展"六打六治"打非治违专项行动实施方案》，设立安全生产事故隐患举报受理电话与奖励办法，成立昆山市劳动密集型企业消防安全专项治理工作领导小组。其三，在粉尘防爆专项治理层面，开展铝镁企业安全生产专项整治，针对全市工贸行业冶金、涉氨制冷企业液氨使用和有限空间作业企业进行专项检查，对存在粉尘爆炸危险企业进行安全专项检查，对劳动密集型企业消防安全进行专项治理，宣传粉尘防爆安全知识及预防措施。

最后，公共组织学习内容与政策扩散的有限性。事故发生后，国务院下发《国务院安委会办公室关于深刻吸取江苏省昆山市"8·2"特别重大事故教训深入开展安全生产专项整治的紧急通知》（安委办〔2014〕19 号）、《国家安全监管总局办公厅关于将粉尘防爆专项整治内容纳入异地交叉检查工作的通知》（厅函〔2014〕235 号）、《国务院安全生产委员会办公室关于转发河北省涉爆粉尘企业安全生产大检查进展情况报告的通知》（安委办〔2014〕58 号）。以国家安全监管总局令形式分别发布《严防企业粉尘爆炸五条规定》（国家安全监管总局令第 68 号）、《劳动密集型加工企业安全生产八条规定》（国家安全监管总局令第 72 号）、《企业安全生产应急管理九条规定》（国家安全监管总局令第 74 号），同时，在铝镁制品机械加工防爆安全技术规范层面，将相关标准征求意见稿于 2014 年 9 月 19 日发布，并于 2014 年 5 月 16 日正式确立实施。有限制度变革之下的行为转变，往往基于知识生产带来的对于事故技术因果链的新认识，如对相关技术环节、工艺、标准、流程方面的改进，以及运动式的安全大检查。

3. 政治压力加值与深层制度变革：多案例历时分析

安全生产责任制度是防范事故灾难的基石，事故灾难发生之后的灾害批

示中对于安全责任制度不断反复强调。安全生产责任制度亦在不同时期随着
事件重复性、阶段性、集中性高发而出现深层次变革。

（1）安全生产领导责任制初建

2000 年萍乡烟花爆炸、江门烟花爆炸、洛阳"12·25"特大火灾事故的
批示中，党和国家领导人强调妥善处理事故，迅速查清原因，严惩责任人，
一连串事故的最高党政批示为此类事件的处置、调查与责任追究奠定了基本
方向。企业作为安全责任主体被确立下来，为进一步落实安全生产责任制提
供了法律保障，2001 年 4 月 21 日国务院出台《关于特大安全事故行政责任
追究的规定》，明确了安全生产中的行政领导责任追究机制。2002 年颁布实施
的《中华人民共和国安全生产法》强化了企业是安全生产的责任主体，明确了
事故赔偿与处罚标准，国务院和地方各级人民政府应当加强对安全生产工作的
领导、支持，督促各有关部门依法履行安全生产监督管理职责；县级以上人民
政府对安全生产监督管理中存在的重大问题应及时予以协调、解决。

（2）安全生产行政领导问责制——对安全生产领导责任制的强化

2002 年在大连"5·7"空难以及公路运输、煤矿生产等安全事故多发形
势下，朱镕基总理提出"各地方政府一把手，要对本地区安全生产工作负总
责"（新华网，2002），灾害事故行政领导问责制度被进一步强化。2008 年发
生的山西襄汾"9·8"溃坝事故，胡锦涛、温家宝迅速做出批示，"要求采取
一切有效措施，全力组织抢险救援和伤员救治，认真负责地做好善后工作，
彻底查明事故原因，依法追究责任，深刻吸取教训，举一反三，切实加强安全
生产管理工作"（凤凰网，2008），追责成为抢险救援之外的重点。中央对山西
省襄汾县"9·8"尾矿溃坝重大责任事故的责任追究中，作为山西省省长的孟
学农、分管安全工作的副省长张建民负有领导责任。

（3）安全生产"一票否决"制——行政领导问责制度的地方创新

在《山西省人民政府办公厅关于下达 2008 年全省安全生产考核指标和
奖励办法的通知》（晋政办发〔2008〕8 号）中，率先开始实行安全生产"一
票否决"制度，即对未完成年度安全生产考核指标或发生影响较大的重特大

安全事故的有关部门及单位，要进行通报批评，实行安全生产一票否决，单位当年不能被评为先进单位，负责人不能被评为先进个人，对有关责任人按照有关规定追究行政责任。

（4）"党政同责、一岗双责、齐抓共管"——安全生产监督领导责任的转型

2013年"6·2"中石油大连石化爆炸事故、"6·3"德惠火灾事故等接连发生引致高层对于安全生产的高度重视，习近平做出批示强调，安全生产是不可逾越的红线，需要举一反三，强化责任意识，落实安全生产责任制。2013年"11·22"中石化东黄输油管道泄漏爆炸特别重大事故的高层批示中继续强调，安全生产工作必须坚持"党政同责、一岗双责、齐抓共管"，各级党委和政府要增强责任意识，落实安全生产负责制，落实行业主管部门直接监管、安全监管部门综合监管、地方政府属地监管，坚持管行业必须管安全、管业务必须管安全、管生产经营必须管安全。在落实安全生产责任制中，截至2015年4月21日，22个省区市已经研究制定出台了"党政同责、一岗双责、齐抓共管"的正式文件（新华网，2014）。转变传统安全责任模糊情形，对于政府主要部门的安全生产责任进行明晰，形成党政同责，摆脱以往单纯依靠行政问责的做法，强化安全生产领导责任。

在安全生产责任制度建立健全过程之中，灾害批示确立了对于安全生产事故责任调查、追究、处理的基本导向。从最初对于企业安全生产责任的强调，到政府监管责任的初建，再到行政领导问责制度施行，发展到目前党政同责与安全发展理念的嵌入，此过程显示出安全生产责任制度不断走向深入。事件加值与公共组织学习加值促使灾后公共组织学习向深层制度变革迈进。事故灾难越是集中高频爆发，政治系统面临的外部压力越大，组织灾后学习推力亦越大。而事故频发背后，政治系统会评估过去事件中安全生产责任设计与落实情况，对安全生产责任落实尚存的盲区进行反思，避免由于灾害批示短期强力推动力丧失后出现公共组织学习断崖效应，而对于如安全生产"一票否决"此类地方灾后公共组织学习经验，亦会被灾害批示所吸纳并

作为未来安全责任改革的重要内容予以推广，形成灾后公共组织学习经验的政策扩散。

五　本章小结

通过结合具体灾种、中国政治环境特征以及案例分析表明了灾害批示对于公共组织学习具有积极作用，形塑公共组织学习方向与强度。虽然在中国应急管理制度设计中对于灾害批示与应急响应、灾后学习之间并没有建立制度化联系，但在中国政治行政环境中，党政领导批示有效地推动了事故灾难的灾后公共组织学习的开展，灾后政治形成了自上而下与自下而上联合推动公共组织学习的合力。灾害批示是焦点事件与公共组织学习相互作用的催化剂，灾害批示打破了事故灾难发生后由地方避责引发的阻滞公共组织学习情形，政治重视推动了公共组织学习窗口的开启。灾害批示作为政治系统对于事故灾难频发与以往公共组织学习经验的评估，指明了灾后公共组织学习的方向。从单一事件的灾后组织来看，公共组织学习针对新颖问题展开知识生产并在有限范围内进行技术与管理改进，而从多事件叠加影响来看，灾害批示将使公共组织学习走向深层制度与理念层面的变革，本章将前者视为灾后公共组织学习的阶段性特征，而依据灾后公共组织学习的动态演进特征，后者在整体上体现出灾害批示与公共组织学习的关系演变的叠加路径，即在不同焦点事件中的灾害批示、灾后公共组织学习要素不断叠加累进加值，地方公共组织学习经验亦可能被灾害批示吸纳而形成政策扩散，使政治压力加值与建构导向深化，进而推动灾害管理制度的深层变迁。

从优化中国灾害政治环境下的公共组织学习策略、强化应急管理制度角度来看，通过对组织规范、价值以及行为的反思并将其经验体制化到应急管理制度中是其成为具有高可靠性组织的重要基础。在我国灾后公共组织学习过程中，以灾害批示为代表的政治压力或政治重视在制度变迁中起到了重要作用，但不得不反思的是，以政治压力为促发方式的学习过程呈现不稳定性和被动性，需要增强应急管理制度自身的主动长效学习机制建设。政治压力对于灾害事故经验的学习具有建构效应，往往政治重视的应急管理制度运行中的问题，在灾后组织学习中会得到多部门重视，通过强力协调加以解决，对于已发现问题而未受到政治重视的部分则依旧难以协调推进。一旦上游政治压力对于灾害危机的建构导向存在偏误，则应急管理制度学习过程便会有较大失败可能，组织学习的不稳定性特征明显。同时，灾后组织学习过程自上而下驱动现象亦非常显著，被动的组织学习不利于从基础层面实现应急管理制度学习的长效机制。因此，需要在灾后组织制度学习层面建立全面客观灾害危机风险演进及组织应对过程的调查评估机制，由此获得的组织经验需要通过建立组织学习评估机制来有效体制化，通过增强组织学习的主动性来缩短"批示-双环"组织学习的叠加过程，以更少的"血的教训"获得更多的"安全稳定"，不仅要通过灾后政治权威力量的介入来达成组织学习，更需要强化应急管理部门的行政权威，以保障其在常态期有效履行组织功能，增强事前防范灾害危机能力。

灾后公共组织学习与灾害政治之间的影响作用机理探索中，政治因素对于灾后公共组织学习具有不确定性影响。本章丰富了灾后公共组织学习过程研究，结合中国灾后政治环境特征，注入灾害批示变量，并将不同公共组织学习进行纵向动态连接，从而展示出中国灾害批示影响下的灾后公共组织学习路径。诚如本章建构理论模型所强调的理论初始化条件所示，未来灾害批示对公共组织学习演进路径理论模型仍需要进行拓展和验证。政治系统对于不同灾种的政治风险建构对灾后公共组织学习的影响以及跨灾种案例验证，将进一步提高理论模型的解释力。

参考文献

Abney, F. G., Hill, L. B., "Natural Disasters as a Political Variable: The Effect of a Hurricane on an Urban Election," *American Political Science Review* 4 (1996): 974-981.

Argyris, C., Schon, D., *Organizational Learning: A Theory of Action Perspective*, Reading, Mass: Addison-Wesley, 1978.

Argyris, C., Schon, D., *Organizational Learning II: Theory, Method and Practice*, Reading, Mass: Addison-Wesley, 1996.

Birkland, T. A., "Focusing Events, Mobilization, and Agenda Setting," *Journal of Public Policy* 1 (1998): 53-74.

Boin, A., Hart, Paul't, McConnell, A., "Crisis Exploitation: Political and Policy Impacts of Framing Contests," *Journal of European Public Policy* 1 (2009): 81-106.

Brown, M. L., Kenney, M., Zarkin, M. J., *Organizational Learning in the Global Context*, Burlington, VT: Ashgate Publishing Company, 2006.

Dekker, S., Hansén, D., "Learning under Pressure: The Effects of Politicization on Organizational Learning in Public Bureaucracies," *Journal of Public Administration Research and Theory* 2 (2004): 211-230.

Elliott, D., "The Failure of Organizational Learning from Crisis-A Matter of Life and Death? " *Journal of Contingencies and Crisis Management* 3 (2009): 157-168.

Garrett, T. A., Sobel, R. S., "The Political Economy of FEMA Disaster Payments," *Economic Inquiry* 3 (2003): 496-509.

Gasper, J. T., Reeves, A., "Make It Rain? Retrospection and the Attentive Electorate in the Context of Natural Disasters," *American Journal of Political Science* 2 (2011): 340-355.

Guggenheim, M., "Introduction: Disaster as Politics-Politics as Disaster," *The Sociological Review* s1 (2014): 1-16.

La Porte, T. R., "High Reliability Organizations: Unlikely, Demanding and At Risk," *Journal of Contingencies and Crisis Management* 2 (1996): 60-71.

Moynihan, D. P., " Learning under Uncertainty: Networks in Crisis Management," *Public Administration Review* 2 (2008): 350-361.

Nel, P., "Natural Disasters and the Risk of Violent Civil Conflict," *International Studies Quarterly* 1 (2008): 159-185.

Olson, R. S., Gawronski, V. T., "From Disaster Event to Political Crisis: A ' 5C+A' Framework for Analysis," *International Studies Perspectives* 3 (2010): 205-221.

Olson, R. S., "Toward a Politics of Disaster: Losses, Values, Agendas, and Blame," *International Journal of Mass Emergencies and Disasters* 1 (2000): 265-287.

Paul't Hart, "Symbols, Rituals and Power: The Lost Dimension of Crisis Management," *Journal of Contingencies and Crisis Management* 1 (1993): 36-50.

Poggione, S., Gawronski, V. T., "Public Response to Disaster Response: Applying the '5C+A' Framework to El Salvador 2001 and Peru 2007," *International Studies Perspectives* 2 (2012): 195-210.

Perrow, C., *Normal Accidents: Living with High-Risk Technologies*, New York: Basic

125

Books, 1984.

Roberts, K. H., "Some Characteristics of One Type of High Reliability Organization," *Organization Science* 2 (1990): 160-176.

Stone, D. A., "Causal Stories and the Formation of Policy Agendas," *Political Science Quarterly* 2 (1989): 281-300.

Sylves, R. T., Buzas, Z. I., "Presidential Disaster Declaration Decisions 1953-2003: What Influences Odds of Approval?" *State & Local Government Review* 1 (2007): 3-15.

Sylves, R. T., *Disaster Policy and Politics: Emergency Management and Homeland Security*, Washington, D.C.: CQ Press, 2008.

Turner, B. A., "The Organizational and Interorganizational Development of Disasters," *Administrative Science Quarterly* 3 (1976): 1-59.

Weick, K. E., Roberts, K. H., "Collective Mind in Organizations: Heedful Interrelating on Flight Decks," *Administrative Science Quarterly* 3 (1993): 357-381.

《安监总局：已出台"党政同责、一岗双责、齐抓共管"正式文件》，新华网，http:// news. xinhuanet. com/ politics/2014-05/22/c_1110808018.htm，2014。

《胡锦涛温家宝就襄汾尾矿库溃坝事故作出重要指示》，凤凰网，http://news.ifeng. com/ main land/ 200809/0910_17_777621.shtml，2008。

昆山市安全生产监督管理局网站，http：//www.safety.ks.cn。笔者整理。

〔美〕罗伯特·K.殷：《案例研究：设计与方法》，周海涛、李永、李虔译，重庆大学出版社，2010。

秦小建、陈明辉：《论行政法上的批示》，《政治与法律》2013年第10期。

陶鹏、童星：《灾害概念的再认识——兼论灾害社会科学研究流派及整合趋势》，《浙江大学学报》(人文社会科学版) 2012年第2期。

钟开斌：《事故瞒报的运作逻辑——河北邯郸6.3特大矿难个案研究》，《公共管理学报》2005年第1期。

《朱镕基批示人民日报〈信息专报〉南丹矿难报道首次曝光》，人民网：http:// politics.people.com.cn/GB/1026/15656633.html，2011。

《朱镕基在国务院第58次常务扩大会议上强调 高度重视安全生产工作 切实防止重大事故发生》，新华网，http://news.xinhuanet.com/zhengfu/2002-05/09/content_385514. htm，2002。

第七章　政府危机学习过程：模型分析与行动差异 *

现有政府危机学习研究多从宏观层面、结果角度阐述与危机有关的经验教训、"制度变化"、"政策学习"，鲜有文献论及中微观层面、过程角度的政府危机学习过程与经验学习行动。本章聚焦于经历暴雨灾害后的北京和河北两地政府，借鉴国外相关理论研究构建我国地方政府危机学习过程的分析框架，将气象灾害监测预警与信息发布作为暴雨灾害的经验教训对两地政府灾后学习行动进行比较分析。研究表明：不同政府组织中学习相似经验教训的过程和行动有所不同；当前政府危机学习在主体、方式和结果等方面存在地方差异、层级差异和部门差异，这些差异的形成与政治因素、资源获取、合作情况、时间因素和任务难度等密切相关，更加明确的差异形成的内在逻辑有待进一步的实证验证和解释。

一　引言

危机学习本质上就是从过去已发生的危机中总结经验教训并运用于未来相似危机的应对中，其结果将带来认知或行为上的改变。随着近些年世界范围内跨界危机的频繁发生，从危机中学习（Learning from Crisis）或者

* 北京市社科基金（16JDGLB038）阶段性成果，作者张美莲。

危机引发的学习（Crisis-Induced Learning）这一问题引起国外学者的广泛关注（Dekker and Hansén，2004；Elliott，2009；Moynihan，2009；Birkland，2009；Deverell，2010；Broekema，2018），之后各国研究者就公共部门危机学习的障碍因素、类别层次、过程模型、改进策略、危机学习与组织绩效的关系等问题开展了不同程度的探索。英国国家经济与社会研究委员会（Economic and Social Research Council，ESRC）自2013年起专门设立研讨会对危机事故学习展开跨学科和视角的讨论（Interdisciplinary Perspective on Learning from Incidents）。国际上有关危机学习的研究方兴未艾，相较之下，国内学者对此关注不够，对目前政府部门危机学习的现实解释十分有限（张美莲，2016）。

"非典"疫情之后危机管理问题得到了空前重视，国内学术界涌现了一批学者专门探讨中国应急管理体系构成与建立等有关问题，而实践领域也开始重视突发事件应急管理工作，各地逐渐在摸索中形成各具特色的管理模式，这些新的变化在不同程度上回应了各类突发事件管理中暴露出的体制、机制以及法制等方面存在的不足，一定意义上可以视为"危机引发的学习"（Crisis-Induced Learning）的产物。后"非典"时期见证了中国政府从危机中学习的决心，宏观层面的顶层设计、制度完善、机构调整、规范出台等等都是其学习的表现。但是必须要承认现有文献对上述问题的讨论多从宏观角度出发，鲜有文献论及中观层面的地方政府或者微观角度的学习过程。如果我们把目光投向地方政府，究竟地方政府（包括基层政府）在危机后是否真正展开了经验学习，采取了什么方式，学习内容对危机中出现的经验教训回应程度如何，其学习效果如何评价？这些问题都有待回答。

为此，本章将聚焦于微观层面的地方政府危机学习过程，在借鉴国外危机学习理论基础上构建我国地方政府危机学习过程的分析框架模型；采用案例分析法，围绕具体学习行动剖析和比较地方政府危机学习过程，试图探索相似经验教训在不同地方政府组织中学习的过程、表现和结果，从而揭示地方政府危机学习的行动差异，并尝试提炼关键因素以期对这种行动差异形成的内在逻辑予以初步猜测和假设。

二 危机学习过程：理论借鉴与分析框架

过程模型是对组织学习过程和本质的系统和微观描述。目前国外学术界有关组织危机学习的文献较为丰富，公共部门（政府或其他公共服务机构）危机学习过程的研究主要借鉴组织学习理论而展开，关于学习过程模型的研究不仅具有多种理论视角（如知识管理、系统－行为、社会互动理论等），也存在多种阶段划分（如三阶段、四阶段、五阶段和六阶段等）。Edward Deverell 在其博士论文中对公共组织危机学习展开了研究，他提出经验观察和经验实施的区别与区分认知和行为有关（Deverell，2010）。因此从经验学习的结果来看，危机学习还可以从认知变化、行为变化和认知－行为变化三个角度展开梳理与借鉴。

1. 认知变化视角

第一种把经验学习看成认知过程，认为学习就是增长见识或者组织知识发生变化，而变化的过程是由筛选、解释和信息处理等活动组成的。一些运用信息加工理论或者知识管理视角下展开的研究属于这一类。英国利物浦大学 Elliott 认为组织学习失败要归因于对危机学习过程的错误理解。从知识管理视角出发，他提出一个理想的组织危机学习过程包括知识获取、知识转移以及知识同化三个环节，是一个线性过程（Elliott，2009）。在其后续研究中，Elliott 对组织危机学习过程有了新的看法，认为组织从危机中学习到发生改变的过程并不是线性的，而是循环的（Recursive），并且把知识获取、知识转移和知识同化作为一个相互联系的整体看待（Elliott and Macpherson，2010）。还有研究者指出危机学习的核心在于形成对范例行为的认知并改变组织的思维模式和认知结构（Nathan and Kovoor-Misra，2002）。

2. 行为变化视角

第二种是"查错－纠偏"，最具代表性的就是阿吉里斯和舍恩的定义，即发现错误并通过重新构建"组织的使用理论"而加以改正的过程，这里主要指的是其提出的双环学习概念。日本学者野中郁次郎认为组织学习是一种"知识创造"的过程，不仅要注重创造问题和界定问题，而且要发展和运用新的知识来解决问题。"从事故中学习"（Learning from Incidents）的文献中关于过程模型的研究大多将学习过程解构为一串连续性活动，即"行为变化"（Lukic et al.，2010；Lindberg et al.，2010；Jacobsson et al.，2011；Drupsteen et al.，2013）。

3. 认知－行为变化视角

第三种观点则把认知和行为结合起来，如 Fiol 和 Lyles 把学习定义为"通过更多的知识和理解力来改善行为的过程"（Fiol and Lyles，1985）；Cannon 等在对组织从危机中学习过程进行界定时提出三个核心组织活动，即识别失败、分析失败和有目的的实施和实验（Cannon and Edmondson，2005）。Dekker 和 Hansén 提出信息产生、经验总结、知识传播和制度化四个环节（Dekker and Hansén，2004）。王佳在借鉴 Huber 以及 Schwandt 和 Marquardt 的组织学习框架基础上提出了危机学习的关键性学习过程，包括知识吸收、知识扩散、知识利用、反思和组织记忆等，并构建了一个通过组织学习来进行危机管理的整合模型（Wang，2008）。该模型将组织学习的角色及其与变化的关系进行了概念化，强调了关键性学习过程在危机管理各个阶段上的重要作用。

综上，国外有关政府危机学习过程的研究不仅数量颇丰，而且研究视角多元。反观国内研究不难发现：有关文献多停留于经验总结层面，具体表现为与危机经验教训相关的意识提高，尚未揭示政府组织或者领导者认知或者行为究竟如何发生，并出现了哪些变化（李丹、马丹妮，2012；方堃等，2012；赵晨等，2015）。总之，国内外研究为本章开展地方政府危机学习的过程模型构建提供了理论基础，也为进一步深入研究实践层面政府危机学习的行动差异提供了分析依据。

4. 政府危机学习过程：一个分析框架模型

政府危机学习过程模型可以从组织学习一般模型发展而来。组织学习模型用来抽象描述组织学习的过程，对分析过程中发生的问题有很好的辅助作用。最具代表性的组织学习模型是由阿吉里斯和舍恩在 1978 年提出的四阶段模型，即发现、发明、执行和推广。然而，这一直线型的组织学习过程模型遭到了后来研究者的批评。

批评之一认为该模型反映出的组织学习过程并不完整，模型并没有反映出学习的动态特征，缺乏反馈环节。即使有反馈，不同层次和深度的反馈也会对组织的学习产生重要影响。单环学习和双环学习就指向不同层次和深度的反馈。单环学习是在组织目标确定的情况下，不断调整组织的运作及结果与已定目标进行比较，使二者更接近。双环学习则更进一步，它要根据外界环境变化来调整目标，使组织目标更好地反映外界需要。批评之二认为该模型不能反映组织学习是一个螺旋上升的过程，也就是说学习不仅是有反馈的螺旋过程，更是组织知识累积过程。

因此，结合前面认知 - 行为变化视角下的过程模型以及上述两种观点，本章提出政府危机学习是由四个连续过程构成的闭环，即知识吸取、知识共享、知识利用和知识存储（知识库），危机学习始于知识吸取，实现于知识共享和利用，终于知识存储，知识存储用知识库来表示。知识库的存在意味着知识的积累和螺旋上升（见图 7-1）。图中虚线箭头代表的是知识和信息流，每一个学习过程产生的知识都会存储于知识库中以备未来使用。虚线双向箭头不仅代表存储，还意味着反馈，也就是知识库中的知识对于每个过程都产生一定作用。

需要明确的是，知识库既可以是实际存在的数据库，如南亚区域合作联盟（SAARC）灾害管理中心的南亚灾害知识网络（The South Asian Disaster Knowledge Network，http://www.Saarc–sadkn.org/ about.aspx），也可以是不同形式存在于组织中的知识，比如在组织成员头脑中的知识，或体现于组织规

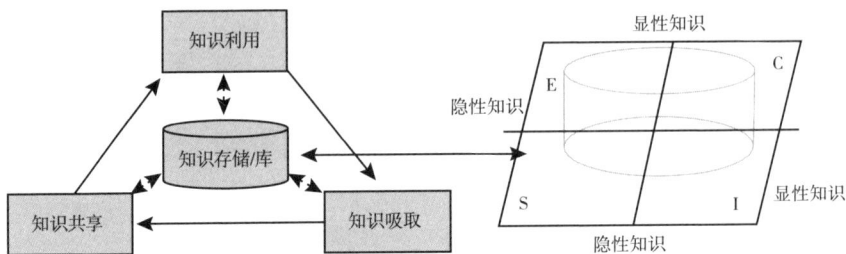

图 7-1 政府危机学习过程分析模型

范和行动安排中。也就是说危机经验教训以隐性知识和显性知识的形式存储在"知识库"中。隐性知识通常是一些经验和认知等，存在于个体中，难以表达和传播，依赖于个人不同的体验、直觉和洞察力，显性知识是数据、标准、说明或者手册等记录，是更加明确的规范的知识，能够在组织之间正式传播。日本学者野中郁次郎认为组织学习就是组织中隐性知识获取、创造和传播的过程，并提出了 SECI 模型（Nonaka，1995）。因此在该模型知识存储过程或者知识库模块中，个人或者组织的学习体现为显性知识和隐性知识相互转化的过程。

下文将以城市暴雨灾害为案例，将气象灾害监测预警与信息发布作为暴雨灾害的经验教训，以上述分析模型为基础，通过新闻报道和文献梳理不同城市和政府暴雨灾害响应表现，通过网站数据收集并整理暴雨后政府及有关部门学习行动信息（见附录 B），运用文本分析对学习主体性质特征、学习形式以及对经验教训的回应情况进行编码，旨在揭示我国地方政府危机学习的行动特点及行动差异，并指出差异形成可能的原因。

三 研究设计

1. 案例选择

选择北京"7·21"暴雨和河北"7·19"暴雨作为比较分析的案例，通过展示两次暴雨灾害中预警和信息发布、灾时响应失灵和灾后学习行动来分析两地政府危机学习的差异，并揭示其潜在原因或者内在逻辑。案例背景资料主要来源于学术文献、报刊资料、新闻报道等。两地暴雨灾害有关信息见表7-1，两地暴雨灾害气象预报监测、预警信息发布、暴雨响应等环节失灵表现见表7-2。

表7-1 两地暴雨灾害基本信息

事故名称	北京"7·21"暴雨	河北"7·19"暴雨
发生及持续时间	2012年7月21日10时至22日8时，持续约22小时	2016年7月18日12时至20日8时，持续约44小时
平均降雨量	全市平均降雨量170毫米；城区平均降雨量215毫米	截至20日8时，全省平均降雨量66毫米；邯郸、邢台和石家庄均超过180毫米
受影响地区	北京及周边地区，约16000平方公里	河北
重灾区	房山区	邢台、邯郸等地
受灾人口	190万人，其中房山区80万人	1043.6万人
经济损失	116.4亿元	163.68亿元
死亡人数	至少79人	死亡114人，失踪111人
预警次数	5次预警	4次预警

资料来源：笔者整理。

表7-2 两地暴雨灾害中响应失灵表现

事故名称	北京"7·21"暴雨	河北"7·19"暴雨
监测预报	暴雨前气象部门提前且准确预测，当天连发五次暴雨预警，但是效果不好	未明确暴雨受灾风险较大区域，预判不足
预警信息发布	预警信息无法及时全网发送；信息发布渠道较少，手机短信覆盖面不足；预警信息缺乏明确的防御提示和指引	预警信息内容缺乏通俗化；尚未有效解决信息发布"最后一公里"的瓶颈

资料来源：笔者整理。

2. 资料来源与样本选择

资料来源是影响研究客观性的重要因素。一方面局限于访谈可行性以及受访者遗忘等因素，另一方面网站新闻报道能够比较完整地还原政府在两起暴雨灾害后的学习情况，加之政府门户网站的权威性、报道连续性和相对全面性，故选择其新闻报道作为资料分析来源，主要是两地政府门户网站与气象部门网站的动态信息、政务公开、部门动态、政情摘报、政府动态、气象新闻等栏目的报道信息（北京应急网，http://www.bjyj. ov.cn/dtxx/；北京市气象局，http://www.bjmb.gov.cn；河北省人民政府，http://www.hebei.gov.cn；河北省气象局，http://www.hebqx.com；邯郸市气象局，http://hd.hebqx.com/；邢台市气象局，http://xt.hebqx com/）。同时为了确保这些信息的准确，还以中国知网的中国重要报纸全文数据库为参考，以两地主流报纸《北京日报》《邯郸日报》《邢台日报》《中国气象报》为基础，采用主题搜索的方式搜索包含"7·21暴雨""7·19暴雨""气象灾害监测预警""预警信息发布"的新闻报道。在确保资料符合权威、公正和中立特点的基础上将报纸新闻报道与政府网站信息报道进行匹配补充和信息梳理，从而形成最终案例信息资料文件。

需要说明的是，危机学习不仅发生在危机后，危机中学习也是可能的，且危机中学习（Learning in Crisis /Intracrisis Learning）极易被忽视，因此本章样本信息的筛选时间截取自暴雨发生至撰稿搜集材料时，见附录B，而内容选择标准则是其中有关气象灾害监测预警及信息发布或者灾后经验教训总结工作的信息。初步筛选后共计176条记录（北京市44条，房山等区县18条，河北省68条，邯郸及邢台市46条），见附录B。通过政府门户网站信息和新闻报纸信息的比对，删除其中重复记录以及以非政府组织为学习主体的信息，经过层层筛选，最后确定了165条记录（北京市43条，房山等区县16条，河北省61条，邯郸及邢台市45条）作为本研究的样本。

3. 编码过程与结果

为了完整且清晰呈现两地政府灾后行动的基本要素和行为特征，本研究逐一对上述文本进行开放式编码，即对样本资料进行逐字逐句地分析和阅读，定义现象，发展概念，提炼范畴，最终收敛原始资料和研究问题。首先，通过较为细致的初步编码工作，笔者为样本标注了 25 个标签，并对其简要描述，形成初步定义。接着用初始概念代替定义相似的标签，赋予其新的概念，经过整理，最终得到了数量、层级（性质）、方式、目标、结果等 5 个概念，进一步提炼为学习主体、学习行动、学习结果 3 个范畴。所有样本信息按以下概念进行编码（见表 7-3）。以附录 B 中信息记录为例，信息编码过程和结果如表 7-4 所示。经整理，所有样本信息进行编码统计后的结果如表 7-5 所示。

表 7-3 灾后政府危机学习行动编码

序号	定义	编码说明		序号	定义	编码说明	
A1学习主体数量	a单一主体	1：是	0：否	A4行动目标	a监测预报	1：是	0：否
	b多主体多部门	1：是	0：否		b信息发布	1：是	0：否
	c多主体多层级	1：是	0：否		c信息传播	1：是	0：否
A2学习主体层级/性质	a省级政府	1：是	0：否		d组织保障	1：是	0：否
	b省级政府部门	1：是	0：否		e灾后恢复	1：是	0：否
	c地市/县政府	1：是	0：否		f其他	1：是	0：否
	d地市/县政府部门	1：是	0：否	A5学习结果	a意识提高	1：是	0：否
A3学习形式	a召开会议	1：是	0：否		b促进合作	1：是	0：否
	b领导调研	1：是	0：否		c组织调整	1：是	0：否
	c培训演练	1：是	0：否		d出台文件	1：是	0：否
	d发布通知	1：是	0：否		f开展项目	1：是	0：否
	e出台政策文本	1：是	0：否	A6灾害引发政策学习类型	a政策微调	1：是	0：否
	f启动项目	1：是	0：否		b政策改革	1：是	0：否
	g开展合作	1：是	0：否		c范式变革	1：是	0：否

表 7-4　文本开放性编码结果举例

序号	时间	原始资料语句	信息编码
7	2016年7月19日	21时，河北省气象部门省市联动进行加密会商。 会商会上，局长宋善允通报了从18日早晨到19日21时针对此次降水过程省气象局的气象服务情况，以及省长张庆伟、副省长沈小平对做好暴雨洪水大风灾害防御的部署要求。宋善允要求各级气象部门，一是立足气象部门职责，密切监测天气形势，密切关注高风险点、累计降水量较大地区，及时报告采取有效措施；开展加密会商，针对邯郸、邢台、石家庄、保定等降水量较大地区，适时开展点对点加密会商，加强分析研判；做好灾害性天气和雨情预报预警，滚动制作预警信息并及时发布；强化气象服务的针对性、精细化，及时为决策部门提供科学调度依据。二是气象灾害防御指挥部办公室组织24小时应急值守，关注重点部门、区域落实应对防汛工作的情况，及时为指挥部决策提供参考；对高风险点责任人采取"叫应"措施，密切保持与乡村气象协理员联系，积极应对此次降水过程	A1b A2b A3a A4a A4b A4c A5a

表 7-5　暴雨后两地政府危机学习比较

记录			学习主体		学习行动		学习结果
			数量比	层级/性质比	方式比	目标比	结果比
"7·21"暴雨	北京市	43	17:12:14	33:10	16:14:1:7:2:2:0	8:21:3:3:11:9	33:2:2:3:3
	房山区	16	11:1:4	12:4	0:0:0:1:1:5:8:0:1	1:13:1:5:2:3	1:3:2:4:6
"7·19"暴雨	河北省	61	11:34:16	12:49	14:9:14:13:3:1:3:4	37:43:27:0:4:26	45:14:0:2:0
	邢台市	22	12:5:5	6:16	10:1:2:4:3:0:2:0	7:14:7:2:1:4	14:4:0:3:1
	邯郸市	23	17:1:5	11:12	7:2:3:4:5:2:0:0	3:8:0:4:2:9	13:1:2:3:4

注：以学习主体层级/性质比为例，指主体单一部门与多主体的数量比，其他略。

四　结果分析与差异比较

1. 两地政府危机学习行动的基本特征

总的来看，两起暴雨洪涝灾害后，改进气象灾害监测预警和信息公布等工作在北京是由不同层级政府部门主导的，但是在河北则由气象部门主导；无论是在北京还是在河北，开展危机学习的主体都是多元的，多层级的气象部门略多于跨部门的合作学习。两地政府危机学习采用的主要方式仍然是开会，调研次之；不同的危机学习行动对信息发布的强调和改进最多，其次是监测预报。与学习方式和目标紧密相连的是学习结果，可以说两地虽然采取多种危机学习方式，但其最明显的结果是思想意识增强，促进组织和部门合作以及开展项目次之。

简要对两地政府危机学习行动进行判断：政府危机学习方式以各种不同方式和目的的会议为主，会议往往是强调监测预报和预警信息发布等的重要性或对下一步工作提出要求等，这是组织中隐性知识向显性知识转化的过程，其结果是在更大范围内提高政府工作人员的危机意识；但是组织调整或者项目启动等组织行为变化较少，意味着两地政府危机学习过程尚不完整，经验教训的利用还有待提高；另外，这些活动或者会议的参与者仍然局限于部门内部，跨部门合作比较有限。

2. 两地政府危机学习行动的差异分析

尽管两地政府危机学习过程总的特征相似，但是详细比较后发现：即使是相似的灾害、相同的经验教训，不同的政府危机后学习行动也存在地方差异、部门差异、层级差异和程度差异，而这些差异在学习主体数量、构成、学习方式和目的等方面均有所体现。

学习主体数量　表7-5中数量比表示单一主体、多层级主体和多部门主体之间的比例。在北京市和河北省层级，主体构成数量的比分别是17∶12∶14和11∶34∶16，可以说在北京，单一主体、多层级主体和多部门主体的学习都有开展，且相对较为平均，而在河北，显然多层级主体（主要是全省气象局系统内部）开展的危机学习行动更加广泛。这一构成比在两地的地市和区县则呈现较为相似的特征，即以市委市政府牵头开展的危机学习行动更多。

学习主体特征　"7·21"暴雨后，在北京市政府层面，灾后政府危机学习主体中市委市政府和市气象局占比为33∶10，在区县层面，区委区政府和区气象局占比为12∶4，这意味着在北京市及各区层面，灾后政府危机学习由政府部门实际主导，而气象部门则处于相对弱势或者跟随的地位。而

"7·19"暴雨后，在河北省政府层面，灾后政府危机学习主体中省政府与省气象局占比为12：49，在邢台和邯郸两地市，地市政府与地市气象部门作为学习主体占比分别为6：16和11：12，这表明在河北省和邢台市，气象部门主导该地灾后政府危机学习行动，而在邯郸市则各自占据主体数量一半，说明邯郸市委市政府和气象部门都十分重视灾后危机学习行动。

学习行动方式　在北京市政府层面，学习行动方式以召开会议和调研为主，其次是培训（演练），区县层面的学习行动方式则主要是开展合作和启动项目；在河北省政府层面，主要学习行动方式是会议、培训和发通知，其次是调研，在邢台和邯郸两地也以开会为主，其次是发通知或政府发文。

学习行动目标　需要说明的是一条行动记录可能针对多个目标。在北京市政府层面，学习行动目标主要是预警信息发布和灾后恢复，气象灾害监测多发次之，区县层面的学习行动目标则主要是预警信息发布和组织保障；在河北省政府层面，主要的学习行动目标是气象灾害预警、信息发布和信息传播，邢台市学习行动目标也主要是信息发布、预警与传播，而在邯郸市则以信息发布为主。

学习行动结果　在北京市政府层面，学习行动结果主要表现为危机意识提高，主要是在气象灾害监测预报和信息发布的重要性方面，区县层面的学习行动的结果则主要是出台规范性文件和开展项目；在河北省政府层面，主要的学习行动结果是意识提高和组织形成合作，邢台市和邯郸市危机学习行动主要的结果也是意识提高，其次是促进组织形成合作以及组织开展项目。

五　两地政府危机学习行动差异形成的内在逻辑

从认知－行为视角而言，笔者认为两地灾后学习行动过程并不完整，就行动结果而言，观念意识增强属于认知变化，但是标志着组织行动变化的促进合作、组织调整、启动项目等却相对缺乏。尽管在国务院办公厅发布《关于加强气象灾害监测预警及信息发布工作的意见》之后，北京和河北两地政府先后进一步落实了有关政策精神，但是从结果来看，北京市在提高气象预警信息发布时效性和覆盖面、完善气象灾害监测预警网络、拓宽预警信息传播渠道、推进气象灾害预警信息发布系统建设等方面走在前面。

　　Boin 等认为危机引发的学习对现行政策存在三种不同影响，即政策微调、政策改革和范式变革（Fine Tuning，Policy Reform，Paradigm Shift）（Boin et al.，2008）。如果借用这一标准对两地政府灾后学习对暴雨监测预警和信息发布的影响进行划分，可以认为河北"7·19"暴雨后应急管理政策变化很少，更多的是执行和落实，可以宽泛地将其视为政策微调；而在北京，"7·21"暴雨灾后直接诱发了《北京市突发事件预警信息发布管理暂行办法》（京应急委发〔2013〕4 号）、《关于进一步加强本市应急能力的意见》（政发〔2013〕4 号）和《进一步加强城市雨洪控制与利用工作意见的通知》（京政办〔2013〕48 号）等政策文件的出台，而这些政策在多个方面积极回应了暴雨灾害中暴露出的种种问题，因此可以视为政策改革。

　　对附录 B 中文本信息再次进行分析，可以简单提取一些关键因素。比如在北京市"7·21"暴雨后，可以发现灾时的会议和调研行动占较大比例，而每次调研和会议中，北京市委市政府领导都要提出要求，强调吸取经验教训的重要性。而在河北"7·19"暴雨前后一个月内，习近平主席三次谈及抗洪，并对汛期安全防范和防汛救灾做了重要指示。因此，政治因素（高层领导指示或强调）或是影响地方政府危机学习行动的重要因素。

　　在河北，为了解决气象灾害预警和信息发布的有关问题，河北省气象局不仅与冀云公司、中国移动、南京信息工程大学等企业和高校共商合作或签订协议，同时还在省内进行跨部门的合作。因此，资源获取（资金和技术）、合作（合作者数量、构成及程度）也是影响地方政府危机学习行动的重要因素。

　　此外，在所有的学习行动中，启动项目是一个重要内容，但是围绕气象灾害监测及信息发布能力的提高，不同的项目建设和计划周期不一样，比如气象监测系统建设、公共气象服务能力建设、信息发布系统建设以及气象灾害防御规划的编制等任务难易程度和耗时不同，因此，时间因素（距离灾害发生的时间长短）、任务难度（学习行为或行动项目的耗时和难度）也是两地政府危机学习行动存在差异的重要原因。根据上述简要分析，笔者提出如下假设（见表7-6），有待后续实证研究（开展深度访谈和问卷调查）进行验证。

表7-6　政府危机学习行动差异内在逻辑的初步假设

假设1	领导越重视或指示越频繁，越有利于政府危机学习行动的开展
假设2	资源获取程度与政府危机学习效果成正相关
假设3	开展经验学习的合作者或参与者数量与政府危机学习效果成正相关
假设4	学习主体合作程度越高，越有利于政府危机学习的深度和效果
假设5	距离灾害发生时间与政府经验教训的落实情况成负相关
假设6	学习任务难度越大，耗时越长，危机学习行动效果越不理想

六　本章小结

本章将气象灾害监测预警与信息发布作为经验教训进行案例分析和比较，试图还原相似经验教训在不同地方政府组织中学习的主体、方式和结果三方面的特征。在借鉴国外危机学习过程理论模型基础上提出了政府危机学习的一般分析框架，对北京和河北两地多级政府及气象部门在两次暴雨洪涝灾害后学习行动进行分析，从而揭示了政府危机学习行动存在的地方差异、部门差异、层级差异和程度差异。最后，本章还进一步从政治因素、资源获取、合作情况、时间因素和任务难度出发提出政府危机学习行动差异形成的内在逻辑的初步假设，未来需要通过访谈和问卷来对这一逻辑予以验证。

参考文献

Boin, A., McConnell, A., Hart, P. , *Governing after Crisis: The Politics of Investigation, Accountability and Learning*,Cambridge: Cambridge University Press，2008，pp.3-17.

Broekema W.G. .When does the phoenix rise? Factors and mechanisms that influence crisis-induced learning by public organizations .PhD thesis. , Leiden University,2018.

Birkland, T.A.(2009). Disasters, Lessons Learned, and Fantasy Documents. Journal of Contingencies and Crisis Management, 17(3):146-156

Cannon, M. D., Edmondson, A.C., " Failing to Learn and Learning to Fail (Intelligently): How Great Organizations Put Failure to Work to Innovate and Improve," *Long Range Planning* 38 (2005): 299-319.

Dekker, S., Hansén, D., "Learning under Pressure: The Effects of Politicization on Organizational Learning in Public Bureaucracies," *Journal of Public Administration Research & Theory* 2 (2004): 211-230.

Deverell, E.C., *Crisis-Induced Learning in Public Sector Organizations*, Stockholm: Elanders Sverige, 2010.

Drupsteen, L., Groeneweg, J., Zwetsloot, G.I., "Critical Steps in Learning from Incidents: Using Learning Potential in the Process from Reporting an Incident to Accident Prevention," *International Journal of Occupational Safety and Ergonomics* 1 (2013): 63-77.

Elliott, D., Macpherson, A., "Policy and Practice: Recursive Learning from Crisis," *Group & Organization Management* 5 (2010): 572-605.

Elliott, D., "The Failure of Organizational Learning from Crisis a Matter of Life and Death?" *Journal of Contingencies & Crisis Management* 3 (2009): 157-168.

Fiol, C.M., Lyles, M.A., "Organizational Learning," *Academy of Management Review* 4 (1985): 803-813.

Jacobsson, A., Åsa Ek, Akselsson, R., " Method for Evaluating Learning from Incidents Using the Idea of 'Level of Learning'," *Journal of Loss Prevention in the Process Industries* 4 (2011): 333-343.

Lindberg, A. K., Hansson, S.O., Rollenhagen C., "Learning from Accidents – What More Do We Need to Know?" *Safety Science* 6 (2010): 714-721.

Lukic, D., Margaryan, A., Littlejohn, A., "How Organizations Learn from Safety Incidents: A Multifaceted Problem," *Journal of Workplace Learning* 7 (2010): 428-450.

Moynihan, D. P., "From Intercrisis to Intracrisis Learning," *Journal of Contingencies & Crisis Management* 3 (2009): 189-198.

Nathan, M.L., Kovoor-Misra, S., "No Pain, Yet Gain Vicarious Organizational Learning from Crises in an Inter-Organizational Field," *Journal of Applied Behavioral Science* 2 (2002): 245-266.

Nonaka, I., Takeuchi, H., *The Knowledge Creating Company*：*How Japanese Companies Create the Dynamics of Innovation*, New York：Oxford University Press, 1995, p. 284.

Wang, J., "Developing Organizational Learning Capacity in Crisis Management," *Advances in Developing Human Resources* 3 (2008): 425-445.

《北京市人民政府关于进一步加强气象灾害监测预警和突发事件预警信息发布有关工作的意见》，http://zhengwu.beijing.gov.cn/gzdt/gggs/t1225352, 2012-05-02。

方堃、姜庆志、杨毅:《政府公共危机治理中的学习与组织结构变革研究——以复杂适应性为线索》,《大连理工大学学报》2012 年第 1 期。

《国务院办公厅关于加强气象灾害监测预警及信息发布工作的意见》（国办发〔2011〕33 号），http://www.gov.cn/zwgk/2011-07/14/content_1906176.htm，2011-07-14。

李丹、马丹妮:《公共部门危机学习动态过程及其系统要素研究》,《四川大学学报》（哲学社会科学版）2012 年第 2 期。

张美莲:《西方公共部门危机学习：理论进展与研究启示》,《公共行政评论》2016 年第 5 期。

赵晨、高中华、陈国权:《我国政府从突发公共事件中学习的步骤及对策》,《科技管理研究》2015 年第 2 期。

第八章　政府危机学习挑战：基于中美事故调查报告的比较 *

作为危机学习和经验分享的重要工具，事故调查报告在西方国家被广泛运用于改进公共部门应急准备和应急响应的各项活动中，通过比较研究来发现国外先进做法并从中获得启示是本章主旨。选择中美四起工业事故的调查报告作为研究对象，借鉴已有研究提出基于危机学习过程模型的事故调查报告分析框架，比较发现，要充分发挥事故调查报告在危机学习过程中的潜在功能：一是要保持调查过程的独立性以及方法的科学化，以提升报告的公信力；二是要减少调查报告的官僚色彩，以增强经验利用的可行性；三是要在合适的时间内更大范围地发布报告，以提高经验传播的广泛性。

一　引言与问题提出

进入 21 世纪以来，各类危机的频繁出现使组织学习与危机的有关研究成为西方研究者的焦点，产生了一些公私部门危机学习的研究，但整体而言，这些研究仍然很抽象，数量较少（Deverell and Hansén，2009），而且危机学习不易于观察和测量，因此有关实证研究也很欠缺。另一方面，实践者也开

＊　原刊于《吉首大学学报》（社会科学版）2016 年第 1 期，原题为《危机学习面临的挑战——一个事故调查报告的视角》，作者张美莲，略有改动，国家自科基金重大研究计划（91024031）和北京市社科基金一般项目（15JDJGB049）阶段性成果。

展了各种形式的经验总结和学习，试图提高组织和个人应对危机的能力。但现实是：类似的危机（灾害）仍在不断发生，类似的经验教训仍在反复总结，类似的错误仍在不断出现。造成这种困境的原因有很多，其中一个就是"我们未能从过去的失败中真正学习和借鉴经验"（Drupsteen et al.，2013）。

如何吸取经验和教训以提高事故灾害响应能力是各国危机管理实践和理论研究不懈努力的目标。美国公共部门采用了多种形式来收集和共享这些经验，事故调查报告（After Action Reviews/After Action Reports，AARs）就是其中一种。它最早起源于20世纪70年代的美国军方，作为汇集、记录灾害演习或实际灾害响应关键过程的重要评估工具，目前已经在非军方机构、企业、医疗和公共卫生部门等广泛采用，比如在美国公共卫生和医疗系统中，一些资助、监管或者管理部门诸如 ASPR，CDC 等就要求其提供正式的AARs（Savoia et al.，2012）。

学术界也出现了少量有关事故调查报告和危机学习的研究。Buchanan 和Denyer 认识到事故调查报告作为原始数据或二次数据具有重要的方法论意义（Buchanan and Denyer，2013）。通过对部分大规模事故灾难的事故调查报告进行分析，研究者找出了最易发生的响应失灵环节及其经验教训，并指出了这些经验教训不能被很好地借鉴和吸收的原因（Donahue and Tuohy，2006）。哈佛医学院研究者 Savoia 等关注到了 AARs 在提高组织和系统学习以完善应急准备方面的重要作用（Savoia et al.，2012）。相反，也有研究者认为事故调查报告目前还只是"Fantasy Documents"，因为它们自发布后就没有受到重视，而"发布者通过发布这些报告，只是为证明他们确实有学习到一些经验"（Birkland，2009）。

无论观点如何，事故调查报告与危机学习的研究已然在国外受到了关注，在国内，尽管事故调查本身已受到学者的关注，但整体而言研究有限（薛澜等，2012；钟开斌，2014，2015）。回顾现有关于危机学习和事故调查的研究，发现其更多地关注调查报告发布后危机学习的组织环境等因素，却忽略了调查报告形成和发布过程，实际上这个过程是灾后学习的第一环节，即经验总结和传播。从危机学习的层次来看，危机学习分为单环学习和双环学习。在关注单环学习的研究者看来，危机学习是通过事故报告和经验分享实现的（Gordon，2008；Sepeda，2006）。本章聚焦于危机学习的经验总结和传播分享阶段，将事故调查报告的形成和发布过程作为单环学习的例子，分析事故调查报告这一学习机制在危机学习各步骤上的现状。通过国内外事故调查报告的横向比较，试图回答以下问题：事故调查报告是如何形成和发布的？与国外相比存在哪些差异？充分发挥事故调查报告在危机学习中的作用，我们面临什么挑战？

二　研究对象及分析框架

随着对工业事故的理解不断加深和事故灾难的不断演化，国外研究者们不再简单地将其视为人为或者技术失灵造成的灾难，而是同时也伴随着不利的组织环境等因素发生（Dien et al.，2004）。工业事故日趋复杂，理应受到更多关注。与其他类型突发事件相比，国内安全生产事故的调查报告相对容易获得，因此本章选择工业事故的调查报告作为定性分析的对象进行比较。

1. 案例选择

通过过去相似案例的失败经验，形成共识是预防潜在危机的有效办法（Eleanor and Clive，1999）。因此危机学习的前提是案例的相似性和经验的可推广性。Moynihan 指出经验借鉴和移植的能力取决于关键条件（如危机性质和范围、地理空间特点、响应任务、所需技术及行动参与者等）的相似程度（Moynihan，2008）。

据此本章提出以下案例选择的标准：①该事故的事故调查报告必须可获得；②该事故必须是特定的某个，而其结论可推广和应用于其他组织中；③该事故必须是众所周知的，且影响较大；④该事故必须存在危机学习的可能性；⑤该事故最好还拥有一些与先前事故类似且反复发生的方面。

为此，本研究选择的国内案例分别是 2003 年 12 月 23 日发生的重庆开县井喷事故和 2013 年 11 月 22 日发生在山东青岛的中石化油管爆炸事故。二者均发生在石化行业的国企内部，事故中应急响应任务类似，事故中都成立调查小组开展事故调查，事故后两个企业都将事故发生时间定为企业安全生产警示日。国外案例则是发生于 2002 年美国密苏里州和 2003 年美国亚利桑那州的两起 DPC 企业氯气泄漏事故。两起事故发生时间与国内第一起事故时间相近，都是有毒气体的泄漏，都接受了美国化学安全与危害调查委员会的调查。从事故等级或严重程度而言，美国两起事故在人员伤亡和经济损失上远比国内两起事故小，按照我国的等级划分标准，算不上重大或者特大事故。尽管如此，它们也受到了美国化学安全与危害调查委员会的重视并开展了全方位的调查，召开了听证会和新闻发布会，可见工业事故灾难在美国更受重视。

2.分析框架

有效的危机学习需要从识别经验教训开始且终于经验教训的应用，这个过程中有些步骤必不可少，如实际可行的建议或有效预防的行动等（Carroll and Fahlbruch，2011；Wahlström，2011），强调危机学习的经验教训得到真正运用。近期研究更关注危机学习的步骤环节，见表 8-1。

表 8-1　危机学习过程模型的基本步骤

作者	经验学习过程			后续实施过程	
Granatosky (2002)	收集	分析	传播	实施	
Lindberg et al. (2010)	报告	选择	调查	传播	预防
Jacobsson et al. (2011)	收集与报告	分析与评估	决定	实施	后续工作
Drupsteen et al. (2013)	收集信息	调查与分析	计划	实施	评估

分析上述不同过程模型发现，各模型都呈阶梯状或环形，无论将危机学习过程细分为几个步骤，其基本阶段都包括经验学习及后续改进行动两个阶

段。经验学习没有后续改进就是单环学习，只有加入后续改进行动才形成双环学习。研究者 Drupsteen 等指出，危机学习的各个步骤都是连续的，各个步骤的学习效果取决于驱动者、方法、资源和产出等多个因素（Drupsteen et al., 2013）。因此，每个步骤都可以视为下一步骤的输入，每个步骤上的危机学习潜力都值得挖掘。而本研究聚焦于第一个阶段（即经验学习过程）进行初步研究（即单环学习）。

要回答事故调查报告的形成和使用过程能否真正促进组织经验学习并产生积极效果，有必要先厘清事故调查报告与危机学习二者之间的联系以便构建事故调查报告的比较分析框架。

首先，事故调查报告可以视为危机学习的对象和材料，危机学习的情况可以从事故调查报告的形成和发布这个横断面予以体现。其次，根据表 8-1 中危机学习过程模型的基本步骤，我们将危机后组织开展学习的第一个基本阶段（组织经验学习）细分为三个过程，即经验识别、经验总结、经验传播（见图 8-1 中第 1 个模块）；根据对调查报告的分析，将事故调查报告的形成和发布过程细化成三个阶段，即事件调查、事故分析/报告撰写、报告发布（见图 8-1 中第 2 个模块），并使之与经验学习过程形成呼应。通过对报告文本的初步分析，得到十个与事故调查报告有关的关键词构成事故报告的比较分析维度（见图 8-1 中第 3 个模块），这些维度一定程度上与组织危机学习的概念框架密切相关（见图 8-1 中第 4 个模块）（Lukic et al., 2010）。报告分析框架与危机学习概念框架关系易懂，此处不再赘述，在上述思路基础上构建"基于危机学习过程的调查报告分析框架"，如图 8-1 所示。

3. 数据收集和分析思路

从国家安监总局官网和美国化学安全与危害调查委员会网站分别获取四起事故的调查报告。除了官方正式发布的事故调查报告外，还参考了一些专业救援人员的个人回顾或新闻报道。四起事故的基本情况见表 8-2。

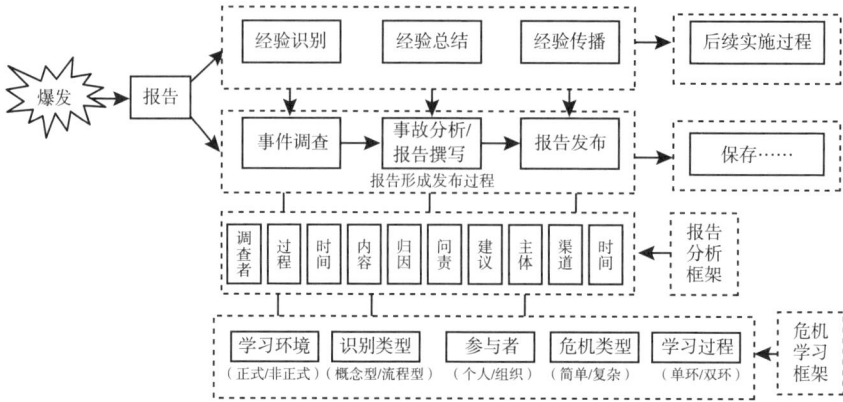

图 8-1　基于危机学习过程的调查报告分析框架

表 8-2　中美四起工业事故基本信息

事故名称	中国		美国	
	重庆井喷	青岛油管爆炸	DPC Festus氯气泄漏	DPC Glendale氯气泄漏
事故发生时间	2003年12月23日	2013年11月22日	2002年8月14日	2003年11月17日
事故伤亡情况	243 死，65000余人撤离	62死，136 伤	63 人住院治疗	16人 住院治疗，社区撤离
直接经济损失	8200余万元	超过7.5亿元	48000磅氯气泄漏	1920磅氯气泄漏
事故等级	特大	特大	无	性质严重
责任单位	中石油	中石化	DPC 企业	DPC企业
泄漏持续时间	约18小时	约8小时	约3小时	约6小时

　　对上述事故有关文本信息按照事故调查、事故分析／报告撰写、报告发布思路梳理后得到十个关键词，即"调查者""调查开始时间及耗时""调查方法和过程""报告内容""事故归因""问责／企业性质""建议措施""报告发布历时""发布主体""发布渠道"，从而形成图 8-1 的分析框架。

三　事故调查报告的中美比较

根据前面提出的比较维度，下文针对所选案例的事故调查报告，将从事故调查、事故分析 / 报告撰写、报告发布三个角度进行中美比较，试图发现差异和不足。

1. 事故调查方面

从上述危机学习过程模型中可知，事故调查是经验总结和学习的前提，因此事故调查方面，将就调查者、调查时间、调查方法和过程三个方面进行比较，见表 8-3。

表 8-3　中美四起事故调查报告比较之事故调查

事故名称	中国		美国	
	重庆井喷	青岛油管爆炸	DPC Festus氯气泄漏	DPC Glendale氯气泄漏
调查者	七名专家，副组长来自中石油系统	较多专家组成调查小组，部分政府官员加入，人员较多	CSB调查者和其他调查组（如OSHA，EPA）	CSB调查者
调查时间	调查持续5天	25日成立调查小组	事故第二天开始	事故第二天开始
调查方法和过程	现场勘验、调查取证、检测鉴定和专家论证	现场勘验、调查取证、检测鉴定和专家论证	采访居民，阅读行业文献，物理取证，检测系统，访问行业内其他工厂等	采访居民，阅读行业文献和资料，咨询专家，检测，开展社区听证会

2. 事故分析 / 报告撰写方面

在事故调查中，对于事故发生过程、原因及其影响的分析往往构成了事故报告中的主体内容。在这个部分，将围绕报告主要内容、事故归因、建议和问责等方面进行比较，见表 8-4。

表 8-4 中美四起事故调查报告比较之报告内容

事故名称	中国		美国	
	重庆井喷	青岛油管爆炸	DPC Festus氯气泄漏	DPC Glendale氯气泄漏
报告内容	几页，5部分，全部文字信息	约20页，5部分，全部文字信息	99页，8部分，除文本外含图表、摘要、附录等	55页，7部分，除文本外含图表、摘要、附录等
事故归因	工作疏忽	直接原因：物理原因；间接原因：人为/管理失误	根本原因：物理原因；诱因：管理因素	根本原因：物理原因；诱因：管理因素
问责/企业性质	占报告大量篇幅；36人直/间接受罚；总经理免职/国企	占报告大量篇幅；15人司法问询；48人行政处分/国企	无问责相关内容；私企/家族企业	无问责相关内容；私企/家族企业
建议措施	无建议	六条建议，指向不明，偏战略层，抽象化	24条建议，指向明确，建议具体，可操作执行	14条建议，指向明确，建议具体，可操作执行

3. 报告发布方面

事故调查后形成的经验教训如何进行存储和传播也是影响危机学习的重要环节。在这个方面，将主要从报告发布主体、时间和渠道等角度进行比较，具体如表 8-5 所示。

表 8-5 中美四起事故调查报告比较之报告发布

事故名称	中国		美国	
	重庆井喷	青岛油管爆炸	DPC Festus氯气泄漏	DPC Glendale氯气泄漏
报告发布历时	约2周	2个月内	超过8个月	超过3年
发布主体/渠道	国家安监总局/网站	国家安监总局/网站	CSB / 网站	CSB / 网站

4. 比较结果

根据上述比较结果，笔者发现两国在事故调查报告的有关方面不同程度上存在差异，见表 8-6。首先，差异最小的是报告发布主体和渠道方面，都由事故主管部门召开新闻发布会或在其官网公布，发布主体权威、渠道单一，可以保证报告信息来源真实可靠。其次，差异最大的是问责方面，我国的事故调查报告中关于事故责任人的问责和相应党纪政纪处分所占比重很大，而对事故原因的描述则较为笼统简单，比较常见的原因如"管理混乱、监督缺失、领导不力"等。事故调查的目的是多元的（薛澜等，2012），但根本目的绝不是问责。问责与危机学习之间存在微妙关系，完全没有问责未必会促进危机学习，但是过犹不及。

表 8-6　中美事故调查报告有关方面比较总结

项目		中国	美国
事故调查	调查者	行政调查，非独立；非专业性	第三方独立调查；专业性
	调查开始时间及耗时	两三天内，较慢，临时性；短，有时间限制	非常迅速，非随机性；较长，无时间限制
	调查方法/技术/过程	简单化，封闭性	科学性，开放式
事故分析/报告撰写	报告内容	长度短，内容简单，表现形式单一	篇幅长，内容详实，表现形式多样
	事故归因	试图寻找"确定的根本原因"；重技术、物理因素，轻组织等中观层面	试图寻找"所有可能原因"；重管理、组织环境等中观层面
	问责/企业性质	占大量篇幅，重问责；国企	无问责；私企（家族企业）
	建议措施	数量较少，偏宏观战略层面，操作性不强，对象不明，类口号	数量较多，偏微观层面，可操作性强，指向明确
报告发布	报告发布历时	耗时短，发布迅速，需经批准发布	耗时长，发布晚，无须其他组织批准
	发布主体/渠道	主管部门；网站或新闻发布会	主管部门；网站或新闻发布会

四　基于事故调查报告的危机学习挑战

一旦发生事故灾难，中国政府都要对事故展开调查并发布事故调查报告，这已经成为法律明文规定。而国外各类事故调查也已经发展成熟，除军队外，在政府、企业和非营利机构等各类组织中都有广泛运用。但是这并不意味着他们都认真开展和积极对待这一重要过程，将调查过程真正视为能为组织和个人带来学习的机会，以减少未来事故发生。早在 20 世纪 90 年代末美国林务部门就开始采用事故调查报告的做法，但是即使如此，有效的 AARs 做法也没有像期望中那样贯穿于整个森林火灾扑救和管理中，并且最优实施 AARs 的条件有限（DeGrosky，2005）。加拿大新斯科舍应急管理办公室资深政策顾问指出 AARs 这种灾后学习的工具在加拿大的现状是"运用广泛，理解有限，大多效果不佳"（Rostis，2007）。这些都表明事故调查报告的做法在国外发展尚存在一些问题。而我国有关事故调查的做法早就存在，近年来有了更大的发展，由于行政色彩浓厚，事故调查报告富有权威性，但是事故调查报告在正式或非正式的危机学习中发挥了什么作用我们不得而知。通过上述比较分析来揭示事故调查报告的形成和发布过程存在哪些挑战，这是当前我们迫切需要明确的。

1. 要保持调查过程的独立性以及方法的科学化，以提升报告的公信力

事故调查对于加深理解事故如何发生、为什么发生以及如何在未来预防其再次发生意义重大。但是从对所选案例的报告内容分析结果来看，国内事故调查无论是在调查小组、调查过程和方法还是耗时方面都存在一些问题，不利于科学地识别教训。

第一，国内外事故调查小组在性质上差异较大，调查小组的构成常常影响调查结果和报告撰写。国内特大事故调查小组由国务院或国务院授权有关部门组织并开展调查；国外事故快速反应机制成熟，是否展开调查由 CSB 自

己评估，能迅速派出调查工作组赶往事故现场。CSB 是独立的事故调查机构，由国会批准授权开展调查不受任何干扰。研究者指出，开展事故调查的政治环境也会对组织安全文化转变和组织学习构成障碍（Cooke and Rohleder，2006）。尽管调查小组声称秉持"科学严谨、依法依规、实事求是、注重实效"的原则，但是实际上事故调查小组往往由代表不同利益的主体构成，如事故单位的上级主管部门和监管部门的领导共同参与，这些事故利益相关者很可能采用有利于自己的事故阐释方式来避免自己成为替罪羊（Smith and Elliott，2007），这样就无法真正呈现事故根本原因。即使是识别了原因，既是运动员又是裁判员的双重角色也难以使公众信服，调查小组的非独立性加上调查过程的非公开性都会使调查结果的权威和公信力大打折扣。另外，事故调查小组中还有相关领域的专家学者，虽然他们是各自领域的权威，但是这些人是否具备专业的事故调查经验值得怀疑，并且事故调查的回避制度也不完善。重庆井喷事故中，技术报告和鉴定报告上缺少两名专家的签名，同时调查小组副组长来自中石油系统，这些事实使该鉴定报告在法庭上作为公诉方庭审重要证据时遭到辩方律师的质疑，认为为了"向下分摊责任"，调查小组在鉴定报告中故意把公众注意力指向回压阀。

第二，除了可靠的调查队伍，经验识别的科学性还需要科学的调查方法和专业技术，否则一定程度上可能会使鉴定结果并不那么让人信服。事故原因查找一般遵循某种模式并采用适合于该模式的调查方法，因为"调查者只是去调查了他们想要知道的"（Lundberg et al.，2009），不同的调查主体对事故了解目标和重点都不同，因此结果就是"调查者只是学习了他们想要调查的"。这就说明即使是同一事故，不同主体开展调查，对事故原因的假设和调查方法不同，因而总结的经验教训也自然不同。一个典型的案例就是 2005 年美国得克萨斯州 BP 化工厂爆炸事故，美国化学安全与危害调查委员会、美国职业安全与健康管理局、摩根士丹利以及贝克咨询公司都开展事故调查并撰写调查报告，但是它们对事故原因的追踪和分析截然不同，笔者无意于要表明哪种方法是最佳的，不同的事故调查归因模式和假设适合不同类别和特点的安全生产事故。还有研究者指出，调查报告的关注点反映了调查小组成员间的竞争和各自经验，专家们往往倾向于关注各自专业领域内的事故问题，因此建议采用多调查小组模式，认为可以提供事故更深的原因分析，从而有助于危机学习（Cedergren and Petersen，2011）。从这个意义上而言，如何挑选外部专家开展全方位的事故调查，采用什么样的科学调查方法和技术来保持调查的独立性和结果的公信力进而实现经验识别的科学性是我们面临的首要问题。

2. 要减少调查报告的官僚色彩，以增强经验利用的可行性

撰写事故调查报告是开展事故调查和事故分析的重要产物。在我国，事故调查报告往往笼罩着一层"官僚色彩"，在一些具体内容上稍显"Red Tape"（繁文缛节），也就是说"条款、规定、程序等仍存在效力，还必须遵守，但是它们却并不能促进原本设计这些条款时的目的"（Bozeman et al.，1992）。就我国而言体现在以下几个方面。

首先，对事故责任者处理意见的职责规定使报告在内容上过重偏向问责，从而有可能歪曲或忽视了对事故根本原因的查明和整改。问责部分在国内外调查报告中情况大相径庭，国外调查报告中一般没有问责和处罚的内容，这也不是 CSB 调查小组的任务。"Blame Free"或"No Blame"（免责）也不见得是好事或有益于危机学习，因为"一旦一种最小化已察觉的危机和免责的文化在组织中形成，组织危机学习的意愿将大大降低"（Andrew，2004）。国内研究者则认为，我国事故调查模式过于强调责任追究，反而忽视事故原因查找、预防措施制定的工作，不愿意做深入细致的调查研究工作（张玲、陈国华，2009）。调查报告中普遍存在的"重问责、轻整改"的目标导向往往使这项工作实际意义大打折扣。

其次，国内事故调查报告往往存在事故过程概括描述、事故原因分析简单笼统、改进意见泛化且官方的问题。这些问题使危机学习的内容缺乏准确性，经验难以内化为行动意识。每一次特大事故之后，事故原因常常被表述

为"操作者失误，设计有误，缺少操作经验，人员培训不足……"（Le Coze，2008），过度关注技术人为因素，或者简单地把复杂问题归因为技术因素的这种归因倾向也对危机学习不利。这在国内也常见，报告中往往把复杂的事故原因分析简单化，事故归因模糊化，比如把"无视政府监督"这类思想认识和工作态度层面的理由作为事故主要原因之一（薛澜等，2012）。如果不能深挖每件重大或者特别重大事故背后深层次的管理或环境等因素，不能真正学习和运用经科学调查严密论证后得到的经验教训，那么有关事故调查报告的撰写和发布则流于形式，无实际意义可言，甚至对于各级政府和调查小组而言成为负累。调查报告中有关事故防范建议也往往指向不明，行文风格公文化，如"坚持科学发展安全发展，牢牢坚守安全生产红线""切实落实企业主体责任，深入开展隐患排查治理"等政策建议更像是口号，强调意识和观念层面，难以执行或细化为实际行动，实际中也很难观察和评估是否提高或改进；除了抽象外，建议大多还偏向战略层面，对于事故响应人而言过于宏观。

3. 要在合适的时间内更大范围地发布报告，以提高经验传播的广泛性

总结经验教训和发布报告本身并不等同于危机学习，更不必说一份不尽如人意的报告或者迟迟不发布的报告。国内外在报告篇幅、内容和报告发布时间等方面差异较大。

首先，一个好的调查报告不仅结构要完整，内容还要完善。尽管尚未有特定标准，但一份内容简短、归因简单的报告绝不会是一个好的调查报告。虽然调查报告的篇幅长度以及归因不是衡量报告好坏的充分指标，更不是决定危机学习效果好坏的充分条件，但是要承认，对事故原因进行丰富细致描述以获得对事故更深刻的理解是有必要的（Lundberg et al.，2009）。

这也并非说报告越长越好。一方面，篇幅过长的报告往往使人望而却步。国内外事故调查报告的主要构成基本类似，但是国外事故报告往往更详细，页数很多。根据现代认知心理学理论，危机学习的知识类型至少包括两大类，即概念性知识（知道为什么，知道是什么）和程序性知识（知道怎么

样）。事故报告中往往包含大量事故背景、事故发生及响应环节的内容，但是对于一般指挥管理人员而言，他们更关注的是程序性知识——"什么情况下可以做什么"，而不是事实性知识——"事故是怎样"。事故调查报告还常常重视哪些环节出现失灵，但是响应者想知道此时"做什么是正确的"。另一方面，过长的调查报告往往需要更多的时间来完成。英国学者分析灾害调查报告时指出，时间把握是事故调查报告的重要方面之一，事故调查报告发布不及时极有可能再次延误了灾后学习及措施实施（Buchanan and Denyer，2013）。这是由于一旦事故调查或报告完成耗时太久，无论是政府部门还是公众都会转移其注意力。政府会着手其他更紧迫的项目，公众也会关注最新发生的问题，而一旦缺少社会关注和公众监督，政府部门就会更加疏于灾害反思或经验学习。因此，报告内容长短和时间要权衡。

其次，除了报告篇幅和时间问题，谁来完成或者整合最终报告也是一个可能会影响危机经验学习的方面。调查报告具有综合性，经验教训的总结常常是由临时的、不同的部门和个人共同完成的。有时候多个部门对同一起事故展开调查并撰写各自部门的总结报告然后再整合，各部门有可能关注点不同或者利益不同，有可能在一些内容或原因分析上存在差异；有时事故报告的最终执笔撰写人未必是事故调查者，而是依靠调查过程中获取的资料来完成的；也有时多部门联合撰写一个报告，但彼此之间缺乏沟通或立场不同，报告前后甚至出现矛盾的情况。各种可能的情况都会使一些重要却细小的失误被忽视，而这些看似微小的失误往往会带来巨大损失，一个环节的细小失误都可能引发巨大的多米诺骨牌效应。

最后是报告发布渠道的问题，这与危机学习的参与者密切相关。向他人学习以及从过去的灾害中学习都是组织危机学习的方法（Moynihan，2008），但是若没有信息公开机制，他人或过去的经验教训就无从学起。在美国，各类事故灾害（如火灾、飓风、龙卷风、极端气候灾害等）的调查报告都可以从不同渠道获取，但在我国调查报告通常只在相关部门内部分享，这使其他相关的机构和组织失去了灾害学习的机会。青岛油管爆炸后，一些经验总结和反思的会议在省级政府层面召开，这在一定程度上有助于提高领导者的危机管理意识或能力，但这些经验却没有抵达事故现场层面的基层政府人员和专业响应救援者。

在我国，如何使更多的事故调查报告向社会公开，如何将已公开的报告在更大范围内传播，使更多的人关注事故调查报告、关注灾后经验总结和学习，信息公开机制需要进一步完善。而我们面临的挑战也绝不止于此。

五　本章小结

本章针对中美四起工业事故灾害的官方调查报告进行了横向比较，研究认为，尽管中美两国在事故报告的形成和发布等方面存在一些差异，但都面临上述挑战，在一定程度上忽视了事故调查报告在危机学习方面的潜在作用。因此，只有认真展开事故调查，科学分析事故原因和影响，及时发布事故调查报告，更大范围内促使经验吸收和运用，才有可能实现一个真正意义上的危机学习。

作为一个初步的描述性比较研究，笔者尽量呈现一个系统的合乎逻辑的比较分析过程，在归纳和演绎基础上得出上述研究结论，尽管这些结论不可避免会受到重视实证研究的研究者的质疑。将事故调查报告作为经验学习的材料可能还存在一些问题，如从报告中萃取可靠数据或信息存在挑战，因为事故调查报告的撰写初衷并不一定内含这种考虑和目的（Hallbert et al.，2004）。研究者们也认为事故调查报告还有待进一步标准化（Faith et al.，2011），一个统一规范的报告更容易理解和共享，也有助于更大范围内的传播和利用。因此未来为了进一步研究事故调查报告与危机学习之间的关系，特别是事故调查报告在组织中实际运用情况及其效果的研究，还有待开展更多深入细致的实证研究。

参考文献

Andrew, R., " Free lessons in Aviation Safety," *Aircraft Engineering and Aerospace Technology* 5 (2004).

Birkland, T.A., "Disasters, Lessons Learned, and Fantasy Documents ," *Journal of Contingencies and Crisis Management* 3 (2009).

Bozeman, B., P. Reed, Scott, P., "Red Tape and Task Delays in Public and Private Organizations," *Administration & Society* 3 (1992).

Buchanan, D.A., Denyer, D., "Researching Tomorrow's Crisis: Methodological Innovations and Wider Implications," *International Journal of Management Reviews* 2 (2013) .

Carroll, J.S., Fahlbruch, B., "'The Gift of Failure: New Approaches to Analyzing and Learning from Events and Near-Misses.' Honoring the Contributions of Bernhard Wilpert," *Safety Science* 1 (2011).

Cedergren, A. Petersen, K., " Prerequisites of Learning from Accident Investigations-A Cross-country Comparison of National Accident Investigation Boards," *Safety Science* 1 (2011).

Cooke, D.L., Rohleder, T.R., "Learning From Incidents: From Normal Accidents to High Reliability," *System Dynamics Review* 3 (2006).

CSB.U.S.Chemical Safety and Hazard Investigation Board, DPC Enterprises Festus Chlorine Release Final Investigation Report, 2002-04-I-MO, May 30, 2003.

CSB.U.S.Chemical Safety and Hazard Investigation Board, DPC Enterprises Glendale Chlorine Release Final Investigation Report, 2004-02-I-AZ, Feb 28, 2007.

DeGrosky, M. T., Improving After Action Review (AAR) Practice, Eighth International Wildland Fire Safety Summit, April 26-28, 2005, Missoula, MT.

Deverell, E., Hansén, D., "Learning from Crises and Major Accidents: From Post-Crisis Fantasy Documents to Actual Learning in the Heat of Crisis," *Journal of Contingencies and Crisis Management* 3 (2009).

Dien, Y., Llory, M., Montmayeul, R., " Organizational Accidents Investigation Methodology and Lessons Learned," *Journal of Hazardous Materials* 1-3 (2004).

Donahue, A. K., Tuohy R. V., " Lessons We Don't Learn：A Study of the Lessons of Disasters, Why We Repeat Them, and How We Can Learn Them," *Homeland Security Affairs* 2 (2006).

Drupsteen, L. et al., "Critical Steps in Learning from Incidents: Using Learning Potential in the Process from Reporting an Incident to Accident Prevention," *International Journal of Occupational Safety and Ergonomics* 1 (2013) .

Drupsteen, L., Guldenmund, F. W., "What Is Learning? A Review of the Safety Literature to Define Learning from Incidents, Accidents and Disaster," *Journal of Contingencies and*

Crisis Management 2 (2014).

Eleanor, S., Clive, S., "Understanding Business Failure: Learning and Un-Learning from Industrial Crises," *Journal of Contingencies and Crisis Management* 1 (1999).

Faith, K.S., Jackson, B.A., Willis, H., "Text Analysis of After Action Reports to Support Improved Emergency Response Planning," *Journal of Homeland Security and Emergency Management* 1 (2011).

Granatosky, M., A Study of the Handling of Lessons Processing in Lessons Learned Systems and Application to Lessons Learned System Design, Master's Thesis, US Naval Postgraduate School, 2002.

Hallbert B.P. et al., "The Use of Empirical Data Sources in HRA," *Reliability Engineering & System Safety* 2 (2004).

Honard J. Gordon, H.J., "Integrating Learning into Safety: Developing a Robust Lessons-Learned Program," *Professional Safety* 53 (2008).

Jacobsson, A., Åsa Ek, Akselsson, R., "Method for Evaluating Learning from Incidents Using the Idea of 'Level of Learning'," *Journal of Loss Prevention in the Process Industries* 4 (2011): 333-343.

Le Coze, J.C., "Disasters and Organizations: From Lessons Learnt to Theorizing," *Safety Science* 46 (2008).

Lindberg, A. K., Hansson, S. O., Rollenhagen, C., "Learning from Accidents-What More Do We Need to Know?" *Safety Science* 6 (2010): 714-721.

Lukic, D., Margaryan, A., Littlejohn, A., " How Organizations Learn from Safety Incidents: A Multifaceted Problem," *Journal of Workplace Learning* 7 (2010).

Lundberg, J., Rollenhagen, C., Hollnagel, E., " What You Look For Is What You Find-The Consequences of Underlying Accident Models in Eight Accident Investigation Manuals," *Safety Science* 47 (2009).

Moynihan, D.P., "Learning under Uncertainty: Networks in Crisis Management," *Public Administration Review* 2 (2008).

Rostis, A., "Make no Mistake: The Effectiveness of the Lessons-Learned Approach to Emergency Management in Canada," *International Journal of Emergency Management* 2 (2007).

Savoia, E., Agboola, F., Biddinger, P.D., "Use of After Action Reports (AARs) to Promote Organizational and Systems Learning in Emergency Preparedness," *International Journal of Environmental Research and Public Health* 8 (2012) .

Sepeda, A.L., " Lessons Learned from Process Incident Databases and the Process Safety Incident Database (PSID) Approach Sponsored by the Center for Chemical Process Safety," *Journal of Hazardous Materials* 1 (2006).

Smith, D., Elliott, D., "Exploring the Barriers to Learning from Crisis: Organizational

Learning and Crisis," *Management Learning* 5 (2007).

Wahlström, B., "Organizational Learning-Reflections from the Nuclear Industry," *Safety Science* 1 (2011).

薛澜、沈华、王郅强:《"7·23 重大事故"的警示——中国安全事故调查机制的完善与改进》,《国家行政学院学报》2012 年第 2 期。

张玲、陈国华:《国外安全生产事故独立调查机制的启示》,《中国安全生产科学技术》2009 年第 1 期。

钟开斌:《群体性事件第三方调查——新加坡小印度骚乱的经验与启示》,《国家行政学院学报》2015 年第 4 期。

钟开斌:《事故调查如何变教训为财富》,《光明日报》2014 年 4 月 14 日,第 11 版。

钟开斌:《中国突发事件调查制度的问题与对策——基于"战略－结构－运作"分析框架的研究》,《中国软科学》2015 年第 7 期。

第九章　政府危机学习困境：基于特大事故调查报告的分析[*]

事故调查是危机学习的重要环节，是预防危机的关键因素。本章在对 2008～2016 年公开发布的 34 份特别重大事故调查报告分析的基础上，结合我国事故调查的现状，按照危机学习过程的思路，对危机学习可能存在的困境进行了解释。研究发现：重问责的调查导向影响了危机学习的潜力，事故调查总结的宏观指向割裂了双环学习的步骤，独立调查主体的缺失会限制危机学习信息的客观真实性，以干部失职和监管不力为主轴的事故原因凸显了危机学习的体制障碍，调查时限约束了调查报告内容的深度。这些在不同程度上都会影响危机学习的效果。

一　导论

事故调查的目的是探明事实真相，调查的结果以调查报告的形式体现出来，应该为危机学习提供事实材料，而不应以强化问责为导向。虽然公共危机管理中的问责制是对官员的一种激励机制，同时具有回应社会压力的政治功能（林鸿潮，2014），但不应该夸大危机问责的作用（蔡志强，2006）。因此，事故调查的重点在于发现危机预防和危机应对的不足，避免危机再次发

* 原刊于《公共行政评论》2017 年第 2 期，作者马奔、程海漫，略有改动，教育部重大攻关项目（16JZD026）和山东大学青年学者未来计划（2015WLJH10）阶段性成果。

生，而不是把事故调查的重点放在责任追究上。但在特别重大事故发生之后，往往会出现重问责和轻学习的现象（Roed-Larsen and Stoop，2012）。

危机学习（Learning from Crisis）是指从一个或多个危机中吸取经验教训，为应对未来可能发生的危机构建预防体系（Farazmand，2007），提高组织的应对能力（Boin，2008），或者改变政策与制度的不合理之处，以降低类似错误重复发生的概率（Crichton et al.，2009）。政府为预防事故的发生付出了很大努力，但事故依然持续发生并且对人民的生命财产造成了极大的损害，而事故的再次发生部分归因于组织未能进行有效的危机学习（Kjellén，2000）。事故调查为危机学习提供了依据，良好的事故调查能够帮助查明事故发生的真相以及探测潜在的不安全因素，为危机学习提供基础与保障。本章以2008~2016年公开发布的34份特别重大事故调查报告为研究对象，结合危机学习的相关文献，分析当前事故调查中的因素对危机学习的影响。

二 文献综述

不能从灾难中检讨过错的政府是不善于学习的政府。近年来，危机学习受到了国外学者越来越多的关注。针对危机引发的学习，有学者从危机学习的方式、过程等方面做了论述。危机学习从方式上可以分为两种：单环学习和双环学习（Argyris and Schön，1978）。单环学习是对组织内部的行为或者程序的修正，特别强调调查报告和经验分享是实现危机学习的重要途径（Gordon，2008；Sepeda，2006）；双环学习是对最根本的制度规范、政策或者组织目标的纠正（Argyris and Schön，1978）。单环学习与双环学习不是相互对立和排斥的关系，在实际操作中，以单环学习为开端的危机学习可能会以双环学习的形式来结束（Deverell，2010）。根据不同的标准，危机学习过程可分为报告和数据收集、数据存储、信息处理与信息传达给组织内的决策者四个阶段（Kjellén，2000），也可分为资料收集与报告、分析与评估、决定、实施与后续工作五个阶段（Jacobsson et al.，2011），亦可分为收集信息、调查与分析、计划、实施与评估五个阶段（Drupsteen and Guldenmund，2014）。也有学者从调查报告的角度对危机学习进行了分析：由于政治以及组织上的阻力，调查报告沦为只有形式而缺乏实际内容的文件，在调查报告中，事故真正的原因没有得到深度挖掘，针对问题的有效解决策略没有提出，由于很难去检验事故发生之后是否进行了学习，因此事故调查报告在发布之后就被束之高阁（Birkland，2009）。还有学者提出了危机学习效果不佳的问题：虽然大家认识到了危机问题的严重性，也认识到必须针对这些问题进行政策调整或者组织变革，但由于政府组织体系的复杂性以及执政者的精力受到其他事务的影响，因此，危机学习沦为一项敷衍的工作和一场肤浅的学习过程，最终没有引起任何政策或制度的改变（May，1992）。

国内学者也开始关注到了危机学习的重要性，分别从以下层面进行了阐述：危机学习的内容和遇到的阻力（马丹妮，2010）；从复杂性的视角看待危机传播，并据此提出组织内部适应性学习的必要性（吴颢，2011）；从认知视角及文化视角对危机学习做了综述和讨论（卢小君，2012）；在复杂适应性的基础上，对政府危机治理组织结构变革进行了探讨（方堃等，2012）；从政治学的角度对危机管理体系建设提出了建议（李程伟，2014）；以中美事故调查报告为研究对象，对危机学习面临的阻碍进行了探讨（张美莲，2016）；以"7·23重大事故"为分析对象，从完善调查机制的角度为减少事故的发生提出了对策建议（薛澜等，2012）；以事故调查、问责和学习的关系为切入点，揭示了事故预防不力和学习效果不佳的问题（张宏波，2006）。总的来说，学者特别是国内学者已经意识到危机学习的重要性，并提供了良好的研究基础。但对于如何分析危机学习的困境，还有必要从实证研究的方向进一步探索。本章把单环学习与双环学习结合起来，从危机学习的视角来探究我国调查机制、调查报告总结和调查报告利用等方面存在的不足，进而对危机学习可能存在的困境予以解释。

三　研究设计与方法

危机学习的每个步骤都是危机学习过程中的重要组成部分，值得深入探讨与挖掘其中的价值。参考不同的危机学习过程，结合双环学习方式，笔者将危机学习过程分为收集信息、分析与评估、经验传播与后续实施工作四个阶段。事故调查报告是危机学习的重要材料，危机学习的部分效果可以从调查报告的总结与发布中予以体现。根据危机学习过程，并且结合调查报告的总结，笔者将事故调查报告的发布与学习过程分为事故调查、报告形成、报告发布与事后学习四个阶段，并在此思路上构建了"基于危机学习过程的分析框架"（见图 9-1）。

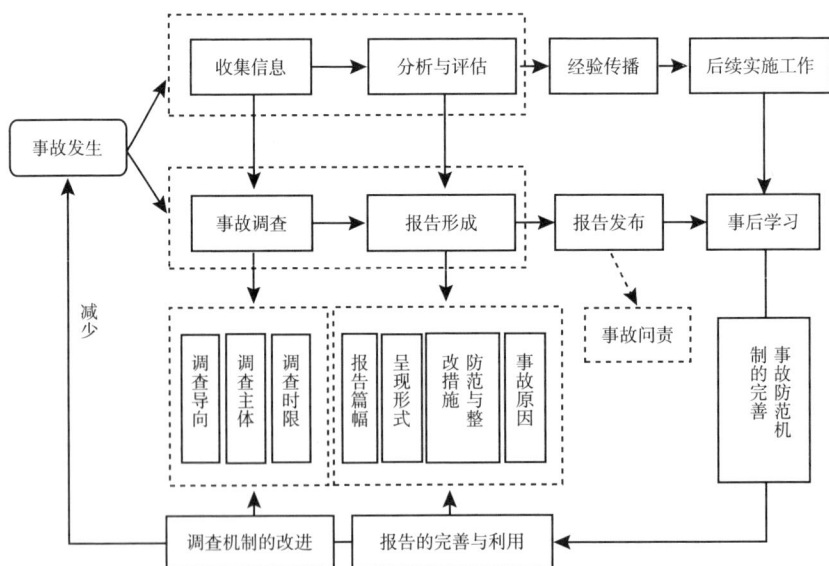

图 9-1　基于危机学习过程的分析框架
资料来源：笔者自制。

吸取以往相似案例失败的教训，并将此作为预防潜在危机的一种参考（Stead and Smallman，2002），这已经成为一种共识。笔者根据以下原则选取了事故时间发生在 2007~2015 年的国家安监总局网站上公开（2008~2016 年发布）的 34 份特大事故调查报告进行分析。第一，案例的可获得性与权威性。资料来源于国家安监总局网站，所选用调查报告的资料比较全面，案例易于获取；内容是官方发布的，具有权威性。第二，案例的典型性。选取了近年来官方网站发布的特别重大事故进行分析，事故造成的影响大，具有典型性，较为容易对目标问题进行分析。第三，案例之间的可比性。报告中的案例均属于中国近些年发生的特别重大事故，事故级别一致，时间上具有延续性，可比性强。根据分析框架，笔者在对调查报告进行内容分析基础上，提取了以干部失职为主轴的事故原因、以监管不力为主轴的事故原因、事故原因归因结构、学习总结、报告篇幅、报告形式以及报告组成比例对调查报告进行编码（见表 9-1），并使用 SPSS 与 ROST-CM6 等软件对数据进行了描述性统计与内容分析。

四　危机学习的困境

事故不断发生的一个重要原因便是组织未能成功地从以往的事故中吸取教训，没有把学习到的教训应用到实践中（Drupsteen and Guldenmund，2014）。危机学习被认为是防止危机发生和最大限度地降低危机影响的关键因素（Carley and Harrald，1997）。危机学习的步骤是连续的，各个步骤的学习效果取决于输入、方法、资源及产出等多个方面（Drupsteen et al.，2013）。因此，上个步骤的输出即可认为是下个步骤的输入，为了提高危机学习的效果，有必要深入了解危机学习的步骤，并从中挖掘危机学习的潜力。事故调查与事故调查报告是经验总结和学习的前提，是危机学习过程中的重要环节，危机学习效果在很大程度上取决于事故调查、调查报告的总结撰写以及对调查报告的分析与利用。

表 9-1　特别重大事故调查报告编码

序号	定义	编码说明	序号	定义	编码说明
A1 以干部失职 为主轴的事 故原因	A1a擅离职守	1：有；0：无	A3 事故原因归 因结构	原因部位、 稳定性、控 制性的排列 组合模式	1：内因稳定 可控
	A1b责任不明	1：有；0：无			2：内因稳定 不可控
	A1c滥用职权	1：有；0：无			3：内因不稳 定可控
	A1d监管不力	1：有；0：无			4：内因不稳 定不可控
	A1e权钱交易	1：有；0：无	A4 学习总结	事故教训、 防范措施与 建议数量	—
	A1f应急处置 不当	1：有；0：无			
A2 以监管不力 为主轴的事 故原因	A2a领导责任	1：有； 0：无	A5 报告篇幅	调查报告篇 幅	—
	A2b体系建设 责任	1：有； 0：无			
	A2c审批责任	1：有； 0：无	A6 报告形式	报告呈现形 式	1：文本
	A2d执法责任	1：有； 0：无			2：文本、目 录
	A2e规划责任	1：有； 0：无			3：文本、图 表与附录
	A2f教育培训 责任	1：有； 0：无	A7 报告组成 比例	各个部分占 报告的比例	1：基本信息 占报告的比 例
	A2g行业管理 责任	1：有； 0：无			2：问责占报 告的比例
	A2h内部监督 责任	1：有； 0：无			3：学习占报 告的比例

资料来源：笔者自制。

1. 重问责的调查导向影响了危机学习的潜力

事故调查的目标是还原真相，核心在于全面收集揭示真相的证据，找到事故发生的直接或间接原因，避免类似事故再次发生。美国国家运输安全委员会（NTSB）的目标在于调查并确认运输事故的事实和发生的原因，而不是确认过失或者追究责任。国际民航组织也对此进行了规定，明确调查的目的不是问责，而是通过危机学习防止类似事故再次发生，这也是西方发达国家事故调查普遍的目标取向（曾辉、陈国华，2011）。如果不通过事故教训促进危机学习，而偏重于责任的追究，那事故发生率将无法降低，这是世界绝大多数国家在事故调查上达成的共识（张宏波，2006）。

我国的事故调查与问责关系密切，问责甚至成了事故调查的最终目标。从事故调查的目标取向看，主要分为查实型调查和问责型调查两类。查实型调查的主体一般是事故调查机构组织，其目的是查明原因，建立防范机制（张玲、陈国华，2009）；问责型调查的主体一般是司法机关组织，更关注对事故原因、性质的认定以及在此基础上对相关人员的问责。从我们国家事故调查的情况来看，既有行政机关组织的查实型调查，也有司法机关介入的问责型调查。在收集的 34 份特大事故调查报告中，报告的组成比例整体失调。问责的部分平均占比最高，达到 43.6%；基本信息次之，占 43.4%；而学习部分只占到了 13%。其中，2008~2009 年发布的 8 次特大事故调查报告中，有 6 份没有涉及危机学习的内容。问责所占比例过高和学习所占比例过低，甚至调查报告不涉及危机学习部分，这无疑偏离了事故调查的根本目标，影响了危机学习的潜力（见表 9-2）。

表9-2　34份特大事故调查报告之各个部分所占的比例

项目	样本总数	最小值（%）	最大值（%）	均值（%）	标准差
基本信息占报告的比例	34	20	67	43.4	0.1
问责占报告的比例	34	25	75	43.6	0.116
学习占报告的比例	34	0	37	13	0.085

注：将调查报告分为三个部分：基本信息、问责与学习。基本信息包括事故发生经过和事故救援情况、事故造成的人员伤亡和直接经济损失、事故发生的原因和事故性质，问责包括事故责任认定以及对事故责任者的处理建议，学习包括事故防范和整改措施。

资料来源：国家安监总局（2008~2016年）。

事故的发生与相关负责人的失职行为有时候是有关系的，责任追究也是必要的。在我国查实型调查和问责型调查一并进行的模式下，事故调查过于重视问责，事故调查与责任追究有时候成了一对孪生兄弟，责任追究甚至成为事故调查的根本目的（薛澜等，2012）。特大事故的发生往往会引起公众极大关注，虽然公众的重视在一定程度上能够给予危机学习推动力，但公众的重视往往伴随着政治上的批评与问责，而事故处理的政治化容易造成对组织失败理解的偏差。压力之下的政策制定者往往因为时间的约束而把重点放在事故问责而不是组织结构或制度中的不合理之处（Dekker and Hansén，2004），即为了在短期内消除影响而把公众的焦点从结构性的问题转移到问责上。此时，事故调查就变成了回应社会关切和社会情绪的工具，从而有可能异化为平息公众舆论、各方相互平衡与妥协的责任划分过程，使原本纯粹的技术调查演变成一场复杂的政治博弈过程（钟开斌，2015），也因此牺牲了事实真相调查的质量，会阻碍对事实真相的挖掘以及防范机制的建立，从源头上影响危机学习的潜力。

2.事故调查总结的宏观指向割裂了双环学习的步骤

事故防范与整改措施的总结是对事故调查结果利用的首要环节，是危机学习的重要材料，也是对事故相关单位的信息反馈。良好的危机学习总结能够在对事故原因精准分析的基础上，指明组织下一步的努力方向，并针对特定的组织提出具体的要求或行动措施。然而通过分析发现，危机学习的总结部分宏观性较强，操作性较差，对危机学习的针对性总结不足。在调查报告的危机学习部分中，我们对高频词做了统计与分析（见表9-3与图9-2）。"加强""严格""切实""进一步""提高"等宏观战略层的词语出现的频率较高。"加强"与"管理"、"加强"与"监管"、"切实"与"加强"等共现次数较多，是学习总结部分的热点所在（线条越粗，共线次数越多）。这从一个侧面反映出危机学习部分的总结偏向于宏观战略性，而实用性较差。"事故防范"与"整改措施"过于公文化、官僚化与抽象化，建议中缺乏具体的行动措施，指向也不够明确，过于宏观的描述使相关机构无所适从。而国外的事故调查机构如美国化学安全与危害调查委员会发布的调查报告，在建议的总结方面不仅指向明确，而且具有可操作性，分别针对某个政府组织或单位列出了具体的要求或实施的步骤，避免了"空话"与"套话"，真正将事故教训与危机学习经验落到实处。"事故防范"与"整改措施"不是一句口号，在危机学习部分的总结中，更应该注意指向的明确性以及建议的具体性与可操作性。

表9-3　34份事故调查报告之危机学习部分高频词统计（频次 ≥ 72）

高频词	总频次	高频词	总频次	高频词	总频次	高频词	总频次
安全	1041	切实	150	完善	117	化学品	94
管理	318	车辆	143	客运	114	问题	90
加强	302	技术	141	提高	114	隐患	89
企业	299	运输	140	人员	113	检查	87
部门	236	道路	131	强化	109	健全	83
事故	224	交通	129	违法	109	标准	80
监管	224	措施	128	行为	103	监督	78

高频词	总频次	高频词	总频次	高频词	总频次	高频词	总频次
落实	210	煤矿	128	建立	103	开展	77
严格	197	应急	124	认真	98	机构	74
危险	181	发展	123	制度	97	依法	72
建设	162	进一步	122	经营	95		

资料来源：国家安监总局（2008~2016年）。

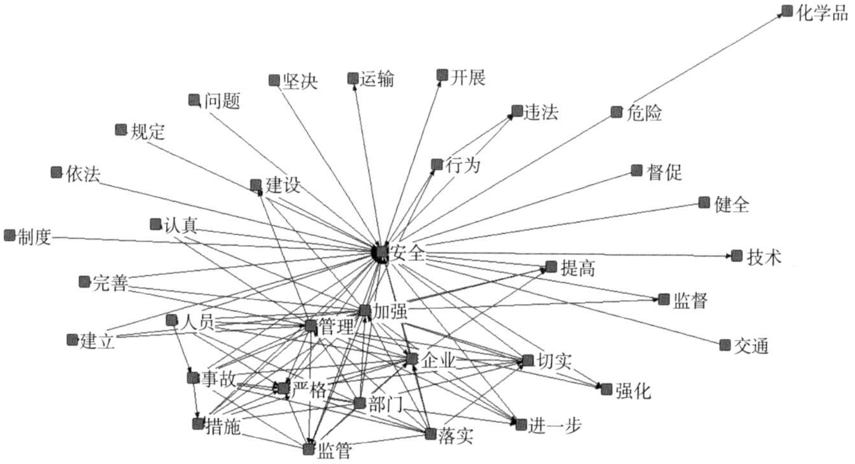

图9-2　34份事故调查报告之危机学习部分高频词的共现（共现次数≥61）

资料来源：国家安监总局（2008~2016年）。

　　事故教训、防范措施与建议的数量在一定程度上影响危机学习的效果。虽然建议数量多的调查报告不一定在内容上占有优势，但是建议数量太少的调查报告则不利于危机学习活动的进行，如6份调查报告没有出现事故教训、防范措施与建议，6份调查报告只有4条事故教训、防范措施与建议，仅各有1份报告分别提出了13条和18条事故教训、防范措施与建议（见表9-4），事故调查总结的宏观指向和缺少具体建议割裂了双环学习的步骤与环节，使事后学习难以展开。危机学习的每一个步骤都会对学习效果产生重要影响，其中任何一个步骤的缺失或没有得到完全执行都将导致危机学习的失败或学习效果的不佳。"事故防范"与"整改措施"是对组织结构中漏洞的识别及弥补策略的探讨与总结，其内容的具体全面与否将直接影响到危机学习的效果。

表9-4　34份特大事故调查报告之事故教训、防范措施与建议的数量

数量（条）	频率	比例（%）
0	6	17.7
4	6	17.7
5	8	23.5
6	8	23.5
7	3	8.9
8	1	2.9
13	1	2.9
18	1	2.9
总计	34	100

资料来源：国家安监总局（2008~2016年）。

3. 独立调查主体的缺失会限制危机学习信息的客观真实性

调查主体的独立性被认为是危机学习最重要条件之一（Hovden，2011）。缺乏独立性的调查主体会对事故调查的客观真实性造成不利影响。从事故调查的主体来看，主要分为独立型与自我型。独立型的调查机构只对事实真相负责，不受任何机关、组织与个人意志的支配，客观性较强。自我型的调查机构是由利益相关方主导的同体调查。由于调查活动受到相关利益方的干扰，调查结果的客观性受到很大影响（李长城，2007）。

国外很多国家实行司法调查与技术调查分离的机制，设立独立的调查机构。例如，美国国家运输安全委员会（National Transportation Safety Board，NTSB）在组织上采取独立委员会的建制，以避免相关利益主体的干扰。美国化学安全与危害调查委员会（CSB）作为调查工业性化学事故的联邦政府机构，成为独立于其他机关外的组织，目的是审查、评估政府部门以及其他利益主体所采取的措施。除此之外，英国海事调查局（Maritime Accident

171

Investigation Branch，MAIB）、加拿大运输安全委员会（Transportation Safety Board of Canada，TSBC）、澳大利亚运输安全局（Australian Transport Safety Bureau，ATSB）等也是具有独立性的调查机构。

事故调查过程和结果的客观性是事故教训与危机学习防范措施总结是否合理有效的重要影响因素之一，事故调查的独立性是调查结果公正、客观与高度可信的重要保障，但是我们国家还没有设立独立的调查机构。事故调查组是临时组成的，人员从有关单位中抽调（张宏波，2006）。虽然国内调查小组在调查时秉承"科学严谨、依法依规、实事求是、注重实效"的原则，但既是运动员又是裁判员的双重角色难以使公众信服。部分事故调查小组人员往往代表不同的利益相关者，这样同体型的调查往往使调查过程和结果的客观性受到影响，从而在一定程度上难以为危机学习提供客观真实的信息。

4. 以干部失职和监管不力为主轴的事故原因凸显了危机学习的体制障碍

很多事故的再次发生是因为组织没能从过去的危机中吸取教训，也就是说，在对事故原因的分析和采取措施去纠正已经识别的漏洞以防止危机的再次发生方面依然有可供完善的空间（Drupsteen et al.，2013）。从事故中学习不仅要把注意力集中在防止危机复发的外部环境上，还应该从组织自身找原因。基于此，我们对 2007~2015 年发生的特大事故中以干部失职为主轴的事故原因和以监管不力为主轴的事故原因进行了分析。

特大事故的原因可以用归因理论推导。归因是个体对于某项行为发生原因的知觉或者推论，它能够有效地影响人们的认知（高恩新，2015）。为了更好地理解不同归因主体的归因取向且对归因取向加以应用，韦纳在经验分析的基础上提出了三个维度的归因成分：部位（内部或外部的）、稳定性（稳定或不稳定的）和控制性（可控或不可控的）（见图 9-3）。其中稳定性是指归因的要素具有连续性、可预见性，在短期内难以改变。控制性的判断标准为行动中意志控制的出现与否，若在行动中意志控制出现，那么该因素属于可控性因素；反之，则为不可控性因素（林钟敏，1989）。

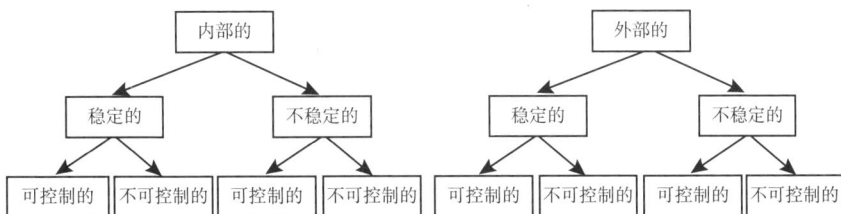

图 9-3　韦纳归因理论的三成分组合模式

资料来源：林钟敏，1989：6。

第一，以干部失职为主轴的事故发生原因。在对以干部失职为主轴的事故原因的分析中发现，34 个事故中有 32 个涉及政府的"监管不力"，发生频率最高，占 68.09%；其次是"责任不明"，占 10.64%；再次是"权钱交易"、"滥用职权"与"应急处置不当"，分别占比 8.51%、6.38% 与 6.38%；"擅离职守"在报告中并未提及（见表 9-5）。

表 9-5　2007~2015 年以干部失职为主轴的事故发生原因

年份	擅离职守	责任不明	滥用职权	监管不力	权钱交易	应急处置不当	总计
2007	0	0	0	4	0	0	4
2008	0	1	0	2	0	0	3
2009	0	0	0	1	0	0	1
2010	0	0	0	7	1	0	8
2011	0	0	1	4	1	0	6
2012	0	1	1	2	1	0	5
2013	0	2	0	4	0	1	7
2014	0	0	0	4	0	0	4
2015	0	1	1	4	1	2	9
总计	0	5	3	32	4	3	47
比例（%）	0	10.64	6.38	68.09	8.51	6.38	100

资料来源：国家安监总局（2008~2016年）。

根据韦纳的归因理论，我们对2007~2015以干部失职为主轴的事故原因进行分析。由于以干部失职为主轴的事故原因属于内部原因，因此只对事故原因的稳定性及控制性进行分析（见表9-6及表9-7）。在稳定性的维度上，"监管不力"、"责任不明"、"权钱交易"和"滥用职权"等可以通过认知调整和行为改变消除，不具有连续性和可重复性，属于不稳定性因素；对于"应急处置不当"来说，由于事故具有很大的不可预料性，很难在短时间内提高应急处置能力，因此"应急处置不当"属于稳定性因素。在控制性的维度上，主要通过行动中意志出现与否的标准进行判断（林钟敏，1989），同时，可控性也意味着政府及其职能部门有能力改善安全管理，消除该因素在特大事故发生过程中的作用，降低特大事故发生的概率（高恩新，2015）。"监管不力"是由于行政主体未履行其法律职责而对民众造成了具体的、重大明显的损害，是由"懒政""怠政"等导致的，属于政府及其职能部门可以改善或消除的因素；"责任不明"可通过体制机制的完善等努力而避免，属于政府有能力改善的因素；"权钱交易"是由权力所滋生的腐败行为，是受意志控制的；"滥用职权"是行为主体主观上的故意过错，是引发事故的责任主体的一种有意识的行为（关保英，2005）。

表9-6　2007~2015年以干部失职为主轴的事故原因结构维度分析

原因结构	维度	频率	比例（%）
稳定性	稳定	3	6.38
	不稳定	44	93.62
	合计	47	100
控制性	可控	44	93.62
	不可控	3	6.38
	合计	47	100

资料来源：国家安监总局（2008~2016年）。

174

表 9-7　2007~2015 年以干部失职为主轴的事故原因结构维度分析

原因结构	频率	比例（%）
内因稳定可控	0	0
内因稳定不可控	3	6.38
内因不稳定可控	44	93.62
内因不稳定不可控	0	0
合计	47	100

资料来源：国家安监总局（2008~2016年）。

总之，"监管不力"、"责任不明"、"权钱交易"和"滥用职权"等是由行为主体有意识的行为所引发或可通过相关措施得以消除的，具有可控性。而"应急处置不当"则是由缺乏经验或人为操作失误等所导致的，且其行为主体没有意愿或者没有意识到其行为具有特定的破坏后果，因此具有不可控制性。内因稳定不可控响应次数 3 次，占 6.38%；内因不稳定可控响应次数 44次，占 93.62%。由此可见，2007~2015 年以干部失职为主轴的事故原因中，有 93.62% 的原因不具有连续性及可重复性且同时具有可控性，而这些事故原因是在预防事故发生中可以改进之处。

第二，以监管不力为主轴的事故发生原因。在对以干部失职为主轴的事故发生原因分析中，"监管不力"发生频率最高，达到 68.09%。我们对"监管不力"做进一步的分析发现，以监管不力为主轴的事故发生原因最集中的三项是"领导责任"、"审批责任"与"执法责任"，分别占 30.6%、19.4% 与19.4%。其次是"内部监督责任"、"教育培训责任"、"体系建设责任"和"行业管理责任"，分别占 14.3%、9.1%、3.1% 和 3.1%；所占比例最低的是"规划责任"，占 1%（见表 9-8）。

2007~2015 年，以干部失职为主轴和以监管不力为主轴的事故原因在不同的事故中不断重复且没有下降趋势，可控性且不具有重复性的内在事故原因不断重复，凸显了事故调查体制对危机学习的障碍。如果事故的主要原因是干部失职和监管不力，就需要强化问责来提高干部的责任心和强化监管的力度；另一方面，问责的严厉和问责的扩大化，也会导致在日常监管和事发响

表9-8 2007~2015 年以监管不力为主轴的事故原因

年份	领导责任	体系建设责任	审批责任	执法责任	规划责任	教育培训责任	行业管理责任	内部监督责任	总计
2007	4	0	1	1	0	0	1	1	8
2008	0	0	0	0	0	0	0	0	0
2009	1	0	0	0	0	0	0	0	1
2010	7	0	2	2	0	3	0	2	16
2011	4	1	3	4	0	1	0	2	15
2012	2	0	1	1	0	0	1	1	6
2013	4	0	4	4	0	1	0	3	17
2014	4	1	4	4	0	1	1	3	18
2015	4	1	4	3	0	3	0	2	17
总计	30	3	19	19	1	9	3	14	98
比例（%）	30.6	3.1	19.4	19.4	1	9.2	3.1	14.3	100

注：本章只统计了调查报告中提及的原因，未提及的原因以"0"计。

资料来源：国家安监总局（2008~2016年）。

应过程中，出现干部推卸责任的可能，也可能导致事故的发生或扩大。在事故调查的过程中，为了避免被问责，相关干部更多地把注意力集中在撇清责任上，会设置各种人为的因素，阻止调查的深入和挖掘事故的真相，而忽视危机学习。采取有效行动对已经查明的事故原因进行分析进而弥补体制的不足是危机学习中的关键环节，能够有效提高组织抵御危机的能力，这也是双环学习区别于单环学习之处。以干部失职和监管不力为主轴的事故原因凸显了危机学习的体制障碍，如果危机学习过程没有内化于组织的结构体制中，缺少体制上的约束与规范，改变事故调查体制不合理之处的后续步骤往往就会被忽视。

5. 调查时限约束了调查报告内容的深度而不利于危机学习

危机学习是包含多个步骤与环节的组织学习过程，当危机学习中的某个环节出现缺失或其结果出现次优时，那么下一个环节的预期效果也会随之变差（Drupsteen et al.，2013）。事故调查是事故发生之后的首要环节，其执行结果的优劣决定了整个学习过程的有效与否，而事故调查时限约束了调查报告内容的深度这一问题应该予以重视。我国《生产安全事故报告和调查处理条例》第二十九条规定：事故调查组应当自事故发生之日起60日内提交事故调查报告；特殊情况下，经过负责事故调查的人民政府批准，提交事故调查报告的期限可以延长，但延长的期限最长不超过60日（国务院，2007）。在欧盟的大多数国家，政府给予监察员充分的时间来寻求事故发生的根本原因（曾明荣、王兴，2015）；美国的一些事故调查机构对于调查期限的规定也较为灵活，如CSB近期发布的两份调查报告，其发布历时分别为3年零4个月（CSB，2016a）与2年零8个月（CSB，2016b），报告发布历时较长。期限较短的调查虽然有助于对相关人员进行问责处理，及时消除社会各方面的质疑或者影响，但是因强调结果而忽略了过程，因强调速度而牺牲了质量。事故原因错综复杂，由于一些不可抗拒的客观因素，一些事故原因很难在短时间内调查清楚。缺乏灵活性的调查期限在一定程度上影响了对事故原因的真正挖掘，约束了调查报告内容的深度。

调查报告是呈现调查结果的重要载体，其深度将对危机学习产生影响。一份好的调查报告不论是在形式上还是在内容上都对危机学习形成较好的助力，然而通过分析发现，调查报告的内容整体偏少，呈现形式也不够丰富多样。篇幅过短，势必影响事故基本信息的描述以及事故防范措施的总结，从而阻碍了对教训的学习。2009年以及之前发布的调查报告中，有些报告篇幅甚至不足1页，很难为危机学习提供基本的保障，而同期CSB发布的两份调查报告的篇幅为54页（CSB，2009a）与77页（CSB，2009b），其近期发布的两份调查报告则分别为74页（CSB，2016a）与134页（CSB，2016b）。报告呈现形式的多样性也是影响危机学习的因素之一，丰富的呈现形式有利于从多个角度对教训加以总结。"目录"能更清晰呈现报告结构，"图表"能直观反映事故真相，"附录"有利于从多个角度对事故真相进行解释。在34

份调查报告中，有91.2%的调查报告是"文本"的单一形式，含"文本、目录"与"文本、图表与附录"的报告分别占2.9%与5.9%（见表9-9）。2016年发布的两份调查报告增加了"图表"与"附录"，是调查报告在呈现形式上的进步，但是没有一份调查报告全部涵盖"文本""目录""图表""附录"，在调查报告的呈现形式上依然有可改进之处。

表9-9　34份特别重大事故调查报告的呈现形式统计

报告呈现形式	频率	比例（%）
文本	31	91.2
文本、目录	1	2.9
文本、图表与附录	2	5.9
总计	34	100

资料来源：国家安监总局（2008~2016年）。

五　本章小结与启示

事故调查是危机学习中的重要环节，基于上述研究，重问责的调查导向、事故调查原因总结的宏观指向、独立调查主体的缺失、危机学习的体制障碍、缺乏灵活性的调查期限以及调查报告的深度不足会导致危机学习的困境。虽然我国近年来的事故调查有了改善，但亦应反思事故调查的不足，提高危机学习的质量。

首先，明确事故调查最重要的目的是用证据来寻求事故的真正原因，并在此基础上进行危机学习而不是过度的问责。探讨技术调查与司法调查分离的制度设计，赋予技术调查灵活性的调查期限，有效避免因问责而出现的各种人为因素干扰调查的过程。提高技术调查报告的公正性与客观性，为危机学习提供真实客观的资料，从灾难中学习到应有的教训，对可控性且不具有连续性的监管不力、责任不明、权钱交易和滥用职权等内在事故原因应高度关注，反思并改变事故调查的体制障碍，建立激励相容的危机学习机制。

其次，确保调查主体的独立性，为危机学习提供客观真实性的信息。事故调查是挖掘事故发生真相的过程，但当事故牵扯到政府部门或大型国有企业时，事故调查主体会面临官僚体系或国企的压力、游说甚至利益的诱惑。与其他国家的事故调查相比，我国事故调查还是政府内部的"同体调查"，应探讨制定专门的事故调查法赋予调查主体独立的调查权限，或激活 1982 年宪法关于设立特别调查委员会的制度设计，尽可能摆脱行政权力干预，调查结果才有信服力，从而为危机学习提供客观真实的信息。

最后，提高事故调查报告的科学性与规范性，为危机学习提供详尽的事故原因分析和可操作性的措施。要增加调查报告篇幅，虽然篇幅长不一定质量高，但篇幅较短很难将事故的完整信息和危机学习的预防措施交代清楚。报告呈现形式要丰富多样，采取从不同角度和形式对事故原因等情况予以说明。避免"事故防范"与"整改措施"的官僚化与抽象化，指向明确和具体的操作性建议才能有利于采取危机学习行动。

参考文献

Argyris, C., Schön, D. A., *Organizational Learning: A Theory of Action Perspective*, Reading: Addison-Wesley,1978.

Birkland, T. A., "Disasters, Lessons Learned, and Fantasy Documents," *Journal of Contingencies and Crisis Managemen* 3 (2009): 146-156.

Boin, A., *Learning from Crisis: NASA and the Challenger Disaster*, Cambridge: Cambridge University Press, 2008.

Carley, K. M., Harrald, J. R., "Organizational Learning under Fire: Theory and Practice," *American Behavioral Scientist* 3 (1997): 310-332.

Crichton, M. T., Cameron, C. G., Kelly, T., "Enhancing Organizational Resilience Through Emergency Planing:Learning from Cross - Sectoral Lessons," *Journal of Contingencies and Crisis Management* 1 (2009): 24-37.

CSB, T2 Laboratories Inc. Reactive Chemical Explosion, http://www.csb. gov/t2-laboratories-inc-reactive-chemical-explosion/.

CSB, Freedom Industries Chemical Release, http://www.csb.gov/freedom-industries-chemical-release-/.

CSB, Allied Terminals Fertilizer Tank Collapse, http://www.csb.gov/allied-terminals-fertilizer-tank-collapse/.

CSB, Williams Olefins Plant Explosion and Fire, http://www. csb.gov / williams-olefins-plant-explosion-and-fire-/.

Dekker, S., Hansén, D., "Learning under Pressure: The Effects of Politicization on Organizational Learning in Public Bureaucracies," *Journal of Public Administration Research and Theory* 2 (2004): 211-230.

Deverell, E. C., *Crisis-Induced Learning in Public Sector Organization*, Utrecht: Utrecht University Press, 2010.

Drupsteen, L., Groeneweg, J., Zwetsloot, G. I., "Critical Steps in Learning from Incidents: Using Learning Potential in the Process from Reporting an Incident to Accident Prevention," *International Journal of Occupational Safety and Ergonomics* 1 (2013): 63-77.

Drupsteen, L., Guldenmund, F. W., "What Is Learning? A Review of the Safety Literature to Define Learning from Incidents, Accidents and Disasters," *Journal of Contingencies and Crisis Management* 2 (2014): 81-96.

Farazmand, A., "Learning from the Katrina Crisis: A Global and International Perspective with Implications for Futuure Crisis Management," *Public Administration Review* 1 (2007): 149-159.

Gordon, H. J., "Integrating Learning into Safety:Developing a Robust Lessons-Learned Program," *Professional Safety* 9 (2008): 30.

Hovden, J., "Multilevel Learning from Accidents–Case Studies in Transport," *Safety Science* 1 (2011): 98-105.

Jacobsson, A., Ek, A., Akselsson, R., "Method for Evaluating Learning from Incidents Using the Idea of 'Level of Learning'," *Journal of Loss Prevention in the Process Industries* 4 (2011): 333-343.

Kjellén, U., *Prevention of Accidents through Experience Feedback*, Boca Raton: CRC Press, 2000.

May, P. J., " Policy Learning and Failure," *Journal of Public Policy* 4 (1992): 331-354.

Roed-Larsen, S., Stoop, J., "Modern Accident Investigation：Four Major Challenges," *Safety Science* 6 (2012): 1392-1397.

Sepeda, A. L., "Lessons Learned from Process Incident Databases and the Process Safety Incident Database (PSID) Approach Sponsored by the Center for Chemical Process Safety," *Journal of Hazardous Materials* 1-2 (2006): 9-14.

Stead, E., Smallman, C., "Understanding Business Failure: Learning and Un-Learning from Industrial Crisis," *Journal of Contingencies & Crisis Management* 1 (2002): 1-18.

蔡志强主编《社会危机治理——价值变迁与治理成长》，上海人民出版社，2006。

方堃、姜庆志、杨毅：《政府公共危机治理中的学习与组织结构变革研究——以复杂适应性为线索》,《大连理工大学学报》(社会科学版) 2012 年第 1 期。

高恩新:《特大生产安全事故的归因与行政问责——基于 65 份调查报告的分析》,《公共管理学报》2015 年第 4 期。

关保英:《论行政滥用职权》,《中国法学》2005 年第 2 期。

国务院:《生产安全事故报告和调查处理条例》(国务院令第 493 号),http://www.gov.cn/flfg/2007-04/19/content_589264.htm。

李长城:《对事故调查组的质疑》,《法律科学》2007 年第 5 期。

李程伟:《危机学习能力建设:政治学角度的思考》,《信访与社会矛盾问题研究》2014 年第 3 期。

林鸿潮:《公共危机管理问责制中的归责原则》,《中国法学》2014 年第 4 期。

林钟敏:《韦纳"归因理论"的原则和原因的结构》,《心理科学进展》1989 年第 1 期。

卢小君:《非常规突发事件的危机间学习研究综述——基于认知视角与文化视角的比较》,《情报杂志》2012 年第 6 期。

马丹妮:《关于公共部门危机学习的研究初探》,《中国集体经济》2010 年第 28 期。

吴颢:《复杂性视角下的危机传播:从危机管理到危机学习》,《理论月刊》2011 年第 1 期。

薛澜、沈华、王郅强:《"7·23 重大事故"的警示——中国安全事故调查机制的完善与改进》,《国家行政学院学报》2012 年第 2 期。

曾辉、陈国华:《对建立第三方事故调查机制的探讨》,《中国安全生产科学技术》2011 年第 6 期。

曾明荣、王兴:《中欧事故报告与调查处理比较研究》,《中国安全生产科学技术》2015 年第 5 期。

张宏波:《改进我国事故调查工作的建议》,《劳动保护》2006 年第 3 期。

张玲、陈国华:《国外安全生产事故独立调查机制的启示》,《中国安全生产科学技术》2009 年第 1 期。

张美莲:《危机学习面临的挑战——一个事故调查报告的视角》,《吉首大学学报》(社会科学版) 2016 年第 1 期。

钟开斌:《中国突发事件调查制度的问题与对策——基于"战略 - 结构 - 运作"分析框架的研究》,《中国软科学》2015 年第 7 期。

第四篇

政府危机学习绩效研究

第十章　政府危机学习与绩效提升：以国家应急电台为例[*]

　　政府灾后危机学习可能带来未来组织响应绩效的提高，但是究竟危机学习如何引起这种变化以及引起哪些变化还有待进一步揭示。2014 年 8 月 3 日云南昭通鲁甸发生 6.5 级强烈地震，在道路遭到破坏，运输中断，电信设施受阻，电视、报纸等媒体发行传输都受到严重限制的情况下，国家应急电台吸取了芦山地震的经验第一时间启动了响应措施。本章从"为何国家应急广播响应速度有较大提升"这一问题出发，通过对 400 余份有效问卷的数据分析，探讨芦山地震后国家应急电台灾后组织学习的基本要素构成。进一步结合对 28 位参与国家应急电台工作的人员的深度访谈和十余位鲁甸应急电台听众的随机访谈，挖掘组织学习对绩效提升的影响方式和路径，探讨灾后政府组织学习与响应绩效提升之间的关系。

一　文献回顾：组织学习与绩效提升

　　组织学习的概念在 20 世纪 70 年代被首先提出，该理论一经提出就得到了学界和实务界的支持。长期以来学界对组织学习可带来绩效提升抱有一种应然态度，将组织学习视为绩效提升的基本前提。不满足于二者顺理成章的

---

　　*　原刊于清华大学应急管理研究基地《危机管理通讯》第 119 期，原题为《危机后组织学习与绩效提升：以国家应急电台为例》，作者张濛，略有改动。

关系后，组织学习与绩效关系的研究才逐渐有所发展。有关研究大致分为两类：一是研究组织学习的多个构面及其与组织绩效的关系，二是增加调节变量或中介变量来全面考察二者关系。

1. 组织学习构面研究

揭开组织学习与组织绩效之间的黑箱，初期的研究无外乎是采用双变量模型，首先研究得出的结论正如之前预设，组织学习与绩效间有正向关系，组织学习是企业成功的关键要素（Baker and Sinkula, 1999）。随后，一些学者在双变量模型的基础上，加入学习的某些驱动因素，建立了更为全面的过程分析模型。一些实证研究表明，组织学习可以作为组织创新、技术创新等其他因素与绩效关系之间的部分或完全中介，直接影响绩效水平（Tippins and Sohi, 2003; Lai et al., 2009）。然而，另外一些实证结果却表明组织学习与绩效不相关或不直接相关（Santos-Vijande et al., 2005）。研究者在此分歧基础上，认为将组织学习的不同构面分开来考察将有助于研究的进一步推进。通过对现有组织学习构面的研究归纳总结可以发现，组织学习构面大致分为信息学习、人员学习、制度学习和技术学习四个方面，分别在企业、政府等组织形式研究中得到了印证。

（1）信息学习

现有研究主要从信息获取能力、信息辨识能力与信息应用能力三个侧面展开。王雁飞等认为组织学习中的信息学习可以帮助企业不断吸收新的知识与信息，增强企业学习气氛，使企业在不断成长中保持良好绩效（王雁飞、朱瑜，2009）。原欣伟等发现，通过有效的学习活动，组织（团体、个人）的经验和知识不断积累，知识储备不断增加，组织对信息的辨识与认知能力有利于组织成员提高对绩效问题的分析与理解（原欣伟等，2006）。还有研究用实证方式检验得出：企业组织学习不断提高，企业知识与信息处理能力、获取能力就会不断提高（张立新，2006）。

（2）人员学习

关于组织学习中的人员学习，现有研究主要围绕组织人力资源工作和部门工作展开，多以企业为研究对象。研究者通过实证分析提出，组织学习是预测企业人力资源效能的重要变量，组织创新与组织学习对人力资源管理效能的影响最为显著，人力资源管理在企业发展中不可或缺（Tippins and Sohi，2003）。还有学者提出，部门间关系、人员关系与部门目标一致性对企业绩效提升的影响也非常显著（原欣伟等，2006）。

（3）制度学习

当前学界对组织学习中的制度学习研究多在讨论制度创新，并联合技术创新共同处理。谢洪明等提出，组织学习通过制度学习实现技术创新达到绩效提升的目的（谢洪明等，2007）。原欣伟等更加细致地描述为，通过有效的学习活动，个人和团体的知识不断被组织整合并融于组织的文化、结构、规章、规程等组织系统中，提高了组织的行动能力，为绩效问题的有效解决提供了保障（原欣伟等，2006）。王铁男等在研究中指出战略制度的学习对绩效提升具有显著正向相关关系（王铁男等，2010）。

（4）技术学习

组织学习中的技术学习主要包括技术创新、技能培训与技术支持。现有研究主要围绕技术创新与技能培训。学者认为技术创新会影响组织的绩效，当组织成员因技能水平不足而不能达到绩效要求时，通过学习提高技能水平是有效的解决途径。这种学习活动包括组织为员工提供的各种培训，更重要的是员工通过"干中学"的方式从工作实践中学习。通过学习，组织成员的技能水平得到提高，也带来工作绩效的提高（原欣伟等，2006）。与此同时，张立新提出企业组织学习能提高员工的环境适应能力与工作效率，这都是依赖技术创新能力提高实现的（张立新，2006）。

2.调节变量与中介变量研究

除了对组织学习不同构面的研究外，学者们也尝试在组织学习与绩效的直接关系模型中加入第三类变量：通过调节变量来获取不同情境下两者关系的解释，或通过中介变量的不同作用机理以考察组织学习对绩效的影响过程（曾萍、宋铁波，2010）。

首先，将两个变量中加入调节变量的研究认为调节变量调节了组织学习和绩效之间关系的强弱或方向，现有研究主要将环境动态性、行业差距、组织间学习等环境变量，组织情境、组织年龄等组织变量作为调节变量的主要研究方向。其次，两个变量之间的中介变量研究也非常丰富（曾萍、蓝海林，2011）。如 Tsai 等认为组织学习促成了组织及其成员观念的改变，进而带来了绩效的改善（Tsai and Huang，2008）。Morgan 和 Berthon 指出，随着组织学习过程的进行，组织各个层次的能力也会随之提升，最终，组织绩效也获得提高，因此，组织创新、知识管理能力与动态适应性也颇为关键（Morgan and Berthon，2008）。Bergh 等持有组织学习也会影响组织成员乃至整个组织行为，从而驱动组织绩效改善的观点，认为市场信息处理、人力资源实践、组织重构等组织行为变量发挥了中介作用（Bergh and Lim，2008）。该研究视角下研究者 Panayides 还将组织学习对绩效提升的影响进行了财务绩效与非财务绩效的划分，认为绩效提升从过程绩效（非财务绩效）开始，逐步到财务绩效，非财务绩效又可以细分为不同构面，如物流服务效率、内部效率以及顾客满意，也可在组织学习影响最终财务绩效过程中发挥中介作用（Panayides，2007）。

组织学习不但可以直接或间接通过中介变量影响绩效水平，而且可以对其他因素与绩效之间的关系起到调节作用。有学者认为组织学习在组织创新与绩效关系之间存在调节效应，说明组织学习的高低水平会影响组织创新与绩效之间的关系，企业组织学习的水平越高，组织创新对绩效的促进作用就越显著。除了组织创新外，组织学习作为中介变量的研究还包括市场导向对市场份额的影响、产品创新对市场表现的影响、国际化对战略绩效的影响等。

二　国家应急电台灾后组织学习的理论模型

本章的研究对象是两次应急广播启动中的组织学习现象，经由前期案例比较研究发现，启动流程和主要构成要素都有一些显著变化，因此先采用过程模型和系统视角的理论模型来进行研究，再进行抽象化归纳总结学习类型。

构建国家应急电台灾后组织学习理论模型的基本逻辑过程如下。①危机后国家应急电台组织学习情境体现在组织学习的各个阶段中，即准备阶段、预警阶段、响应阶段和运行阶段。②各阶段有不同的学习情境或内容，如准备阶段学习包括应急广播机构设立、法律法规机制建设、技术标准规范、培训演练、资源准备、思想准备、心理准备，这些是根据事实验证已经发生学习的各个要素。③各阶段的学习要素具有共性和规律，可以抽象为不同的学习类型：制度学习、人员学习、技术学习和信息学习。④组织学习通过各种类型的学习和各种要素的作用对绩效带来三个方面的影响：响应时间、内容质量和听众满意度。⑤绩效提升的三个方面中，响应时间和内容质量是组织内部绩效标准，听众满意度是外部衡量标准。其分析框架如图 10-1 所示。

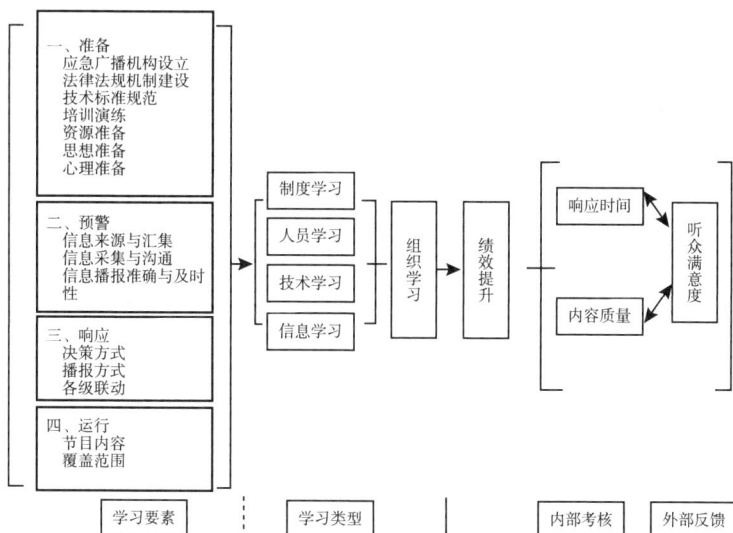

图 10-1　国家应急电台危机后组织学习理论模型

在自变量和因变量选择的解释方面，危机后组织学习的构成要素和绩效评估本就已是十分复杂的系统，其影响因素更是庞杂多样，难以列举穷尽。本章根据访谈和问卷中浮现出的影响因素，结合前人的研究经验，从组织学习流程和危机管理流程两个角度对影响应急广播电台启动绩效提升的前因变量和后果变量加以提炼整合，发现应急广播机构设立、法律法规机制建设、技术标准规范、资源准备、信息来源与播报、决策方式、运行过程等学习构成的制度学习、人员学习、技术学习、信息学习是影响应急广播电台危机后绩效提升的前因变量，而响应时间、内容质量、听众满意度则是其后果变量。

截至目前，国家应急广播电台一共启动了 3 次，分别是四川雅安芦山地震、云南鲁甸地震和云南景谷地震，其响应时间分别是 56 小时、48 小时和 18 小时，可以看出，其响应速度明显提升。其中，芦山应急电台是从无到有试验性的启动，是真正意义上国家应急电台的首次尝试。调研结果表明，芦山地震应急电台启动后，国家应急电台在准备、预警、响应、运行四个阶段均存在组织学习表现。鉴于此，总体的研究假设为：危机后组织学习通过不同组织学习类型对绩效提升进行影响。

根据已建构的国家应急电台的组织学习理论模型，笔者提出以下两个假设。

假设一：根据文献和实证研究，从芦山地震应急电台到鲁甸地震应急电台的准备、预警、响应、运行这几个阶段的学习要素分别是应急电台机构设置、法律法规建设等，并且从中能够归纳出制度学习、人员学习、技术学习、信息学习这四种学习类型。

假设二：根据学习要素归纳出的制度学习、人员学习、技术学习、信息学习这四种学习类型对国家应急电台绩效提升有影响。

下文将针对以上假设进行验证和论述。

三　鲁甸地震前：组织学习的主要领域分析

2013 年 4 月 20 日 8 时 2 分，芦山县发生 7.0 级强震，造成重大人员伤亡和巨大财产损失。自 1949 年以来，重大自然灾害发生后，我国还没有开办过专门针对灾民的临时应急广播，只是在汶川、玉树地震后，由零星的宣传车辆针对当地群众进行救灾知识普及和喊话广播。四川芦山 7.0 级强烈地震是国家应急广播中心成立以来、国家应急广播体系开始建设以来遇到的第一次国内重大自然灾害。芦山应急电台的启动和运行就是要突破这一现状，利用国家现有广播电视传输体系和中央人民广播电台的报道资源和经验，有组织、有策划，系统、全面地进行应急信息传播，这也是国家应急电台从无到有的过程。

为了进一步了解危机后组织学习中不同阶段的具体学习要素或内容包括哪些方面，笔者针对参与过国家应急电台工作的人员进行了问卷调查。

受访者中，中央层面包括应急广播中心工作人员以及当时从其他部门抽调的采编播技术人员共占 4.44%，云南省和四川省省级工作人员占 37.78%，市级工作人员占 46.67%，县级工作人员占 11.11%（见图 10-2）。笔者邀请所有参加过国家应急电台工作的人员填写问卷，其中也可以看出省、市两级是

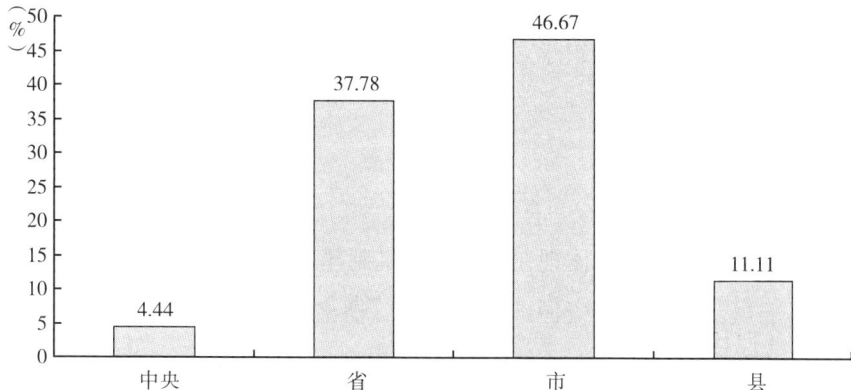

图 10-2　受访者工作单位层级

国家应急电台启动运行的主要力量。

受访者工作性质主要分布为：行政人员占 6.67%，采编播人员占 68.89%，技术人员占 11.11%，志愿者及其他占 13.33%（见图 10-3）。分布规律也比较符合国家应急电台运行真实状况，行政人员、志愿者及其他（后勤保障等）工作人员较少，采编播人员参与最多。

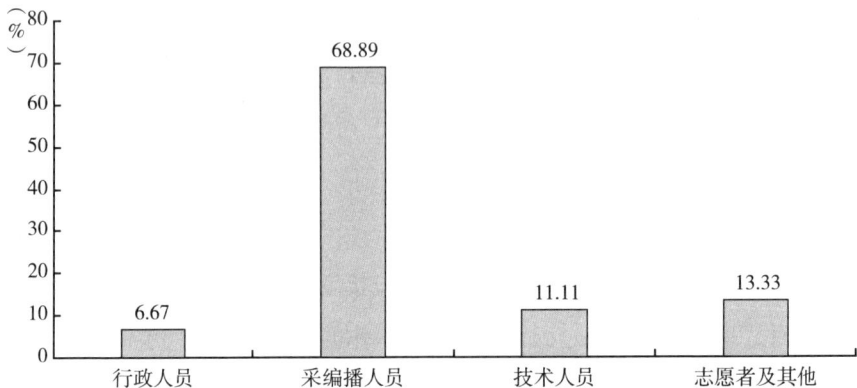

图 10-3　受访者工作性质

与此同时，根据问卷调查，有 100% 的人认为芦山应急电台在危机后存在组织学习的状况，92.5% 的人认为鲁甸应急电台在危机后存在组织学习的状况。芦山应急电台启动后从中央到地方都开展了包括经验分享会、人员培训等各种形式的组织学习，因此，可以基本确定国家应急电台在危机后产生了组织学习。

1.准备阶段学习

准备阶段学习主要体现在法律法规机制建设、国家应急广播机构设立、技术标准规范与保障、资源准备与调拨、播出过程中业务培训等方面。调查问卷结果显示：与芦山地震相比，鲁甸地震在机构设立、明确技术规范、启动准备、人员设置等方面存在改进，在培训和演练等学习要素上出现偏差（见图10-4）。通过访谈补充了解，其原因可能在于：第一，芦山应急电台启动后培训演练普遍存在于中央和省一级应急广播机构，市级以下层级不具备培训和演练的经费和能力，即使有也以分享会等形式出现，大家不认为这是一种制度化的培训方式；第二，人数限制造成培训覆盖范围较窄，根据事实中央层面确实有在京召开的应急广播大会，但参与人数确实有比较大的限制，不能满足现有需求；第三，培训具有周期性和滞后性，很多地区还没来得及进行培训就发生了突发公共事件。

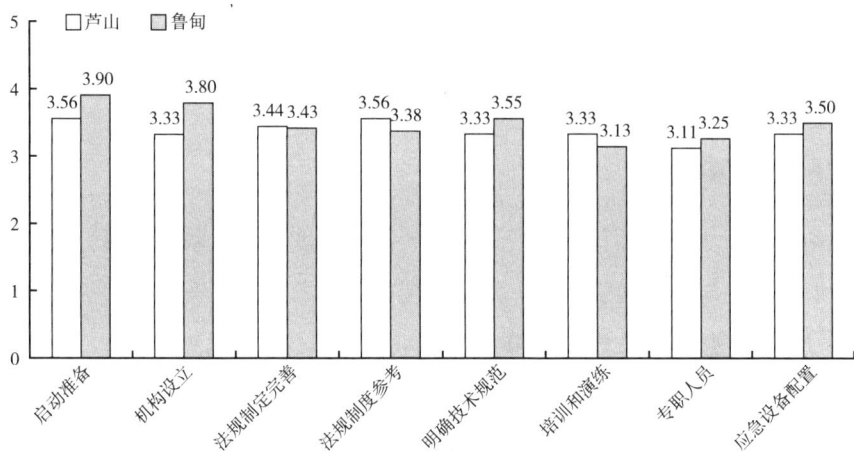

图 10-4　芦山和鲁甸应急电台准备阶段学习要素反馈对比

2. 预警阶段学习

预警阶段学习主要体现在信息来源是否畅通、信息采集是否全面，信息沟通是否顺畅、信息播报是否准确及时等方面。调查问卷结果显示：与芦山地震相比，鲁甸地震在信息来源、信息采集、信息沟通、信息准确度与及时性等学习要素上有了改进（见图10-5）。

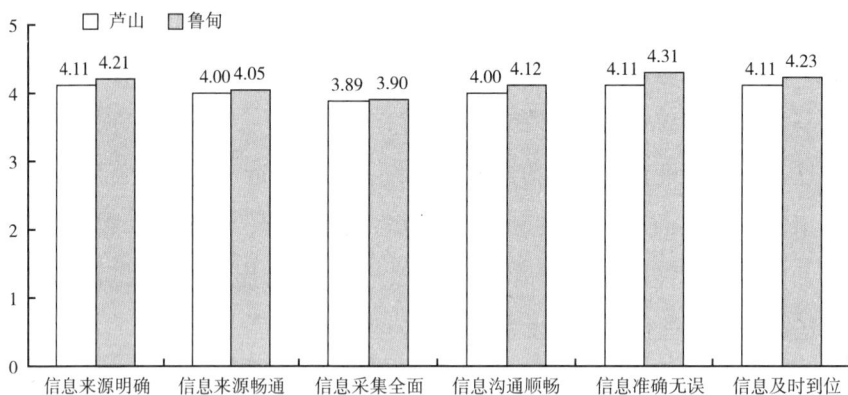

图 10-5　芦山和鲁甸地震预警信息情况主观反馈对比

3. 响应阶段学习

响应阶段学习主要体现在决策方式、决策速度和各级联动方面。调查问卷结果显示：与芦山地震相比，鲁甸地震在决策方式、决策速度、各级联动等学习要素上有了改进（见图 10-6）。

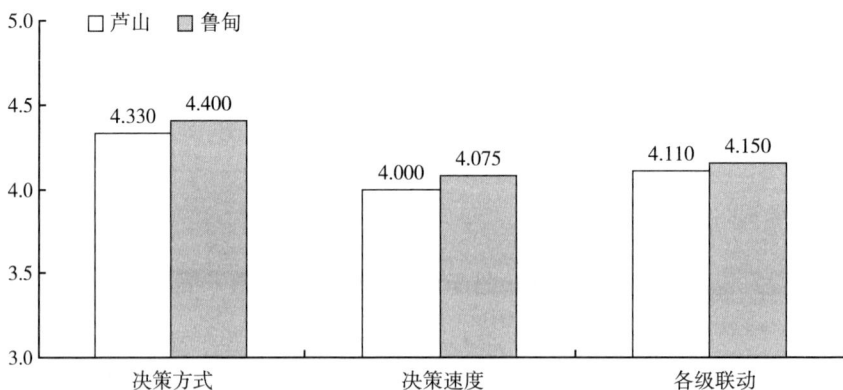

图 10-6　芦山和鲁甸地震响应情况主观反馈对比

4. 运行阶段学习

运行阶段学习主要体现在播出节目内容、覆盖范围、播出技术形态、播出模式、节目运行中采用多种传输方式等方面。

调查问卷结果显示：与芦山地震相比，鲁甸地震在内容丰富程度、覆盖范围等学习要素上有了改进（见图10-7）。在国家应急电台解决需求方面，鲁甸应急电台的评分略低于芦山应急电台，主要是由于鲁甸只有一个龙头山中学的直播点，受灾群众在通信和电力恢复的情况下可以使用手机、电视等方式获取消息。与此同时，也有相当多的工作人员和村民反馈地震前期更需要国家应急电台，但在道路恢复后，不少人就离开震区投奔亲友。这可以看出公共突发事件发生后随着时间推移人们的广播信息需求量减少，广播信息需求满意度降低。

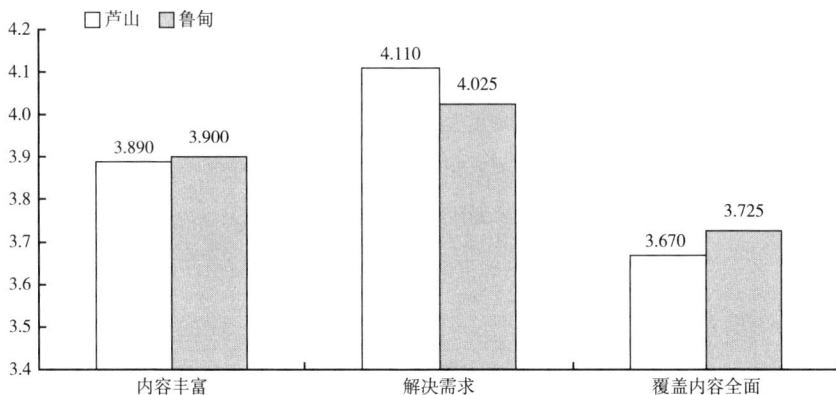

图 10-7　芦山和鲁甸节目内容与覆盖主观反馈对比

假设验证：通过论述发现从芦山应急电台到鲁甸应急电台的准备、预警、响应、运行阶段中确实存在组织学习状况，且学习要素为应急广播机构设立、法律法规机制建设、技术标准规范、培训演练等，假设一得到验证。

四 鲁甸地震后：组织学习对绩效提升影响的实证检验

运用危机管理和组织学习过程模型来分析国家应急电台响应运行的整个过程，该模型概括了组织学习活动的全过程，反映了组织学习过程的内在逻辑和本质特征，用完整的组织学习模型和框架来分析学习要素更加全面、具体、深入。由于芦山应急电台是国家应急电台第一次启动，因此在第一次启动的过程中准备、预警、响应、播出运行期间都在摸索，包括组织架构、信息沟通、技术保障等方面都进行了反思、学习和调整。通过观察组织的学习活动和过程，展现应急电台运作过程中的学习情境，来阐释应急电台启动后确实存在组织学习状况，为从现实的复杂性到理论的抽象提供依据，结合组织学习各个方面的归纳和总结，笔者认为应急电台在制度、人员、技术和信息角度存在学习现象。

通过深入访谈发现从内部考核角度响应时间和内容质量是最重要的绩效指标，听众满意度是最重要的外部指标。图10-8表明，应急电台工作人员普遍认为听众满意度是最重要的衡量指标，占到40%，这体现了国家应急电台开办的初衷是抗震救灾和服务灾区群众。响应时间紧随其后，有33.33%的人

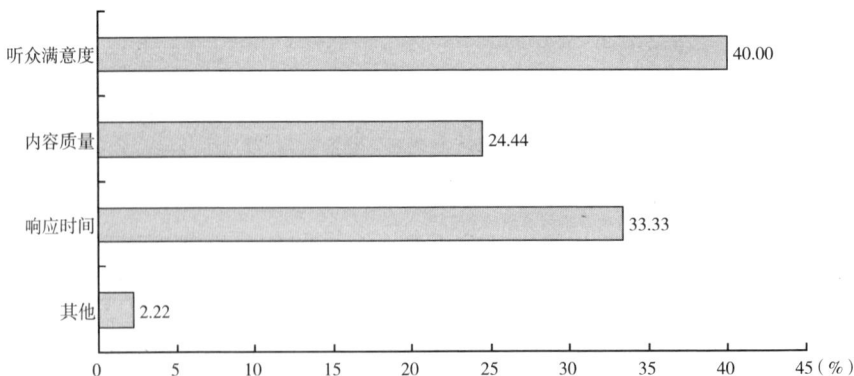

图10-8 应急电台绩效的衡量因素

认为响应时间是最重要的绩效指标，国家应急电台只有以"快"应"急"，才能挽救更多的人民生命和财产安全。内容质量也有 24.44% 的人选择，因为除了响应阶段的快速及时，运行阶段丰富充实的播出内容也能更好地起到防灾减灾、抚育心灵创伤的作用。另外，其他选项包括人员意识、联动机制等，也已涵盖在不同类型学习范围当中。

1. 鲁甸应急电台响应时间的影响因素分析

鲁甸发生地震后，中央人民广播电台启动应急广播机制，共同决策在灾区启动"国家应急电台"。国家应急广播·鲁甸抗震救灾应急电台于 8 月 5 日下午 4 点 30 分在震中地区龙头山镇龙泉中学利用学校的大喇叭开始首次播音。国家应急广播·芦山抗震救灾应急电台在震后 56 小时开始播音。与此相对，国家应急广播·鲁甸抗震救灾应急电台在震后 48 小时开始播音。黄金 72 小时的救援时间，每一秒都十分珍贵，因此，响应时间的缩短是衡量应急广播组织绩效最重要的方面。

（1）制度学习对响应时间的影响

应急广播体系中的制度学习一方面有利于建立健全应对突发重特大自然灾害应急广播运行机制本身；另一方面有利于及时、有序、高效地开展重特大自然灾害应急广播的各项工作，比如应急电台的启动和运行。

（2）人员学习对响应时间的影响

人员学习对于响应速度方面的要求主要是：第一，业务素质优良，对应急电台启动运行流程熟悉，业务熟练；第二，心理准备充分，随时可以承担应急电台任务，并且能够在极端恶劣条件下传递政府信息，服务灾区群众；第三，有比较成熟的团队协作，分工明确，取长补短，快速响应和工作。

（3）技术学习对响应时间的影响

技术学习对于响应时间有非常直接快速的影响，从设备准备到设备搭建再到具体搭建方式，无一不影响应急电台能否在极端恶劣的无信号停电状况下顺利开播。

（4）信息学习对响应时间的影响

信息是应急电台中十分关键的一环，也是建立应急电台初衷的体现，应急电台就是希望在对外宣传中把灾区的信息传出去，让人们了解灾区的情况；在对内宣传中，安抚灾区百姓的心理，提供恢复重建服务等。

2. 鲁甸应急电台内容质量的影响因素分析

（1）制度学习对内容质量的影响

制度学习对内容质量的影响体现在平战结合的插播制度和应急电台节目储备制度上。

（2）人员学习对内容质量的影响

鲁甸应急电台人员良好的业务素质可以精准地播报需要传递的信息，强大的心理素质可以在播报中临危不乱，从容处理突发事件，同理心的阐释可以使服务对象更容易接受和满意，敬业精神更是影响了出稿质量和播出的时效性。业务能力素质的提高使其对播出内容有了更好的把握。

（3）技术学习对内容质量的影响

技术保障团队建设及运作保障节目可以持续、顺利地播出。

（4）信息学习对内容质量的影响

信息播报内容准确及时，精准定位，"窄众化"播出。信息资源整合高效有序，实时进行直播连线，支撑广播电台在公共突发事件中体现重要的传播优势。

3. 鲁甸应急电台听众满意度的影响因素分析

芦山应急电台运行期间，为检验电台传播效果，中央人民广播电台国家应急广播中心对灾区民众进行了收听问卷调查。共计发放调查问卷350份，回收问卷324份，发放覆盖范围为芦山县城地区和周边乡镇地区。鲁甸应急电台运行后，采用应急电台运行后评估的方式对灾区民众进行了收听问卷调查。共发放问卷50份，回收31份，发放范围为鲁甸龙头山镇震中地区。与此同时，走访了周边村落，访谈收听状况。

问卷调查结果表明，芦山应急电台和鲁甸应急电台在受灾地区形成一定的影响，是受灾群众和志愿者及救援者获取抗震救灾信息的重要渠道，信息的及时性、有用性得到受访者们的高度认可。

从图10-9中可以发现鲁甸地震后，鲁甸应急电台确实在震后电力、通信、交通中断的情况下起到传递消息、安抚人心甚至调度资源的作用。

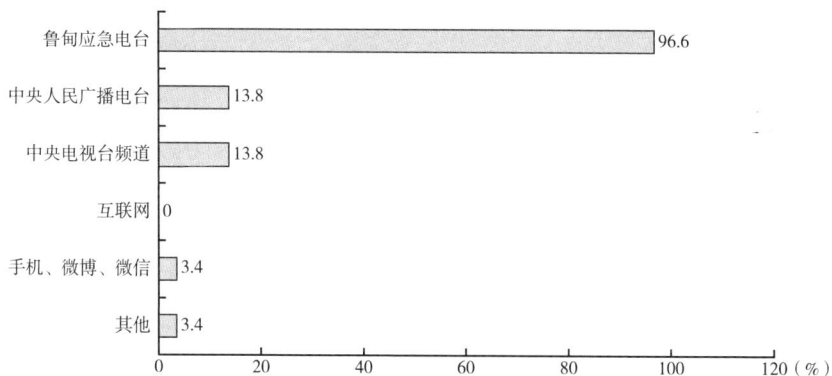

图 10-9　鲁甸地震后灾区群众了解新闻的主要渠道

芦山地震后灾区群众了解新闻的主要渠道如图 10-10 所示。

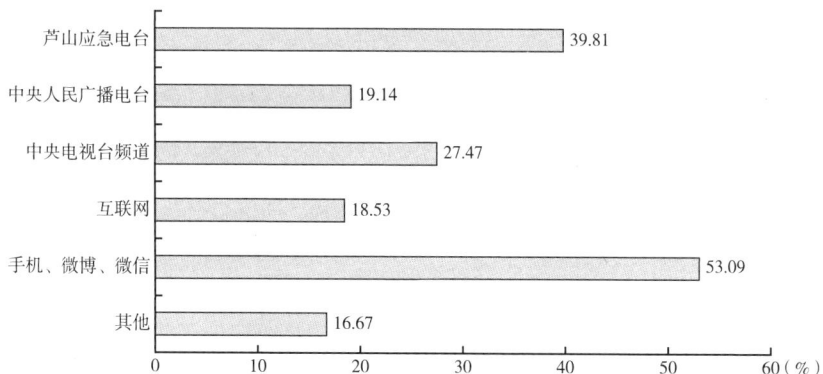

图 10-10　芦山地震后灾区群众了解新闻的主要渠道

对比图10-11可以发现，受访者认为地震后芦山应急电台"非常有帮助"的占54%，认为"有一定帮助"的占45%，认为"用处不大"的占1%，认为有帮助的占 99%。受访者认为鲁甸应急电台"非常有帮助"的占 83%，认为"有一定帮助"的占 10%，认为"用处不大"的占 7%。

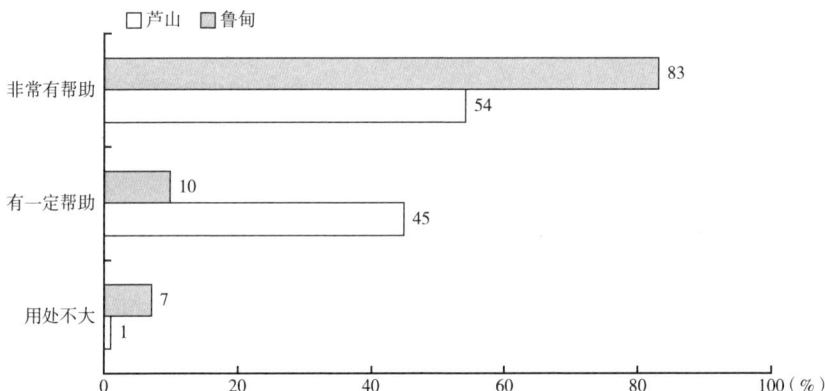

图 10-11　受众对芦山和鲁甸地震应急电台总体评价

图 10-12 呈现了鲁甸应急电台的受众满意度情况，其中，"非常满意"占 14%，"满意"占 69%，"一般"占 10%，"不满意"占 4%，"非常不满意"占 3%。总体而言，满意度达到 83%，灾区群众普遍对鲁甸应急电台抱有欢迎和肯定的态度，认为其工作开展有意义，是生活中不可或缺的组成部分。

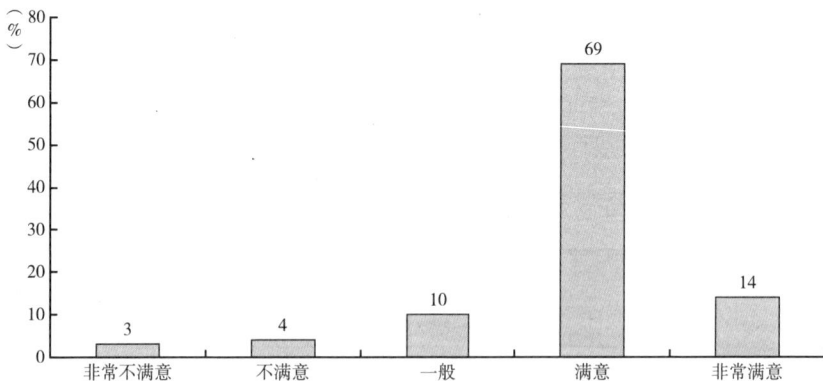

图 10-12　受众对鲁甸应急电台的满意度情况

图 10-13 展现了鲁甸应急电台令受众满意的方面。首先是"获取信息主要渠道"，其次是"播出内容满足生活需要"和"播出时间符合作息规律"，

这都有赖于运行制度的规范以及采编播人员经验的积累。

图 10-14 展现了鲁甸应急电台令受众不满意的方面，51.7% 的受众认为"没有"，这印证了鲁甸应急电台大部分工作做得较好。然而，令鲁甸受灾群众不满意最多的方面是"播出内容单一乏味"，占 13.8%，说明这是今后应急电台改进的主要方向，内容节目应实时更新，随着时间变化更多元。

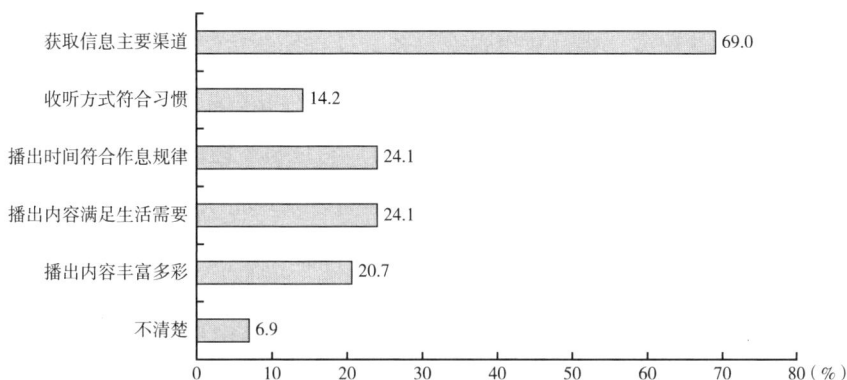

图 10-13　受众对鲁甸应急电台满意的方面

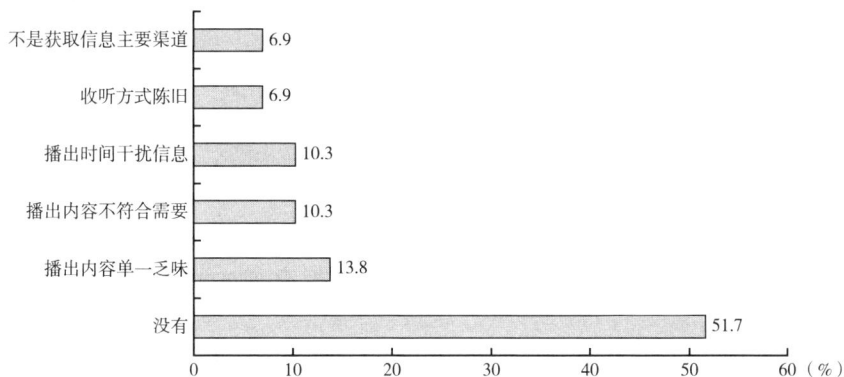

图 10-14　受众对鲁甸应急电台不满意的方面

假设验证：根据鲁甸应急电台工作人员的访谈和调查问卷可以验证假设二，即根据学习要素归纳出的制度学习、人员学习、技术学习、信息学习这四种学习类型对国家应急电台绩效提升有影响。

五 本章小结

通过对 45 位中央、云南省、四川省等地区参与过国家应急电台工作的人员的问卷调研、对 400 余位受灾群众的问卷调研以及对 28 位亲身参与过国家应急电台工作的人员的深度访谈，从"为何国家应急广播响应速度有较大提升"这一问题出发，尝试从组织学习角度进行探究与解答。首先，研究发现组织内部成员普遍认为在芦山应急电台启动后存在组织学习状况，根据组织学习过程模型和公共危机管理过程模型可以将危机后组织学习划分为准备、预警、响应和运行四个阶段，通过过程分析可以发现组织确实已经发生学习的方面，并归纳总结抽象出组织学习的四个方面：制度学习、人员学习、技术学习和信息学习。其次，访谈和问卷结果表明响应时间、内容质量和听众满意度是最能衡量国家应急电台组织绩效的三个方面。最后，把鲁甸应急电台启动和运行作为检验组织学习对绩效提升影响的场景，探讨是哪些自变量对因变量产生影响，以及找出自变量中的各个具体方面影响各个因变量的方式和路径。

参考文献

Baker, W.E., Sinkula, J.M., "The Synergistic Effect of Market Orientation and Learning Orientation on Organizational Performance," *Journal of the Academy of Marketing Science* 4 (1999): 411-427.

Bergh, D. D., Lim, N. K., " Learning How to Restructure: Absorptive Capacity and Improvisational Views of Restructuring Actions and Performance," *Strategic Management Journal* 6 (2008): 593-616.

Lai, C.S. et al., "The Effects of Market Orientation on Relationship Learning and Relationship Performance in Industrial Marketing: The Dyadic Perspectives," *Industrial Marketing Management* 2 (2009): 166-172.

Morgan, R.E., Berthon, P., "Market Orientation, Generative Learning, Innovation

Strategy and Business Performance Inter-Relationships in Bioscience Firms," *Journal of Management Studies* 8 (2008): 1329-1353.

Panayides, P. M., "The Impact of Organizational Learning on Relationship Orientation, Logistics Service Effectiveness and Performance," *Industrial Marketing Management* 1 (2007): 68-80.

Santos-Vijande, M. L. et al., "Organizational Learning and Market Orientation: Interface and Effects on Performance," *Industrial Marketing Management* 3 (2005): 187-202.

Tippins, M. J., Sohi, R.S., "IT Competency and Firm Performance: Is Organizational Learning a Missing Link?" *Strategic Management Journal* 8 (2003): 745-761.

Tsai, M. T., Huang, Y. C., "Exploratory Learning and New Product Performance: The Moderating Role of Cognitive Skills and Environmental Uncertainty," *The Journal of High Technology Management Research* 2 (2008): 83-93.

王铁男、陈涛、贾榕霞:《组织学习、战略柔性对企业绩效影响的实证研究》,《管理科学学报》2010 年第 7 期。

王雁飞、朱瑜:《组织创新、组织学习与绩效——一个调节效应模型的实证分析》《管理学报》2009 年第 9 期。

谢洪明、罗惠玲、王成等:《学习、创新与核心能力：机制和路径》,《经济研究》2007 年第 2 期。

原欣伟、覃正、伊景冰:《学习与绩效：基于学习 – 绩效环的组织学习框架》,《科技管理研究》2006 年第 3 期。

曾萍、蓝海林:《组织学习对绩效的影响：中介变量作用研究综述》,《研究与发展管理》2011 年第 1 期。

曾萍、宋铁波:《国外组织学习与绩效关系的研究述评》,《图书情报工作》2010 年第 10 期。

张立新:《组织学习能力与企业绩效关系研究——以深圳企业为例》, 硕士学位论文, 浙江大学, 2006。

第十一章 公共危机与政策变化：北京市应急管理政策的研究启示 *

应急管理政策文本是观察危机、危机引发的学习和政策变化之间关系的重要媒介。本章先以 2001~2015 年《北京市人民政府公报》中 320 项应急管理政策为样本，从政策出台时间、纵向层级结构和横向结构三个方面构建政策分析框架，通过计量分析揭示应急管理政策的阶段性、政策制定主体及其效力方面的特点，在历时层面指出政策变化的总体特征；再结合北京市重大突发事件、应急管理实践和政策文本之间的互动轨迹，借助已有研究对危机、观念和政策变化的关系讨论，提出四种灾后政策变化类型或路径，并以典型焦点事件为例讨论不同危机学习与政策变化路径的关联。

一 引言与文献回顾

应急管理政策是国内外政府构建灾害可持续治理结构的主要工具，因此较早地受到了国外研究者的关注。从全球范围来看，当前各国灾害治理政策都是经过不断的、长期的政策演化发展而来的。在国外早有文献讨论灾害管理领域的公共政策变迁及其原因（Porfir'ev，1998；Britton，2007；Haddow et al.，2008）。政策变迁的研究者将其归结为外部环境压力的作用，也有人将

---

* 北京市社科基金（16JDGLB038）阶段性成果，作者张美莲。

其视为政府内部系统学习的结果。可见，观察应急管理政策变化是开展致力于寻求应急响应更加有效的政府危机学习研究的一个重要方面。

政策过程理论告诉我们，不能将灾后政策变化的原因简单归结为学习。尽管如此，学者还是就"危机引发的政策变化和学习"问题（Crisis-Induced Policy Change and Learning）展开了研究，Hansén 通过 1975 年斯德哥尔摩大使馆被占事件讨论危机后改革缺位（Hansén，2008）；Schwartz 和 McConnell 对 2000 年加拿大沃克顿水污染事件和 2001 年耶路撒冷楼房倒塌事故进行分析，探讨了监管失灵和政策变化问题（Schwartz and McConnell，2008）。如何理解灾后学习行为，Birkland 也对此进行了界定，只要在政策决策中运用新的信息或者理念就可以被视为学习行为。灾后应急响应主体通过经验总结获得了知识上的积累，进而为实现危机学习做准备（Birkland，2009）。Birkland 对焦点事件、学习和政策变化关系展开了研究，提出了一个与事件有关的政策变化模型（Birkland，2006）。Boin 等学者将"危机引发的学习"（Crisis-Induced Learning）对现行政策的影响分为三种，即政策微调、政策改革和范式变革（Fine Tuning，Policy Reform，Paradigm Shift）（Boin et al.，2008）。Albright 和 Crow 认为成功应对极端事件源于政策学习（Policy Learning），即信念、态度、行为和目标等方面的变化，这种学习有时候会带来地方政策的调整以增强社区在面对风险时的抗逆力（Albright and Crow，2015）。

中国应急管理政策的变迁研究也引起了国内学者关注，张强等在计量分析基础上对 1949 年以来我国灾害管理政策变迁范式进行了分析（Zhang et al.，2018），但是从研究数量上看还比较有限，这也源于现代危机管理在我国发展较晚的客观事实。2003 年"非典"激发了全社会对突发事件应急管理工作重要性的认识。中共中央政治局常务委员会会议、国务院常务会议多次专题研究部署做好危机和风险有关工作，中央领导多次对重特大突发事件做出重要批示。各地各部门也贯彻落实中央部署和要求，多管齐下，做好应急管理工作。而出台并发布应急管理政策文件则是其重要内容之一。应急管理政策文件可以真实反映政府处理突发事件的行为印迹，是对应急管理政策系统和政策过程客观的、可获取的文字记录。对应急管理政策文件进行科学分析，有助于理解应急管理政策文件背后的政策信息与规律。

为了更好理解危机（突发事件）、学习与应急管理政策变化之间的关系，本章一要揭示2001~2015年北京市应急管理政策的阶段性、政策制定主体及其效力方面的特点，从纵向上指出政策变化的总体特征；二是结合北京市重大突发事件、应急管理实践和政策文本之间的互动轨迹，借助已有研究对危机、学习和政策变化的关系讨论，试图提出四种灾后政策变化类型，并以具体突发事件为例讨论不同危机学习与政策变化路径的关联。

二 研究方法和分析流程

1. 文献计量与案例研究

文献计量学是采用数学、统计学等方法研究文献和文献工作系统的数量关系与规律的学科，近年来被一些研究者运用于政策文本的计量分析中，目的是通过量化政策文献的结构属性来揭示政策主题、目标与影响、政策主体的合作模式以及政策体系的结构与演进等（李江等，2015）。

广义上由国家或地区各级权力或行政机关以文件形式颁布的法律、法规、部门规章、实施办法、通知等官方文献，通常都被称为政策文本。政策文本是政策生命周期的核心要件，对其进行结构分析与纵向对比不仅有助于指导政策文本的制定，还有利于把握政策发展趋势。学术界目前对于政策文本的研究主要采用的方法有基于数量统计的内容分析、文献计量、社会网络分析和文本挖掘等。根据前文所述的第一个研究目标，本章主要采用文献计量方法；而为了揭示危机学习和政策变化的关系，采用多案例研究方法，从政府学习的视角探索灾后学习对于政策变化的影响，揭示不同的灾后学习和政策变化路径。

2. 数据来源与样本选择

以北京市政府网站发布的《北京市人民政府公报》为数据来源，收集2001~2015年与应急管理有关的政策文本，以北京市地方法规和规范性文件为主。为了确保数据的相对完整和准确性，按照以下原则对各年度公报中的政策进行筛选：第一，政策主体内容或者部分内容与应急管理相关；第二，政策类型主要选择地方性法规、条例、规划、意见、通知、办法、指导意见、通告、函等规范性文件，批示、行业标准、技术规范等不列入分析对象。

初步梳理出有效政策样本 320 项，图 11-1 显示了 2001~2015 年北京市应急管理政策文本在四大类突发事件及其他主题上的分布数量。从图中我们可以发现：①就事件类型而言，事故灾难类突发事件有关政策文本数量最多，其次是公共卫生事件，前者主要集中于"十一五"后期和"十二五"初期，后者以 2003 年"非典"期间发布数量为最，2007 年、2008 年以及"十二五"期间也出现了两个高峰；②综合性规章的发布数量在 2003 年"非典"之后逐渐提高，且在 2006 年、2007 年以及 2010 年、2011 年形成两个峰值；③与大气有关的环境治理政策文件数量在"十二五"期间迅速增长；④ 2006 年与职能机构增加和设置有关的文件数量出现最高值。

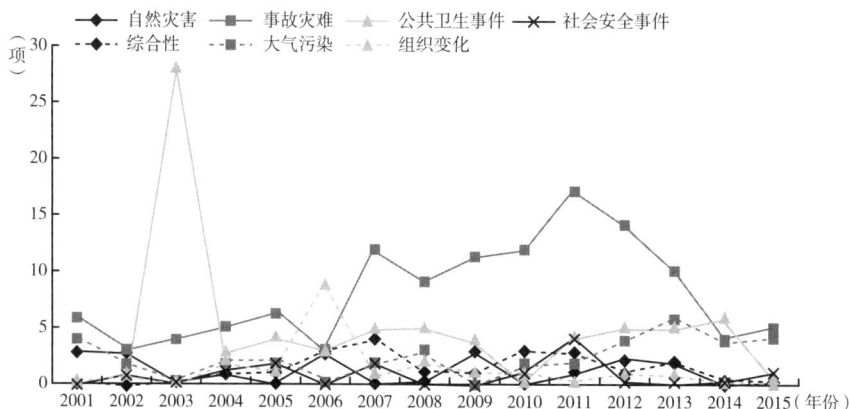

图 11-1　2001~2015 年北京市应急管理不同主题相关政策数量

207

三 政策计量分析框架及结论

本章所采用的政策分析框架主要是政策出台时间、政策横向构成和政策纵向构成，见图11-2。其中，政策出台时间可以用来分析政策数量的时间变化，发现应急管理政策演进阶段特点并检验其是否与我国应急管理发展进程特点契合；政策纵向构成和政策横向构成是指分析政策文本主体关系及政策文本形式的结构，试图从中揭示政策制定部门协同情况以及政策文本的效力情况。

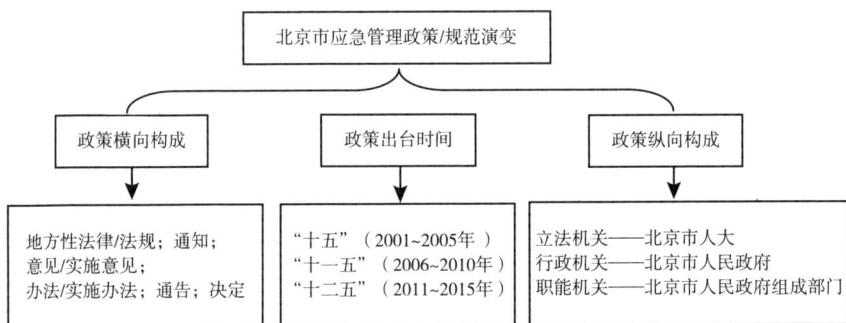

图11-2 应急管理政策计量分析框架

1.政策出台时间

图11-3显示了2001年到2015年北京市应急管理政策数量随时间的变化趋势。从整体来看，政策数量呈明显的波动上升趋势，2001~2015年经历了三次政策数量的高峰，分别是2003年、2007年和2011年，并且从"十五"到"十一五"再到"十二五"整体上数量呈增长趋势。

2.政策纵向构成

政策的纵向层级结构主要是指政策主体的差异分析和数量结构，因此要统计由北京市人大、北京市人民政府、北京市政府职能部门等不同性质和

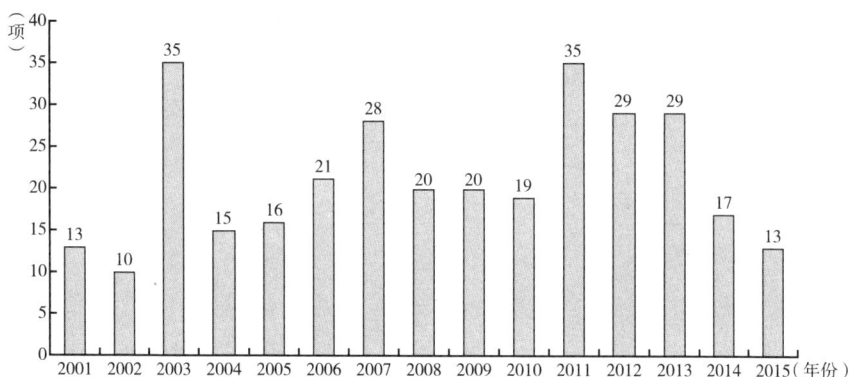

图 11-3　2001~2015 年北京市应急管理政策文本数量

层级主体出台的规范性文件的数量，按照立法机关——北京市人大、行政机
关——北京市人民政府、职能机关——北京市人民政府组成部门等来统计样
本文件。图 11-4 显示了 2001~2015 年北京市应急管理政策的纵向构成。

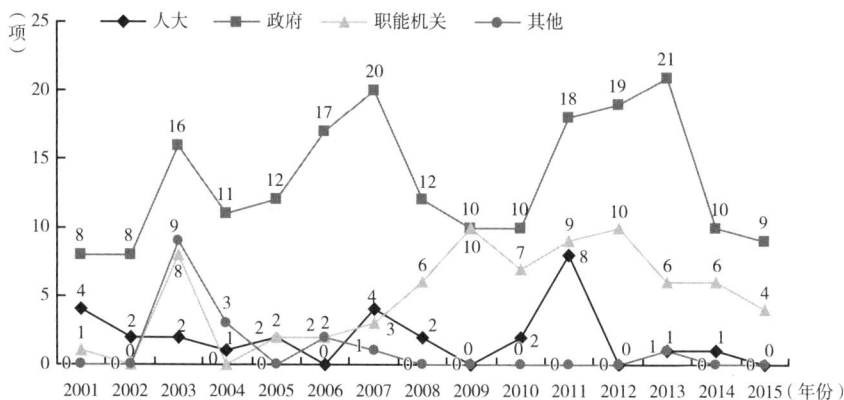

图 11-4　2001~2015 年北京市应急管理政策的纵向构成

3. 政策横向构成

政策横向构成主要是指政策文本的性质和形式，图 11-5 显示了 2001~2015

年北京市应急管理政策的几种主要形式，其中以通知为主，约占 68%；其次是意见 / 实施意见，约占 12%；通告占比不到一成。

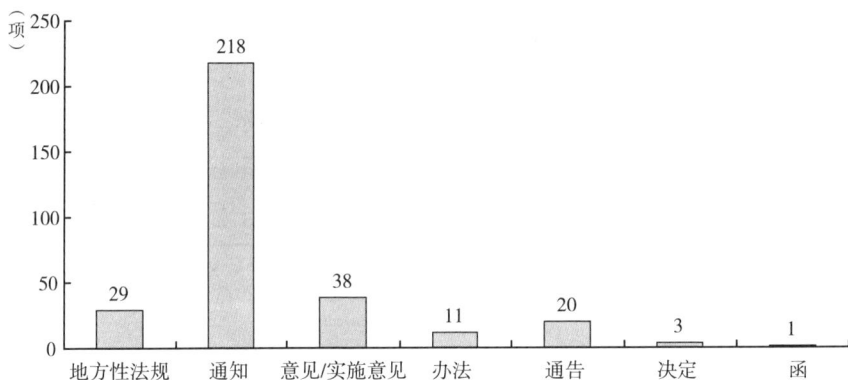

图 11-5　2001~2015 年北京市应急管理政策的横向构成

4. 特征分析

（1）北京市应急管理政策的阶段性特点

根据图 11-3，北京市 2001~2015 年应急管理政策始终处于间断式变迁过程中，总体呈增长趋势。三次应急管理政策出台的高峰期分别是在 2003 年、2007 年和 2011 年，回顾现实和政策主题，我们认为焦点事件是应急管理政策产生并出现小幅度间断式变迁的重要力量。从各年发布的政策文本内容来看，2003 年高峰的形成与"非典"疫情的暴发直接相关；2007 年是迎接北京奥运会的关键时期，为了实现"安全奥运"的目标，北京市连续出台了一系列全方位的规范性文件；2011 年政策文本内容覆盖面广，涉及各大类型突发事件，除了发布规范性文件之外，还颁布或修订了地方性法律和规范。从整体趋势而言，2007 年之后各年发布的文件数量比以往年份多，这与北京市"十一五"和"十二五"应急体系建设规划的出台有密切联系，也是新形势下党和政府更加重视应急管理工作的重要表现。这三个应急管理政策出台的高峰可以视为由焦点事件驱动产生。

图 11-1 显示了按照主题或者部门发布的政策数量，其中不仅显示了四大类突发事件的政策数量变化，还显示了综合性政策、组织机构设置以及大气污染相关的政策数量。从图中可知：首先，事故灾难类突发事件应急管理政策数量最多，其次是公共卫生事件相关政策，自 2010 年起有关大气污染控制和治理的政策数量稳步增加；其次，如果把四大类突发事件等都视为单一性政策，那么综合性政策与单一性政策数量之比达到 1 ∶ 15；最后，综合性政策在"十一五"期间增长明显，并且持续到"十二五"期间。这与应急管理政策的总量趋势一致，在这一期间，中国逐步建立了国家应急管理体系，而有关的政策出台都是应急管理体系形成的重要基础。

（2）北京市应急管理政策的制定主体协同特点

图 11-4、图 11-5、表 11-1 表明，2001 年至 2015 年期间，北京市应急管理政策最主要的发布主体是北京市政府职能部门和直属机构以及北京市人民政府办公厅；从数量上看，较高层级的政策（如地方性法规和条例等）出台数量较少；从政策文本形式来看，以通知为代表的指示性、指导性政策占近七成，而就某一方面的工作或问题提出具体做法和要求的办法占比不足5%。从发文单位及数量统计可以知道，1 个机构单独发文的政策数量占90%，其他 10% 的政策则是由 2~5 个政府职能部门或直属机构联合发布的，这一情况从侧面表明北京市应急管理政策制定的跨部门合作和协同的情况还很有限。

表 11-1　北京市应急管理政策发文主体情况

发布主体	单独发文	联合发文		
	1个机构	2个机构	3个机构	5个机构
数量	287	27	3	3

（3）北京市应急管理政策的效力评价

对北京市应急管理政策的效力评价选择政策文件的适用范围和文种类型两个方面，适用范围表明某政策或规定在横向上对各类突发事件管理的效力，而文种类型则表明某政策或规定在纵向上对突发事件管理的力度。结合政策内容，把适用范围分为综合型和单一型：当某项政策只针对一类突发事件或者某一管理环节则表明其为单一型，否则视其为综合型。梳理可知，北京市应急管理政策规定的文种类型主要是地方性法规、通知、意见／实施意见、办法、通告和决定。从狭义角度来说，通知、意见、办法和决定等均属于政府规范性文件，相对于地方性法规和条例而言文件内容在结构上更为松散，没有明确结构要求。规章和条例需要上报国务院备案，但是政府规范性文件则不需要。根据表11-2，可以知道北京市应急管理政策以单一型文件为主，主要用来部署应急管理各方面的具体工作、通知特定事项或者说明具体问题等，政策文件的效力水平并不高。

表 11-2 北京市应急管理政策的效力情况

时间	政策适用范围		政策文种类型						
	综合型	单一型	地方性法规	通知	意见/实施意见	办法	通告	决定	函
"十五"（2001~2005年）	2	87	12	58	8	2	7	1	0
"十一五"（2006~2010年）	12	96	8	80	9	0	6	1	0
"十二五"（2011~2015年）	6	117	9	80	21	9	7	1	1

四 危机事件、学习与政策变化的关联讨论

危机为政策变化打开了机会之窗，但并非所有的危机都会引起政策变化。随着城市不断发展，21世纪以来北京市各类突发事件数量不断增加，公共安全形势愈加严峻。2005~2010年北京市成功应对各级各类突发事件和突发情况1.3万余起，但是只有那些极为复杂、处置难度大的重大突发事件才引起了政府或社会更多关注（如河北山火蔓延北京市北部山区、京广桥附近路面塌陷、地铁苏州街站工地塌方、央视新址大火、甲型H1N1流感疫情、2010年初低温冰雪天气等）。而从政策数量来看，"十一五"期间出台或

发布的各项应急管理政策文本约108项。这就印证了研究者"只有那些重大危机才有可能引起灾后政策变化"的观点（Birkland，2006：19）。Birkland把这类事件称为焦点事件，这些事件"通过吸引政府和社会对灾前尚未产生的某些意识或者看法的大量关注来影响政策流，并且创造机会重新审视此前令人讨厌或者不必要的政策"，另外这些焦点事件"还会对问题流产生影响，能改变对问题如何产生以及为什么产生的认识"（Birkland，2006：159）。

政策过程理论为理解焦点事件的政治意义提供了理论框架，表明不能将政策变化简单归结为任何一种因素，也就是说焦点事件不会自动促使政策发生改变。那么究竟如何界定灾后政策学习及变化，这里我们借用Birkland的观点：事件暴露出的问题"极少是全新的"，事件激发了人们对已经存在观念的关注，焦点事件创造了有利于政策变化的条件，当焦点事件暴露出的政策失灵的直接原因在后续政策变化中得到体现时我们认为学习已经发生。Birkland还进一步指出了不同组织主体政策学习的典型证据，以政府立法和执法部门为例，其灾后政策学习的证据包括"发布新提议的规范，发布规范的性质和主旨改变或者规范的程序、解释和实施步骤等发生变化"（Brikland，2006：21）。

2001年以来北京市先后发生了各类突发事件，其中不乏重特大自然灾害和事故灾难。根据北京市（包括全国）重大突发事件或活动相关政策的出台时间，初步将2001~2016年北京市重大突发事件及政策实践的互动轨迹简要呈现（见图11-6）。根据Birkland的研究理论，我们认为在此期间，一些焦点事件的发生促进北京市政府在灾后开展经验反思和学习，而灾害管理有关的经验和教训或者知识在学习的过程中得到积累并最终反映在后续新的政策变化中。

根据焦点事件与政策轨迹之间的互动，我们发现，作为危机学习主体，北京市政府在"十五"、"十一五"和"十二五"期间若干重大突发事件发生后都制定或修订完善了相关政策。尽管现实中政策变化的诱因往往具有复杂

焦点事件	时间阶段	出台政策
"非典"疫情	2003	《北京市实施传染性非典型肺炎预防控制措施若干规定》
		《北京防治传染性非典型肺炎应急预案》
密云水库踩踏	2004	《印发北京市突发公共事件总体应急预案的通知》
	2005	《北京市大型社会活动安全管理条例》
	2007	《北京市食品安全条例》
		《北京市大型社会活动安全检查办法》
奥运	2008	《食品安全法》
三鹿奶粉		
新中国成立60周年	2009	
	2010	《加强公共安全风险管理工作的意见》
		《建立重大事项社会稳定风险评估机制的实施办法（试行）》
PM2.5讨论		
暴雨	2012	《关于进一步加强本市应急能力的意见》
		《北京市空气重污染应急预案（试行）》
	2013	
	2015	
雾霾	2016	《北京市空气重污染应急预案（2016年修订）》

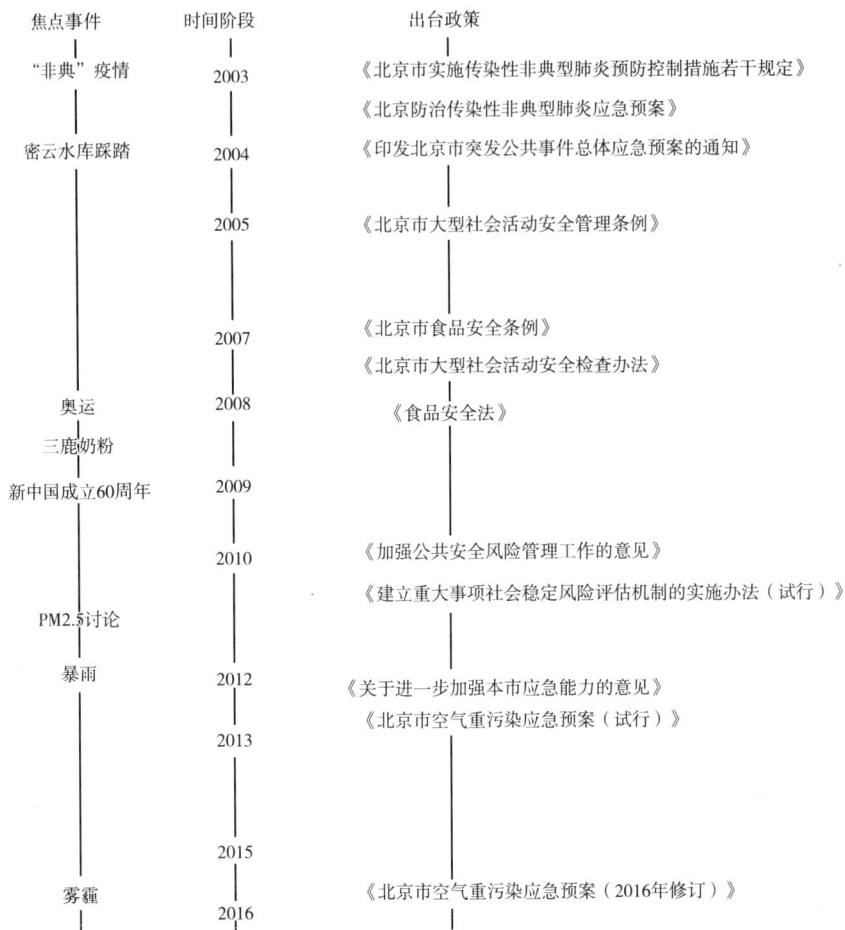

图 11-6 2001~2016 年北京市重大突发事件与政策实践的互动轨迹

性，但是通过焦点事件、政策背景和政策变化内容等交叉分析，笔者认为危机、学习以及政策变化之间存在两种潜在关联：一是焦点事件往往诱发新应急管理政策的制定和出台，二是已有应急管理政策文件的补充、修订和完善体现了灾后政府的经验学习和政策回应。焦点事件诱发在多大程度上促进了政府危机学习，而这种经验学习又在多大程度上影响了政策变化尚且未知，有待后续开展深入的实证研究。而焦点事件如何引起危机后的政策变化，这里我们通过具体案例分析来阐述四种不同的学习路径。

1. 焦点事件诱发型政策变化

以《北京市突发公共事件总体应急预案》为例。2003 年"非典"肆虐全国，北京疫情防治工作的重点时期在 2003 年 3 月至 6 月期间（2003 年 3 月北京出现首例输入性"非典"病人；2003 年 6 月 1 日卫生部宣布北京市防治非典型肺炎指挥部撤销）。在此期间，北京市委市政府高度重视，按照中央指示精神，把防控"非典"作为重要工作来抓。

面对前所未有的挑战，为了有效实施对"非典"疫情的预防和控制，截至 2003 年 5 月中旬北京市委市政府先后制定了《关于加强北京防治"非典"型肺炎工作的决定》、《关于加强社区预防、控制非典型肺炎工作的意见》、《关于加强北京传染性非典型肺炎医疗救治工作的若干意见》、《北京市非典型肺炎疫情重点区域隔离控制工作规范》、《关于应对新形势进一步加强和完善"非典"防控工作的意见》和《北京市实施传染性非典型肺炎预防控制措施若干规定》等一系列重要文件，有效指导了全市各有关单位开展防治工作。这些地方政府规范性政策的出台可以说是北京市政府在"非典"疫情这一焦点事件的冲击下的迅速应对，可谓摸着石头过河，体现了政府危机中学习（Learning in Crisis）。

2003 年 7 月"非典"疫情基本结束，北京市委市政府又出台了有关预案，这体现了政府危机后学习（Learning from Crisis），是一种主动总结经验和学习的产物。2003 年 8 月 25 日北京市政府召开了北京防治"非典"联合工作小组第十九次会议，市卫生局常务副局长向中央和北京市有关部门领导汇报了《北京防治传染性非典型肺炎应急预案》的具体内容，9 月这一应急预案正式出台。"非典"疫情直接激发国家和各地政府深刻认识到突发公共事件管理的重要性。2004 年 11 月，北京市政府印发了《北京市突发公共事件总体应急预案》，先于国务院层面完成了有关总体应急预案的制定工作。

"非典"疫情就是一个最为典型的焦点事件，它直接引起了党和政府对当时应急管理工作的思考，引起了全社会的普遍关注，而《北京市突发公共事件总体应急预案》的制定和发布就体现了"北京市政府对应急管理政策的反思和变革"。"非典"疫情直接加速了应急管理政策改革，推动政策决策者转变或者提升对政策问题的基本认识，并产生显著学习效果。

2. 焦点事件教训吸取型政策变化

以北京"7·21"特大暴雨灾害为例。自然灾害的经验教训往往不是新问题，与事故灾难后的政策变化相比较，自然灾害后的政策变化往往具有渐进性和累积性。正因为如此，若灾后新出台文件或已有政策文本的修订内容恰恰是此次灾害中暴露出的突出问题，很大程度上就反映出政府灾后主动开展经验反思和学习，对政策文本中有关条款的修改正是一种政策回应。

暴雨及其引发的次生灾害影响在过去也曾多次出现，但从未像2012年北京市"7·21"特大暴雨这样引起了全社会的高度关注。暴雨之后北京市政府及各部门在经验总结和教训吸取方面表现十分突出，不仅市委市政府领导在不同场合反复强调，有关部门也积极针对暴雨响应中存在的问题进行反思，并形成规范性文件出台。

7月27日北京市委书记郭金龙在拒马河畔灾情严重的十渡视察时表示，"必须不断反思，永远铭记'7·21'暴雨灾害教训"，不断加强和改进我们的工作。灾后北京市委市政府及有关部门多次召开会议，会上多位领导反复强调，"要深刻吸取'7·21'特大自然灾害的教训，深刻反思，改进工作，让制度执行起来，责任明确起来"，"要进一步加强全市应急能力"，"在加强城市应急管理中着力提高应急处置能力"。

回顾暴雨灾害处置过程发现，在应急指挥体制机制、预报预警、公众应急等方面暴露出一些不足和突出问题，比如应急指挥体制机制，市应急委与专项应急指挥部的关系不顺，现场指挥部设立不规范，责任分工不明确，缺乏统一指挥和沟通协调等。预报预警和信息发布体系有待加强，气象预报的精细化和准确化程度、发布时效和覆盖面等都存在不足。此外，预案针对性不足，应急队伍、物资和避难场所建设等应急准备不足。

尽管其中一些不足已经不是新问题，但是此次暴雨灾害却直接引起北京市政府的高度重视。站在构建与中国特色世界城市相适应应急管理体系的高度，着眼于有能力应对各类巨灾，反思和借鉴特大暴雨灾害应对工作中的突出问题，2012年9月北京市应急委起草《关于进一步加强汛期综合应急处置能力的改进措施》提交市委领导。文件得到北京市委市政府四位领导的高度重视，在批示中指出，"改进措施十分必要，望做好后续工作"，"牵头统筹研究应急指挥和应急处置能力措施"，"气象的预报、预警要引起足够重视"。后这份文件通过多次修改和完善于2013年2月正式发布，即《北京市人民政府关于进一步加强本市应急能力的意见》（京政发〔2013〕4号），文件中针对上述突出问题提出了针对性的、明确的改进措施。

除了4号文件之外，北京市政府各部门也针对其他问题（城市防洪排涝、受灾地区卫生防疫等）出台了相关文件。暴雨过程中，北京城市防洪排涝能力备受关注，防汛抗旱指挥部、市水务部门、城市排水集团的城市防汛排水抢险队伍奋战在积水最严重区域。暴雨过后，公众将目光投向了低洼路段毗邻的小清河，作为丰台河西地区和房山东部最重要的防洪排涝骨干河道，小清河河道的疏浚治理引起了前所未有的关注。可以说"7·21"暴雨为加快推进中小河道水利工程建设敲响了警钟，短短两个月后，北京市政府先后印发了《关于加快推进中小河道水利工程建设全面提高防洪能力的实施意见》（京政发〔2012〕30号）和《北京市水利工程建设实施方案（2012~2015年）》（京政发〔2012〕44号），要求在2015年前分四个阶段完成1460公里中小河道防洪达标治理，达到全市中小河道防洪标准，消除小水库、小塘坝、小流域安全隐患，建成相对完善的流域防洪体系。

3. 焦点事件经验总结型政策变化

以北京市应对雾霾天气为例。图11-1显示与大气污染有关的环境治理政策文件在"十二五"期间迅速增长。北京市应对雾霾过程中有关文件方案的修订也反映出政府根据实践变化不断在总结和学习经验。

早在 2007 年 7 月《北京市气象灾害预警信号与防御指南》出台，取代了此前颁布的《〈北京市突发气象灾害预警信息〉实施办法》，新指南在原灾害种类和标准基础上增加或修订了部分灾害天气的预警级别，如增加了"暴雨蓝色预警""高温黄色预警"，也特别新增了日渐危害严重的霾这一灾种。这一时期霾的预警分黄色和橙色两种级别，其中黄色预警是 12 小时内可能出现能见度小于 3000 米的霾，而橙色预警是 6 小时内可能出现能见度小于 2000 米的霾。这一阶段，霾的预警已经得到了政府职能部门的重视。

2011 年 10 月底美国大使馆公布的 PM2.5 数据被国内知名微博转发，这一数据与环保部门向社会公布的基于 PM10 的空气污染指数存在明显差异，一时间 PM2.5 引起媒体热议和社会争论。11 月中旬环保部《环境空气质量标准》开始向全社会第二次公开征求意见，其中最大调整是将 PM2.5、臭氧纳入常规空气质量评价，并收紧了 PM10、氮氧化物等标准限值。这是中国首次制定 PM2.5 的国家环境质量标准。这一事件直接导致政策联盟和社会公众在核心理念上达成共识，大气污染防治逐渐被视为公共健康和安全问题。

随着重污染天气逐渐增加，北京市在全国范围内率先制定出台了空气重污染应急预案，2012 年 10 月北京市政府印发《北京市空气重污染日应急方案（暂行）》（京政发〔2012〕34 号），方案对重污染日空气质量检测与预报、质量信息发布、空气重污染日分级、空气重污染日应急措施和有关组织保障进行了规定。方案中将空气重污染日分为三级，具体为重度污染日、严重污染日和极重污染日。

2013 年 1 月我国遭遇大范围持续雾霾天气，而北京 1 月雾霾天气的天数达到 25 天，其中出现了两次明显的空气重污染过程，1 月 10 日至 15 日，重污染过程在北京持续六天之久。针对日渐严重雾霾天气北京市采取了一系列雾霾治理措施。

2013 年 1 月 28 日，中国气象局预报与网络司针对霾预警信号标准进行了修订，首次将 PM2.5 作为发布预警的重要指标之一。2013 年 5 月 9 日《北京市气象灾害预警信号与防御指南》修订工作完成，北京市气象局在新指南中修订了霾等四种气象预警信号，同时，为了让预警信号更加通俗易懂，所有等级的预警信号都增加了预报用语；防御指南部分也更细化，针对政府机关、学生、司机、行人等不同人群给出了具体的防御措施。霾预警信号新增加红色预警，并且信号发布标准中新增了PM2.5的监测信息。

随着北京市大气污染防治工作力度不断加大，2013年10月22日北京市发布了《北京市空气重污染应急预案（试行）》（京政发〔2013〕34号），预案完善了应急管理机制，空气重污染应急纳入全市应急体系统一管理；提高了预警分级的科学性和规范性；强化了应急响应措施，重点加大最高预警级别的强制性减排和健康防护提醒措施；规范了空气重污染预警指令发布程序（国家行政学院应急管理案例研究中心，2017）。

为健全完善空气重污染应急机制，不断提高环境管理精细化水平，结合北京市近年来空气重污染应急工作实际，借鉴2014年亚太经济合作组织会议空气质量保障经验，在对《北京市空气重污染应急预案（试行）》进行修订完善的基础上，形成《北京市空气重污染应急预案》，并于2015年3月30日正式发布。《预案》将空气重污染预警划分为4个级别，由轻到重分别是蓝色预警、黄色预警、橙色预警和红色预警，新的预警标准是在环境空气质量预测结果基础上综合考虑空气污染程度和持续时间形成的。在预警发布主体和流程上，预案也做了明确规定。

2015年11月底，北京市再次遭遇重污染天气，12月7~10日北京市首次发布空气污染红色预警，12月19~22日再次发布红色预警，相隔10天北京市两次启动空气重污染红色预警，一时间也引发了社会关于"'红警'是否过于频繁""应急预案是否还需完善"等方面的讨论。可以说此轮重污染天气预警过程中，北京市空气重污染预警暴露出了预警标准不合格、发布主体和流程有待优化、发布时效不及时、预警发布和响应措施针对性不强、响应机制和保障措施有待完善等问题（国家行政学院应急管理案例研究中心，2017）。

自2015年底北京市首次发布红色预警以来，在不断总结经验的基础上，北京市空气重污染预警工作已经有了很大改善。2016 年 1 月 4 日，北京市大气污染防治工作座谈会召开，国务院副总理张高丽主持会议并发表重要讲话，要求京津冀及周边地区特别是北京地区要大力实施冬季大气污染防治强化措施，切实加强重污染天气应对。2016 年 11 月 12 日北京市印发新修订的《北京市空气重污染应急预案》，修订后的预案对预警方案做了很大改进，如在红色预警方面：一是提高了红色预警门槛；二是改进了预警分级标准，纳入了每日污染严重程度，从污染持续时间和严重程度两个维度进行预警级别标准划分；三是红、橙色预警发布时间灵活。此外，在强制性响应措施和预警响应措施方面都有更加明确完善的规定。

从最早 2007 年气象灾害预警中增加霾这一有害天气且分黄色和橙色两种预警级别到 2013 年新增红色预警，并且霾天气预警信号发布标准中新增了 PM2.5 的监测信息；从 2012 年《北京市空气重污染日应急方案（暂行）》到 2016 年新修订的《北京市空气重污染应急预案》，可以说，北京市空气重污染预警发布和响应是一个根据实际情况不断改进的过程，这一系列政策的出台和修订都体现了北京市政府在雾霾治理方面不断吸取经验教训，在这个主动学习的过程中，重视国内外先进经验及技术在本土的运用及调试，重视自身经验的累积，通过不断的自身实践来进行自我调整和修复，使具体雾霾治理或大气防治政策和措施更加符合现实。

4. 政府主导学习型政策变化

以风险管理相关政策文件为例。风险管理对于增强应急工作的预见性、针对性、科学性和主动性，提升北京市城市运行管理和应急保障意义重大。在北京市风险管理发展的过程中，北京市政府是这项政策的主要推动者，同时这一政策变化又带有一定的实验性质。从学习动机或者目标来看，风险管理的理念和做法更多的是北京市政府在平安奥运的需求下的主观尝试，从而引发了政策目标和政策工具层面的变化。

由于风险管理这一管理方式在 2008 年北京奥运会期间得到了成功运用，

而 2009 年又正值新中国成立 60 周年，因此，充分借鉴奥运经验，自 3 月起北京市应急委分"城市公共安全"和"庆祝活动安全"两个层次部署了新中国成立 60 周年庆祝活动期间的评估与控制工作。

随后为了继承和发扬两次重大活动中开展风险管理工作的有效经验，北京市政府全面启动了公共安全风险管理长效机制建设。2010 年 4 月 16 日北京市人民政府印发了《关于加强公共安全风险管理工作的意见》，就加强公共安全风险管理工作提出了相关要求。2010 年 5 月 14 日北京市应急委又印发了《北京市公共安全风险管理实施指南》，指南对风险管理工作流程、工作机制等内容进行了详细规定，能够进一步规范并指导各单位科学开展公共安全风险管理工作。2010 年 10 月 20 日北京市委书记刘淇召开市委常委会议，研究北京市建立重大事项社会稳定风险评估机制和构建社会矛盾多元调解体系工作等事项，会议讨论并通过了《建立重大事项社会稳定风险评估机制的实施办法（试行）》。风险管理经验总结形成规范性文件出台，表明政府主导型经验学习也是危机后政策变化的重要路径之一。

五　本章小结

国内有关应急管理政策变化的研究多是结合重大突发事件处置不足和问题反思展开，但是对于这种政策变化与灾后政府经验学习的关系讨论还很少。本章试图以北京市 2001 年以来应急管理政策文本的计量分析呈现应急管理政策的阶段性、政策制定主体及其效力方面的特点，在纵向层面指出政策变化的总体特征。然后结合"非典"、北京奥运会与新中国成立 60 周年庆典活动、"7·21"暴雨与空气重污染预警和治理的案例及其灾后相应政策变化的互动轨迹分析，提出四种灾后危机学习路径，即焦点事件诱发型政策变化、焦点事件教训吸取型政策变化、焦点事件经验总结型政策变化以及政府主导学习型政策变化。这四种政策变化路径可以说都是外部危机事件和内部学习共同作用形成的。其中，焦点事件教训吸取型和经验总结型政策变化可以说在现实许多案例中都能够得以体现，主要是侧重于政府主体对自身或外部成效显著的应急管理政策发展实践经验的借鉴和对失败教训的反思，将本地的问题界定与政策原型相关知识对接，并对政策原型进行本地化创造性理解，会直接影响学习者对政策原型的价值认知及其后的学习选择。

参考文献

Albright, E. A., Crow, D. A., "Learning Processes, Public and Stakeholder Engagement: Analyzing Responses to Colorado's Extreme Flood Events of 2013," *Urban Climate* 14 (2015): 79-93.

Birkland, T.A., "Disasters, Lessons Learned, and Fantasy Documents," *Journal of Contingencies and Crisis Management* 17 (2009): 146-156.

Birkland, T.A., *Lessons of Disaster: Policy Change After Catastrophic Events*, Washington D.C.: Georgetown University Press, 2006.

Boin, A., McConnell, A., Hart, P., *Governing After Crisis: The Politics of Investigation, Accountability and Learning*, Cambridge: Cambridge University Press, 2008, pp.3-17.

Britton, N. R., "National Planning and Response：National Systems," in Rodríguez, H. et al., *Handbook of Disaster Research*, New York：Springer, 2007, pp.347-367.

Dan Hansén, "The 1975 Stockholm Embassy Seizure: Crisis and the Absence of Reform," in Boin, A. et al., eds., *Governing After Crisis: The Politics of Investigation, Accountability and Learning*, Cambridge: Cambridge University Press, 2008, pp. 183-207.

Haddow, G. D. et al., *Introduction to Emergency Management*, Burlington, MA：Elsevier, 2008.

Porfir'ev, B. N., *Disaster Policy and Emergency Management in Russia*, Hauppauge, NY：Nova Science Publishers, 1998.

Schwartz, R., McConnell, A., "The Walkerton Water Tragedy and the Jerusalem Banquet Hall Collapse: Regulatory Failure and Policy Change," in Boin, A. et al., eds., *Governing After Crisis: The Politics of Investigation, Accountability and Learning*, Cambridge: Cambridge University Press, 2008, pp.208-231.

Zhang, Q., Lu, Q., Zhong, D. et al., "The Pattern of Policy Change on Disaster Management in China：A Bibliometric Analysis of Policy Documents, 1949-2016," *International Journal of Disaster Risk Science* 2 (2018): 1-19.

北京市人民政府办公厅:《北京市"十二五"时期应急体系发展规划》, 2011, http://www. bjyj.gov.cn/ flfg/bs/qt/ t10990 59.html。

国家行政学院应急管理案例研究中心:《应急管理典型案例研究报告（2017）》,社会科学文献出版社,2017,第 29~56 页。

李江、刘源浩、黄萃等:《用文献计量研究重塑政策文本数据分析——政策文献计量的起源、迁移与方法创新》,《公共管理学报》2015 年第 2 期。

第五篇

政府危机学习机制设计

第十二章 政府危机学习在中国：何以必要与何以可为*

日益增多和不断变化的风险给各国政府及民众带来前所未有的挑战。提高政府危机学习能力成为当前各国政府有效应对种种复杂局面和不确定性风险的必然选择。借鉴国内外危机管理和组织学习有关理论，本章探讨了政府危机学习作为一种重要理念在当下社会的现实意义，从现实挑战出发阐述了中国政府开展危机学习的必要性，提出了开展政府危机学习需要实现的两个理念转变，最后在政府危机学习分析框架和内在运行逻辑基础上进行了政府危机学习系统机制的顶层设计。

一 引言与问题提出

危机学习是指受到危机影响的组织从危机中吸取经验教训以改善未来危机的应对。20 世纪末，世界范围内巨灾和跨界危机频频发生，危机引发的学习问题被视为灾后政治或危机治理问题之一开始受到关注（Birkland，1997，2006；Boin et al.，2008）。随后，西方公共部门危机学习的障碍、类别层次、过程模型、改进策略、危机学习与组织绩效的关系等问题也得到了不同程度的探索（张美莲，2016）。时至今日，国际上有关政府危机学习的研究方兴未

* 北京市社科基金（16JDGLB038）阶段性成果，作者张美莲。

艾。但同时，究竟政府在危机后是否真正展开了学习以及学习效果如何，内在机理是什么，这些问题仍有待进一步回答。

进入 21 世纪以后的中国多灾多难，先后受到"非典"、禽流感、甲型 HINI 流感、埃博拉等重大疫情侵袭，又饱受南方雨雪冰冻灾害、汶川地震、芦山地震、深圳光明新区山体滑坡、四川茂县山体滑坡等巨灾困扰，近年来更是遭遇了青岛油管泄漏爆炸、昆山工厂粉尘爆炸、河南鲁山养老院特大火灾、上海踩踏、"东方之星"号游轮翻沉、天津港大爆炸、江西丰城电厂冷却塔倒塌等一连串特大事故灾难。回顾过去，中国政府在深化改革的进程中遭遇重重危机，面对新兴风险和挑战，各级各地政府不断从以往的危机应对中吸取教训，不仅经受了考验，成功应对了一次又一次的危机，更是积累了丰富又宝贵的危机管理经验。反观国内学术界有关进展则稍显落后，政府危机学习问题尚未引起足够重视，不仅表现在已有文献的数量少上，还在研究内容上，关于中国政府灾后危机学习机制或模式、政府危机学习能力评估和提高的研究也是寥寥无几。

在当前和今后一段时间里，国际社会动荡不安，国内突发事件与各类风险增多，公共安全形势复杂，人民群众对公共安全需求日益增长，这些都对政府应急管理工作提出了新的更高要求。此种背景之下，政府唯有通过不断学习方可全面提升应对复杂多变社会形势的能力。借鉴国内外危机管理和组织学习理论，本章探讨了政府危机学习作为一种重要理念在当前社会的现实意义，从历史背景和现实挑战出发阐述了中国政府开展危机学习的必要性，提出了开展政府危机学习需要实现的两个理念转变，最后在政府危机学习分析框架和内在运行逻辑基础上进行了政府危机学习系统机制的顶层设计。

二 政府危机学习：一个重要却被忽视的理念

危机学习是危机管理与组织学习理论发展结合的产物。学者在观察危机与学习之间的关系时提出危机学习的概念，认为通过危机学习，能够"为应对未来可能发生的危机建立防御体系"（Farazmand，2007），"改变不合理的政策来减少相似错误的重复出现"（Crichton et al.，2009）。因此，研究政府危机学习不仅有助于丰富和拓展组织理论研究，而且"对于公共行政研究也有着深远意义，特别是在我们理解政策变化发展过程中"（McCurdy，2011）。Birkland 借"9·11"恐怖袭击、航空事故、地震、飓风等"焦点事件"回答了灾后议程设置和政策变化的有关问题（Birkland，2006）。危机学习的价值得到了学界公认，但危机学习的结果并不总是如预期中那么有效。危机引发的学习有时候非常矛盾，当需求达到高峰时，公共领导及其组织的制度能力反而可能低到令人失望（Dekker and Hansén，2004）。现实中存在各种各样的危机学习障碍，特别是灾后政治因素的普遍存在，使危机学习具有不确定性，变化难以观察，改革也难以发生。

"当组织中任何一个组成部分获得了信息，并且该信息可以被代表组织的某部分或者其自身所利用时，就意味着组织进行了学习"（Huber，1991），根据这一观点，笔者认为政府危机学习的主体包括个人（领导者和组织成员）及政府组织等多个层面。总之，无论是在研究或实践中还是从个人或组织角度来看，当前政府危机学习尚未得到足够重视，重提政府危机学习的理念，符合贯彻落实五大发展理念中的创新、开放、共享等的内在要求，是现阶段危机复杂性特征和现实迫切性需求交织的必然选择，对领导者个人和组织两个层面而言都具有深远意义。

1. 有助于加深领导者对危机的理解，提高其灵活应对危机的能力

随着社会的不断变革和纵深发展，越来越多的危机呈现高度复杂性和不确定性。以往国内诸多重大突发事件见证了各级政府危机应对能力的显著提升，但是也从不同方面暴露了危机学习的困难，给政府决策者和应急管理者提出了重重挑战。经历"非典"、H5N1 等一系列公共卫生事件后，我国卫生防疫体系逐渐掌握了丰富的流行病防控措施，当面对突如其来的 H7N9 型禽流感、埃博拉病毒疫情时，防控工作基本做到了有条不紊、措施得当，但是

"非典"时期疯狂抢购板蓝根的盲动现象在 H7N9 暴发初期再次出现的事实也不能视而不见（赵晨等，2015）。2008 年 4 月 28 日山东胶济铁路淄博段两列客车相撞，2011 年 7 月 23 日浙江甬温铁路温州段两列动车追尾，两起交通事故都造成几十人死亡，数百人受伤。同样的处置和救援办法，同一新闻发言人，但前一起事故被视为事故灾难类应急处置的典范，后一起事故中政府响应却饱受社会舆论诟病。第六届中国应急管理五十人论坛上有专家指出，"东方之星"号邮轮翻沉事件应急处置中最大的教训是"消极等待"，而天津港危化品火灾事故应急处置中最大的教训是"盲目积极"。公共卫生事件案例表明相似经验教训或者问题曾在以往事件中出现，或者以往问题以新的形式和组合再次出现；铁路交通事故表明每一个危机自身及其所处的社会情境不尽相同，从其中某个危机研究引出的结论或者经验教训不一定都适用于其他危机事件。"东方之星"号和天津港的案例对比表明，单一案例研究所得到的结论往往不具有普遍适用性。

因此，应急决策者和管理者从危机中学习不仅面临认知局限和个人能力障碍，面临事件演化、外部环境变化等危机自身复杂性和不确定性的挑战，更面临如何从以往相似或看似不同的危机及其响应中总结规律，将其科学有效地运用于未来危机中解决新问题的实践难题。认知和行动多重障碍之下，应急决策者和管理者唯有通过持续不断的学习来增强个人对危机的理解和认识，方能提高其灵活应对危机的能力。

2. 有助于增强政府组织的灵活性，不断提高组织适应能力

自组织理论是 20 世纪 60 年代末建立并发展起来的一种系统理论，它研究了一定条件下系统如何自动地由无序走向有序的问题。自组织理论对组织开放性的要求与危机学习的理念吻合。政府组织只有在保持开放的状态下，才能不断从外部获取知识，并利用这些信息进行结构调整和制度完善。复杂适应系统理论把系统成员视为具有适应性的主体，能够与环境及其他主体进行交互，主体在连续动态的交互过程中，不断"学习"或"积累经验"，根据

所学习到的经验来改变自身结构或行为方式。无论是自组织理论还是复杂适应系统理论，在组织变化过程中，学习都是一种不可或缺的适应性机制。

在灾害科学与灾害管理研究中引入自组织理论和复杂适应系统理论进行危机情境中组织调整、组织适应和治理变革的研究早已出现（Comfort，1994；沙莲香等，2005；张立荣等，2008），而我国应急管理实践中政府组织的适应和调整与有关研究几乎同步发生。从国家层面来看，"非典"疫情之后党和国家认识到建立统一的突发事件综合协调管理机构的必要性，于是2006年国务院应急管理办公室应运而生；而2014年国家安全委员会的成立也是党和政府对国际和国内错综复杂的安全形势进行全面评估后，为了更好维护国家安全而提出的战略性举措。在微观层面，受2008年汶川地震影响，灾后雅安市抗震救灾指挥部下设工作组从之前的5个调整到14个，还进行了扁平化改革；2013年芦山地震之后又新增"社会组织服务组"；2013年青岛油管泄漏爆炸事故后，青岛市应急办增设一个科室，区县基层应急办工作人员得到充实。总之，这些国家或基层、常设或临时性政府应急管理机构的变化都是在不同社会背景和灾害条件下完成的，政府组织在与内外环境及其变化进行交互时灵活适应形势变化和灾情需要，主动学习国际国内经验，从而进行组织调整和适应。

詹承豫认为焦点事件和政治精英的作用推动了国家应急管理体系的演化和变革（詹承豫，2014）。这一归因一定程度上把这种演变理解成被动行为，但微观层面学习在其中的"消化剂"作用不可忽视，一定程度上可以认为我国应急管理体系及运行机制的建立和完善是政府从历次危机中学习的结果。因此只有保持主动学习，不断从失败中吸取教训，政府组织才能克服其官僚和科层特性带来的弊端，实现组织灵活和组织适应。

三　政府危机学习：社会背景及现实需求

"十三五"时期是我国转变社会经济发展方式取得实质性进展的关键时

期。专家认为"十三五"时期我国的公共安全形势将更加严峻。伴随着经济发展转型、行政体制改革、社会结构多元分化、个体社交网络的信息化依赖等环境因素的变化（薛澜、刘冰，2013），一些社会风险因素逐渐表现出高复合、易扩散、难应对、广关联的特征；同时，收入差距拉大、阶层分化、个体价值取向多元化、海外极端思想的渗透等影响社会安全的风险因素逐渐凸显。因此，在新的形势下，如何立足过去的危机和风险，着眼于未来的社会安全及风险防范无疑成为我国经济和社会转型中的一个重要议题。要不断完善当前应急管理制度，真正实现综合应急管理体系向现代宏观国家安全体系的转化，很大程度上依赖于政府从过去吸取经验教训并不断进行体制和机制创新的能力。笔者认为，严峻的社会公共安全形势、重复性管理失灵造成的巨大损失以及不容乐观的危机学习现实凸显了政府危机学习的迫切性，与此同时，倡导开展政府危机学习需要从根本上实现两个转变，即从应急到预防的理念转变和从问责到学习的理念转变，这也是风险社会及风险治理的必然之路。

1. 社会背景与现实挑战凸显危机学习的迫切性

（1）严峻的公共安全形势和社会风险带来的客观挑战

这种挑战至少来自三个方面。首先，新兴风险和未知风险的不断涌现暴露出人们对不断变化的风险类型存在严重认知不足，客观上要求政府和全社会不断学习。在过去十余年中，世界经济论坛《全球风险报告》始终专注于全球风险的演变以及风险之间的深度内在关联。对比其 2016 年和 2017 年全球风险评估结果发现，无论是从发生概率角度还是从影响力角度，短期内十大风险上榜及排名都发生了变化；从风险所属类别（经济、环境、地缘政治、社会和技术风险）来看，十大风险上榜的各类别具体风险也发生了变化（见表 12-1）。其次，不同风险关联也在发生深刻变化。全球范围内风险演变都呈现复合、耦合特征，风险界限逐渐模糊，经济、环境、政治、社会和技术风险相互交织，给风险认知和管理带来巨大困难。各种风险的叠加放大使全社会对政府治理期待不断提高。

表 12-1　2016 年、2017 年全球风险评估对比

排序	2016年		2017年	
	发生概率角度十大风险	影响力角度十大风险	发生概率角度十大风险	影响力角度十大风险
1	大规模非自愿移民	气候变化缓和与调整措施失败	极端气候事件	大规模杀伤性武器
2	极端气候事件	大规模杀伤性武器	大规模非自愿移民	极端气候事件
3	气候变化缓和与调整措施失败	水资源危机	自然灾害	水资源危机
4	国家间冲突	大规模非自愿移民	恐怖袭击	自然灾害
5	重大自然灾害	严重的能源价格波动	数据欺诈或窃取	气候变化缓和与调整措施失败
6	国家治理失败	生物多样性损失和生态系统崩溃	网络攻击	大规模非自愿移民
7	失业或不充分就业	财政危机	非法贸易	粮食危机
8	数据欺诈或窃取	传染性疾病的蔓延	人为环境灾害	恐怖袭击
9	水资源危机	资产泡沫	国家间冲突	国家间冲突
10	非法贸易	严重的社会动荡	国家监管失败	失业或不充分就业

资料来源：2016年世界经济论坛《全球风险报告》，http://reports.weforum.org/global-risks-2016/；2017年世界经济论坛《全球风险报告》，https://www.weforum.org/reports/the-global-risks-report-2017。

（2）重复性响应失灵导致的人员伤亡和经济损失加剧

各类风险演化发展易酿成巨灾和重大事故，而灾时相似响应失灵和错误的管理决策行为反复发生，造成了重大人员伤亡和财产损失。在最新一项针对 2008~2016 年公布的 34 起重特大事故报告分析中，马奔等指出，34 起事故中有 32 起存在政府监管不力（马奔、程海漫，2017）。笔者撰文之际，四川茂县发生了山体滑坡造成 120 余人被掩埋，若以山体滑坡为例，仅 2013~2017 年均全国各地多处发生特大山体滑坡灾害，造成大量人员伤亡情况（见表 12-2）。从单一年份来看，2015 年全国各地发生的多起重特大突发事件中遇难人数触目惊心（见表 12-3），而经济损失方面，仅天津港危化品爆炸事故造成的经济损失就超过 68 亿元。

表 12-2 2013~2017 年全国重大山体滑坡灾害遇难人数

时间	事件	遇难人数
2013年1月11日	云南省镇雄县赵家沟特大山体滑坡灾害	46人
2013年7月10日	四川都江堰市中兴镇三溪村特大山体滑坡	18人
2014年8月27日	贵州福泉市山体滑坡	14人
2014年10月10日	陕西省延安市黄延高速工地山体滑坡	19人
2015年8月12日	陕西山阳县山体滑坡	64人
2015年11月13日	浙江丽水山体滑坡	26人
2015年12月20日	深圳光明新区山体滑坡	73人
2016年5月8日	福建三明市泰宁县山体滑坡	35人
2016年6月15日	贵州锦屏县泥石流与山体滑坡	5人
2017年6月24日	四川茂县山体滑坡	120余人

资料来源：笔者整理。

表 12-3 2015 年重特大突发事件遇难人数及直接经济损失

时间	事件	遇难人数	直接经济损失
2014年12月31日	上海外滩踩踏事件	36人	—
2015年5月15日	陕西咸阳特大道路交通事故	35人	2300余万元
2015年5月25日	河南鲁山县养老院特大火灾	39人	2064.5余万元
2015年6月1日	"东方之星"号游轮翻沉事件	442人	—
2015年8月12日	天津港危化品爆炸事件	165人	68.66亿元
2015年12月20日	深圳光明新区山体滑坡	73人	8.81亿元

资料来源：笔者整理。

（3）不容乐观的政府危机学习现实带来严峻问题

实践中不仅相似事故灾难反复发生，应急响应过程中相似失灵也重复出现，这侧面反映出各地政府危机学习现状不容乐观。课题组前期调研发现也印证了这一点：目前国内各地政府在灾时紧急状态下难以开展危机中学习；政府官员及应急管理工作者认为其自身在经历重特大突发事件后危机意识和突发事件处置能力得到提高，但是对于跨组织和跨部门的危机学习是否真正发生却持怀疑态度；尽管应急管理者积累了工作经验并提高了风险认知，但是危机学习的结果更多还是停留在经验总结、教训吸取或者知识获得层面，这些习得的经验和知识如何被有效利用或者在改进未来类似危机的应对中发挥作用还尚且存疑。

针对不同地区政府危机学习的横向比较还发现，组织危机学习面临种种"同构"（Isomorphism）学习困境。"同构"一词最早是托夫特和雷诺兹为了回答"组织学习通过事故的同构特征在多大程度上能够发生"这一问题而提出的。他们认为系统或者组织至少存在四种同构现象，即事件同构、跨组织同构、共同模式同构以及自身同构（Toft and Reynolds，2005）。尽管托夫特和雷诺兹主张组织同构现象能够极大地促进学习过程，但现实中同构学习几乎是不可能完成的任务。2008年2月美国帝国糖业粉尘爆炸的教训没有避免2014年8月中国江苏昆山中荣工厂金属爆炸，也没有避免2015年6月台湾八仙乐园彩色派对的惨剧。三起事故虽然发生在不同国家和地区，爆炸场所也不同，但皆由粉尘爆炸引起，三起案例同时反映了"跨组织同构"和"共同模式同构"学习困境。2010年到2014年大连被外界哀叹"四年八爆"的油气安全事故中有七起事故与中石油有关，实力强大的中石油频频发生事故的原因之一是油气行业安全生产主管单位之间存在"互踢皮球"的现象所导致的外部监管缺位，同时中石油内部HSE（健康、安全、环境）监管与公司组织结构、行政体系和文化存在矛盾，从而影响了HSE的结果（李毅，2014）。这些案例从不同角度揭示了现实中组织同构学习的诸多困境，也从侧面反映出实践中危机学习不尽如人意。

此外，囿于政府部门间信息不共享，受制于部门间职能差异和目标冲突、危机发生的行业差异和地理位置远近等，实践中地方政府组织间危机学习广泛存在"限制性学习"、"迷信学习"、"碎片化学习"、"表面学习"和"投机学习"等低效模式或现象（Brower et al.，2009）。

2. 开展政府危机学习需要实现两个基本理念的转变

（1）从应急到预防的理念转变

风险管理早已在过去十多年逐渐进入我国公共领域并成为重要议题。2005年党的十六届五中全会提出要"坚持预防与应急并重"。2006年十六届六中全会提出要"完善应急管理体制机制……提高危机管理和抗风险能力"；2006年7月《国务院关于全面加强应急管理工作的意见》提出要"开展对各类突发公共事件风险隐患的普查和监控"。2007年颁布的《突发事件应对法》中明确规定要"建立重大突发事件风险评估体系"。2012年国务院印发《国家突发事件应急体系建设"十二五"规划》，明确提出将风险管理贯穿于应急管理全过程中。2013年党的十八届三中全会指出，要创新有效预防和化解社会矛盾的体制，健全公共安全体系。2016年党的十八大强调，要加快形成源头治理、动态管理、应急处置相结合的社会管理机制，从源头上预防和减少社会问题的产生。

这一系列会议精神及政策文件都反复强调了预防及风险管理的重要性、基础性和前瞻性意义。但是专家仍指出，我国的应急管理工作在取得重大进展的同时，还存在一些"短板"，与全面落实居安思危、以预防为主的应急管理方针相比，还存在很大差距。一些地方和部门风险防范意识不强，"重处置、轻预防"和"重治标、轻治本"倾向还是不同程度存在（洪毅，2013）。回顾当前的应急管理工作，尽管看到其主要范畴在扩大，很大程度上已较为全面地覆盖了"预防"环节，但是其管理对象仍然是"突发事件"，而非潜在"风险"。危机学习的根本目的是通过经验学习来预防突发事件的再次发生，也就是降低风险演化为突发事件的概率，因此要推动应急管理从"被动应对型"向"主动保障型"转变，需要政府组织及其工作人员彻底转变观念，从更加基础、更加根本的层面不断加强"风险管理"，在预防环节下功夫，使"预防为主，关口前移"不再只是口号。

（2）从问责到学习的理念转变

2016 年李克强总理在政府工作报告中特别指出："我国发展中还存在不少困难和问题……特别令人痛心的是，去年发生了'东方之星'号客轮翻沉事件和天津港特别重大火灾爆炸等事故，人员伤亡和财产损失惨重，教训极其深刻，必须认真吸取。"经验教训要如何吸取？事故调查和评估是国内外通行做法之一。

2006 年颁布的《国家突发公共事件总体应急预案》在第三部分"运行机制"第三款"恢复与重建"中规定："要对特别重大突发公共事件的起因、性质、影响、责任、经验教训和恢复重建等问题进行调查评估。"它指出了调查对象至少包括事件本身及事件应急处置过程两个方面，对事件本身的调查是进行事故性质认定和追责的前提，对事件处置过程的调查是为了总结经验、吸取教训、修订预案以及完善体制机制等等。2007 年 6 月开始实施的《生产安全事故报告和调查处理条例》（国务院第 493 号令）是首个对突发事件调查等予以规定的专门性行政法规，但它仅限于事故灾难这一类突发事件。2007 年 8 月通过的《突发事件应对法》第 62 条规定："履行统一领导职责的人民政府应当及时查明突发事件的发生经过和原因，总结突发事件应急处置工作的经验教训，制定改进措施，并向上一级人民政府提出报告。"上述预案、条例和法规虽然确定了调查评估在目前突发事件应急管理工作中的合法性，但是其突出问题在于缺乏具体调查学习机制的相关规范，导致实践中开展的调查评估多是经验总结，反思不到位，形式主义严重，歌功颂德多，痛定思痛少，其后改进也是雷声大雨点小。

另一方面，研究中关于事故调查的文献相对丰富（张欢等，2008；钟开斌，2014，2015；薛澜等，2012），这些研究传递出一个共同观点：我国现有事故调查机制问责导向过重，反而忽视诸如查明事故真相或从事故中学习等导向或正向激励。所谓问责是指政治精英在危机中或者危机后的一种试图推卸、降低和分摊责任的行为。Boin 等认为问责政治会侵蚀学习能力的基础（Boin et al.，2005）。但是在中国，事故调查和责任追究成了孪生兄弟，责任追究甚至成为事故调查的根本目的（薛澜，2012）。以问责为导向的调查机制往往重责任轻事实、重结果轻过程、重司法调查轻技术调查，最终将"导致技术分析过程异化为责任分摊的复杂政治博弈"（钟开斌，2013）。某种意义上危机发生是不可避免的，发生危机并不可怕，可怕的是连续发生却不知深刻反思，更可怕的是重复调查却不思学习改进。因此要把事故调查变教训为财富，不能只查原因和分摊责任，更要关注处置过程失灵以及如何矫正纠偏，还需要"以查促改"和"以改促进"。要最大限度发挥事故调查作为一种经验学习机制的积极作用，事故调查的目标导向需要实现从问责到学习的逆转，真正将危机视为学习和变革的机会之窗。具体来说，不仅要进一步扩大各类突发事件调查制度的覆盖面，明确调查的目标和导向，确保调查主体的独立性，完善调查过程、方法和机制，更要建立危机学习机制，并对危机调查、结果公布、学习和改进全程进行监督。

四　政府危机学习：分析框架、运行逻辑与机制设计

政府危机学习的运行逻辑这一问题尚未引起国内学者的充分关注。陶鹏在分析灾后政治与突发事件后政府组织学习的关系时认为，政治因素或自上至下或自下至上联合推动了政府组织学习。但同时也指出，政治压力作为诱发因素具有不稳定性和被动性，需要增强应急管理制度自身的主动学习、长效学习的机制建设（陶鹏，2016）。因此，灾后政府组织通过对组织核心价值观、组织规范以及实践行动的不断反思，将其经验外化和制度化于现有应急管理体制和机制中，成为提高政府组织灵活性和适应性，进而改善其危机应对的重要前提。政府危机学习不能仅仅依靠政治压力或者多次反复"血的代价"引起媒体关注和领导重视才开始，而要成为一项常态化、固定化和规范性的应急管理工作机制。

1. 政府危机学习的分析框架及运行逻辑

政府危机学习的运行逻辑需要建立在明确的分析框架基础之上。为此，

简要回顾国外有关组织学习含义的界定，发现至少存在三种看法。第一种是把学习视为认知过程，认为学习就是通过筛选、解释和信息处理等活动增长见识或者组织知识发生变化，比如艾略特提出组织从危机中学习的过程包括知识获取、知识转移和知识同化（Elliott，2009）。第二种是"查错－纠偏"，即发现错误并通过重新构建"组织的使用理论"而加以改正的过程。野中郁次郎认为组织学习是一种"知识创造"的过程，其不仅要注重创造问题和界定问题，而且要发展和运用新的知识来解决问题。第三种观点则把认知和行为结合起来，如 Fiol 和 Lyles 把学习定义为"通过更多的知识和理解力来改善行为的过程"（Fiol and Lyles，1985）。不难发现在这些定义中均存在"知识"这个核心要素，因此本章采用多数人所持有的主流观点，从知识要素出发逐一分析政府危机学习具体过程、学习过程中知识创造和转化、组织学习不同层次范畴（个人学习、组织学习和跨组织学习）的促进，在三重分析基础上，结合危机管理和组织学习理论揭示政府危机学习的内在运行逻辑（见图 12-1），并以此作为政府危机学习系统机制顶层设计的基础。

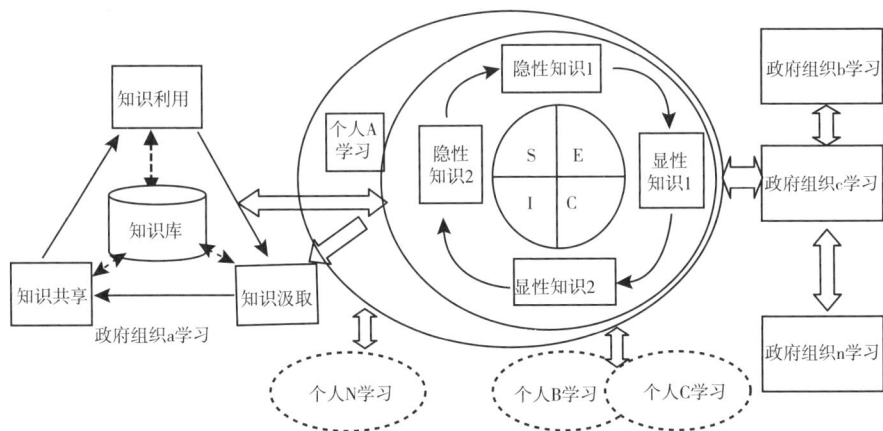

图 12-1　政府危机学习的内在运行逻辑

第一，借鉴知识管理有关研究，本章将危机学习过程定义为知识吸取、知识利用、知识共享和知识存储（知识库）等连续环节（图 12-1 中左侧模块），图中虚线箭头代表的是信息流，这一过程模型说明危机学习应当是一个完整闭环，通过信息的流动来实现知识库中信息积累，只有真正完成组织学习的螺旋上升，才有可能实现阿吉里斯和舍恩所说的双环学习。通常单环学习能解决一些简单的、常规的程序化问题，而双环学习能有效应对复杂性问题，因此双环学习的实现能带来组织变革和发展。结合前面学习过程的界定，若政府危机学习仅满足于经验教训的总结（即知识产生和吸取），或者停留在事件资料的收集和分析环节，只能是单环学习，无法纠正政府组织在危机管理制度、政策和目标等方面的错误。当前不断涌现的新兴风险和越发复杂的固有风险往往意味着新问题出现，亟待用一些非程序化的办法来化解。因此，为了促进政府双环学习，要鼓励其运用从以往危机中总结的经验来创造性地解决新问题。

第二，政府危机学习的内容和结果都是知识，它在"知识库"中的主要存在形式是隐性知识和显性知识。隐性知识通常是一些经验和认知等，存在于个体中，难以表达和传播，依赖于个人不同的体验、直觉和洞察力；显性知识是数据、标准、说明或者手册等记录，能够在个人之间系统传播，是更加明确的、规范的知识，二者可以相互转化。日本学者野中郁次郎认为组织学习就是组织中隐性知识获取、创造和传播的过程，并提出了 SECI 模型（Nonaka and Takeuchi，1995）。这一模型表明：组织学习从个人间共享隐性知识开始，隐性知识在组织内共享后经过整理被转化为显性知识，这个过程叫作外化（Externalization）；团体成员共同将各种显性知识系统地整理为新的知识，这一过程是联结化（Combination）；组织内各成员通过学习组织的新知识和新概念，并将其转化为自身的隐性知识，完成了知识在组织内的扩散，这一过程是内化（Internalization）；最后拥有了不同隐性知识的组织成员互相影响，实现了社会化（Socialization）。SECI 模型的四个转化过程既可以反映政府组织危机学习过程中的知识转化，也可以看成是个人学习时隐性知识显性化的过程，因此本章将 SECI 模型的四个转化过程视为个人学习或者政府组织学习中的知识吸取环节。

由于显性知识有助于加速学习，因此，需要探讨危机管理过程中个人隐性知识显性化的机制或路径。要在政府组织内部建立激励机制，打消组织成员对转化知识给个人带来不利影响的顾虑，鼓励应急管理相关人员知识转化和共享，勇于学习和创新；同时也要在一定范围内宽容失败，保护干部成员创新的热情。

第三，政府危机学习的基本单元是个人（如危机管理者、组织成员），个人从危机中学习并不意味着组织学习自然而然就会发生。组织本身并不会学习，但是个体行为作为组织的代表产生了组织学习的行为。因此政府危机学习从层次上至少可以划分为个人学习、组织学习和组织间学习。危机经验教训的反思学习只有超越个人层面并在更大范围内开展，组织才有可能获得对现有信念、政策、制度安排进行有目的的检查、评估和修正的机会。因此，为了鼓励组织成员积极参与危机学习和反思，除了要建立多渠道的知识获取体系，还要考虑建立何种机制使个体间学习相互促进并实现政府组织及组织间的危机学习。

2. 政府危机学习机制的系统设计

从制度的约束性来看，制度可以分为强制性规范和软性约束。在上述政府危机学习分析框架和运行逻辑基础上，研究将从制度约束性和学习过程两个维度提出政府危机学习机制的系统设计，来回答现阶段要促进政府危机学习何以可为的问题，见表12-4。

一方面，根据现有制度规范中危机学习机制缺失，结合国内各地政府危机学习现状所呈现的差异性，笔者认为迫切需要建立规范化的危机学习长效机制，也就是说要把危机学习作为一种制度或机制予以规范。建立规范化的危机学习制度不仅有助于抑制灾后学习时机会主义行为的发生，使危机学习有了合法性，还能营造鼓励学习的组织信任。因此，可以在现有应急管理体制和机制基础上建立一套危机学习的规范机制，同时辅助建立相应的激励机制、动力机制和过程监督机制来保证危机学习的落实、推动、纠错和评价等。

表 12-4　基于过程分析框架的政府危机学习机制系统设计

过程	潜在障碍	强制性规范	软性约束
知识吸取/产生	能力陷阱；归因偏差；组织机制缺陷	构建多渠道知识获取体系；完善事故调查过程及方法；开展灾后行动回顾和正式评估	鼓励个人学习和思考；正式和非正式的反思相结合；重视外部专家的作用
知识运用/利用	缺乏激励；旧制度路径依赖	建立组合（物质/精神）激励机制；健全知识运用评价机制	营造创新的组织文化；鼓励试错，宽容失败
知识传播/共享	信息壁垒；传播阻碍	建立危机经验信息公开机制；建立个人知识转化报酬激励机制	鼓励在线学习行为；制定行为规范或学习最低标准；重视非正式传播渠道，并加以引导
知识存储/记忆	组织记忆丧失；知识转化困难	建立危机经验在线学习系统；建立正式经验分享会议制度	建立网站、公文、移动平台等多种存储介质

在危机学习机制系统设计时，需要理顺与现有法律制度和预案中有关的事件调查、风险评估以及问责等制度规定之间的关系，避免机制重复建立的同时建立和完善尚未健全的相关制度。

此外，学习和创新是政府日常工作之外的额外任务，需要主动性。调研中发现少数地区政府发挥主动性，建立了"应急管理学会"等组织，面向各类单位和市民开展培训，提供教育和学习机会。因此除了规范性机制之外，如何激发实践部门发挥更多的主观能动性，软性约束机制也十分必要。比如上述学会组织，可以尝试通过声誉管理来强化其已经建立起来的协作关系和学习网络。在政府组织中还可以通过建立良好的心理契约来提高政府应急管理工作者的组织归属感和工作自豪感，强调一种利益、责任和学习共同体的形成与发展。

另一方面，研究者认为危机学习每一个过程都是连续的，各个过程的学习效果取决于输入、方法、资源及产出等多个方面（Drupsteen et al., 2013），因此要确保危机学习最终结果的实现，需要针对危机学习具体过程及其潜在的障碍进行各环节的制度设计和保障分析。

知识吸取。政府组织需要明确危机经验和教训的来源和渠道，针对不同渠道建立不同的学习策略，因此一是要建立立体的、多渠道的知识获取体系（如个人学习、职能部门学习、跨职能部门学习、本地政府机构学习、其他政府机构学习、国外政府机构学习等）；二是要扩大当前突发事件调查覆盖面，完善事故调查过程和方法；三是政府组织内部要经常开展信息交流，正式和非正式的反思活动相结合。另外在汲取知识的过程中，要充分重视外部专家的作用。

知识运用。知识运用是一个创新过程，有失败的可能。因此需要完善双向驱动，不仅要建立物质和精神相结合的激励机制，根据运用知识的贡献使领导者或成员获得实实在在的奖励，而且要在组织中营造鼓励创新的氛围，建立宽容失败机制，以此来保护领导者或成员的创造热情。此外，还要建立知识运用评价机制。对知识的价值、知识运用的效果、知识运用的程度等等进行科学评价有助于保障学习和创新活动的开展和引导。

知识共享。知识共享分为个人层面和组织层面的共享，从个人层面而言需要建立鼓励个人隐性知识显性化机制，可以在组织内部建立正式的经验分享会议制度，并通过报酬激励或利益补偿来提高创新者的共享意愿，也可鼓励组织成员加强相互学习。在组织层面，无论是在政府组织之间还是在政府组织不同部门内部，知识共享规则、信息公开制度和知识权益保护都是影响组织知识共享效率的重要因素。因此，需要建立和完善危机信息公开机制，要培育组织信任和共享文化，通过召开经验交流会助推组织间知识共享和信息交流，最后还要加快相关制度建设，明确各方责任和共享任务。

知识存储。借鉴国外经验和做法，建立危机经验在线学习系统，这种系统不仅可以促进知识共享和传播，同时也是一种重要的存储库，确保了组织记忆的保持。除了建设网站之外，公文、移动平台等也是必要的方式。

最后一点，也是各个环节共同需要的监督机制，对知识吸取的过程监督（如对事故调查过程的监督）、知识运用的目标监督、知识共享的协作关系监督、知识存储的持续监督等等都是促进危机学习机制不断完善的重要方面。因此，政府危机学习机制的系统设计要将危机学习全过程监督机制纳入其中。

五　本章小结

日益增多和不断变化的风险给各国政府及民众带来前所未有的挑战。提高政府危机学习能力成为当前各国政府有效应对种种复杂局面和不确定性的必然选择。借鉴国内外危机管理和组织学习理论，本章阐述了政府危机学习作为一种重要理念在当前社会的现实意义，从社会背景和现实挑战出发论述了中国政府开展危机学习的必要性，提出了开展政府危机学习需要实现的两个理念转变，即从应急到预防的理念转变，从事故调查重问责到重学习的理念转变。通过对现有应急管理政策文件与规范中事故调查和风险评估等经验学习有关机制的梳理发现，政府危机学习的工作机制缺失，因此迫切需要把危机学习作为一种制度或机制予以规范。为此笔者从制度强制性和软性约束角度出发，系统设计了一套危机学习规范机制，同时提出建立相应的激励机制和过程监督机制来保证危机学习的落实和效果。

参考文献

Birkland, T.A., *After Disaster：Agenda Setting, Public Policy, and Focusing Events*, Washington D.C.：Georgetown University Press, 1997.

Birkland, T.A., *Lessons of Disaster：Policy Change After Catastrophic Events*, Washington D.C.：Georgetown University Press, 2006.

Boin, A., Hart P., Stern E., Sundelius, B., *The Politics of Crisis Management: Public Leadership under Pressure*, Cambridge: Cambridge University Press, 2005, p.119.

Boin, A., McConnell, A., Hart, P., *Governing after Crisis: The Politics of Investigation, Accountability and Learning*, Cambridge：Cambridge University Press, 2008.

Brower, R.S. et al., "Forms of Inter-Organizational Learning in Emergency Management Networks," *Journal of Homeland Security & Emergency Management* 1 (2009).

Comfort, L., "Self-Organization in Complex Systems," *Journal of Public Administration Research and Theory* 3 (1994): 393-410.

Crichton, M. T., Cameron, C. G., Kelly, T., "Enhancing Organizational Resilience Through Emergency Planing: Learning from Cross- Sectoral Lessons ," *Journal of Contingencies and Crisis Management* 1 (2009): 24-37.

Dekker, S., Hansén, D., "Learning under Pressure：The Effects of Politicization on Organizational Learning in Public Bureaucracies ," *Journal of Public Administration Research & Theory* 2 (2004): 211-230.

Dekker, S., Hansén, D., "Learning under Pressure: The Effects of Politicization on Organizational Learning in Public Bureaucracies," *Journal of Public Administration Research & Theory* 2 (2004): 211-230.

Drupsteen, L., Groeneweg, J., Zwetsloot, G.I., "Critical Steps in Learning from Incidents：Using Learning Potential in the Process from Reporting an Incident to Accident Prevention," *International Journal of Occupational Safety and Ergonomics* 1 (2013): 63-77.

Elliott, D., "The Failure of Organizational Learning from Crisis a Matter of Life and Death?" *Journal of Contingencies & Crisis Management* 3 (2009): 157-168.

Farazmand, A., "Learning from the Katrina Crisis：A Global and International Perspective with Implications for Future Crisis Management," *Public Administration Review* 1 (2007): 149-159.

Fiol, C.M., Lyles, M.A., "Organizational Learning," *Academy of Management Review* 4 (1985): 803-813.

Huber, G., "Organizational Learning：The Contributing Processes and the Literatures," *Organization Science* 1 (1991): 88-115.

McCurdy, H.E., "Can Government Organizations Learn and Change?" *Public Administration Review* 2 (2011): 316-319.

Nonaka, I., Takeuchi, H., *The Knowledge Creating Company*：*How Japanese Companies Create the Dynamics of Innovation*, New York：Oxford University Press, 1995, p. 284.

Toft, B., Reynolds, S., *Learning from Disasters*：*A Management Approach*, Leicester：Macmillan Education UK, 2005, pp.61-64.

洪毅:《强化风险管理　提高突发事件应对能力》,《中国应急管理》2013 年第 11 期。

李毅:《剖析大连"四年八爆"内因》,《劳动保护》2014 年第 9 期。

马奔、程海漫:《危机学习的困境：基于特别重大事故调查报告的分析》,《公共行政评论》2017 年第 2 期。

沙莲香、刘颖、王卫东等:《复杂适应系统理论对危机时期民众心态的分析与模拟——重大突发事件应对措施研究》,《河南社会科学》2005 年第 3 期。

陶鹏:《灾害批示与公共组织学习演进机制：以安全生产管理制度为例》,《公共行政评论》2016 年第 1 期。

薛澜：《我国安全事故调查机制的完善与改进》，《前线》2012 年第 11 期。

薛澜、刘冰：《应急管理体系新挑战及其顶层设计》，《国家行政学院学报》2013 年第 1 期。

薛澜、沈华、王郅强：《"7·23 重大事故"的警示——中国安全事故调查机制的完善与改进》，《国家行政学院学报》2012 年第 2 期。

詹承豫：《中国应急管理体系演变历程及动因分析》，第四届公共管理理论与实践前沿论坛，2014 年 11 月 22 日。

张欢、陈学靖：《应急管理调查评估的要素分析与分类》，《中国应急管理》2008 年第 12 期。

张立荣、方堃：《公共危机与政府治理模式变革——以复杂适应系统理论（CAS）为研究视角》，《北京行政学院学报》2008 年第 2 期。

张美莲：《西方公共部门危机学习：理论进展与研究启示》，《公共行政评论》2016 年第 5 期。

赵晨、高中华、陈国权：《我国政府从突发公共事件中学习的步骤及对策》，《科技管理研究》2015 年第 2 期。

钟开斌：《从灾难中学习：教训比经验更宝贵》，《行政管理改革》2013 年第 6 期。

钟开斌：《事故调查勿以政治问责代替技术分析》，《领导科学》2014 年第 15 期。

钟开斌：《中国突发事件调查制度的问题与对策——基于"战略 - 结构 - 运作"分析框架的研究》，《中国软科学》2015 年第 7 期。

第六篇

结论与展望

第十三章　政府危机学习：结论及展望

通过前面各章，全书对中国地方政府危机学习有关问题展开了理论回溯和实践分析。本章将在前述研究基础上归纳总结，阐述主要结论及研究创新，指出研究不足以及未来研究仍需努力之处。

一　结论与建议

围绕绪论部分提出的四个研究目标，笔者对相关研究发现做综合归纳，并在此基础上从实践层面提出一些建议。

1. 全书小结

2003 年"非典"以来中国应急管理体系的演变和发展有力地证明了"政府能够利用各种形式的实践和实验进行学习和获取必要的经验教训，进而调整政策目标和政策工具来回应不断变化的社会环境"（王绍光，2008）；但是另一方面，在实践中也常常见到相似事故灾难反复发生，应急响应过程中相似失灵也重复出现，这一严峻现实警示我们亟待对政府危机学习问题展开反思。危机学习能够有效提高政府组织的应对能力。关注政府危机学习问题，能够为发展组织学习理论补充公共部门的观察视角，为危机管理交叉研究提供新的切入点，为改善公共危机治理提供理论基础。而通过案例分析凝练危机学习实践的地方和基层经验，也能够为实践层面开展危机学习机制创新提供智力支持。

回顾国内现有应急管理制度发现，日臻完善的应急管理工作机制中并不存在制度化的危机学习机制，唯一与之有关的是事故调查机制，为此已有研究多聚焦于事故调查"重问责、轻学习"之导向弊端等问题。但我国事故调查机制侧重于经验教训总结，处于危机学习全过程（或双环学习）的前端环节，其他环节诸如经验利用、传播等在实践中未得到足够重视。另一方面，在研究中，与危机决策、沟通、协调与合作等主题成果丰富相比，专门讨论危机学习的文献实属不多。国际上，危机管理学者 Arjen Boin 等人指出"从危机中学习仍然是危机管理研究中最欠发展的方面之一"，在中国尤为如此。为此，本书尝试性地对中国（地方）政府危机学习现状、障碍、过程、困境和机制等问题展开了全面探索。

回望现实，不难看到实践中诸如"危机发生－经验总结－危机又发生"的学习失灵现象频繁出现，以重大危机中领导者和决策者响应处置为例，快速评估、协调联动、先期处置、决策指挥和危机沟通等环节常常出现失灵，领导者需要真正有效吸取相关教训。国内多地调查走访表明，地方政府危机学习在内容、形式和动力方面存在创新性不足、规范性不够和主动性不强的现实困境，而这些困境源于领导者危机学习意识淡薄、危机学习机制不完善、激励机制缺失、资源保障不足以及经验共享平台缺乏等；调查中还发现上级支持度低和资金缺乏、政府形式主义以及制度化的危机学习机制缺失是影响中国地方政府危机学习及其效果的重要因素。党政领导灾后批示的研究证明，焦点事件、批示、知识生产、行为转变等要素的互动使灾后政府危机学习在制度层面出现阶段性有限变革和整体性深层变革。北京与河北暴雨灾害后两地政府有关部门在气象灾害预警和信息发布方面的经验总结和学习过程表明，不同地方政府在相似经验的学习过程中存在地方、部门、层级和程度差异，而这很大程度上取决于地方领导者重视程度、经验或学习任务难度、资源获取程度、经验学习合作者数量及合作程度等因素。

事故调查机制是当前中国政府制度化的危机学习机制，事故调查报告的文本分析为进一步完善危机学习机制和提高政府危机学习能力指明了方向。34 份重大事故调查报告的文本研究表明：重问责的调查导向影响了危机学习的潜力，事故调查总结的宏观指向割裂了双环学习的步骤，独立调查主体的缺失限制了危机学习信息的客观真实性，以干部失职和监管不力为主轴的事故原因凸显了危机学习的体制障碍，调查时限约束了调查报告内容的深度。从 20 世纪 70 年代起美国应急管理实践开始采用事故调查机制，有较为成熟的做法和经验值得借鉴。因此对比中美多份事故调查报告发现，要最大限度地发挥事故调查之于危机学习的重要作用，需要保持调查过程的独立性以及方法的科学化，减少调查报告的官僚色彩，并在合适的时间内更大范围地发布报告，从而提高报告的公信力、经验利用的可行性和经验传播的广泛性。

灾后政府危机学习努力的结果可能体现在政策变化、组织制度变革和绩效提升等方面。2001~2015 年北京市应急管理政策的计量分析和案例研究表明，少数焦点事件的发生受到政府较多的关注。焦点事件与应急管理政策变化之间存在较强因果联系：焦点事件不仅诱发新应急管理政策的出台，还能促进经验学习或教训吸取进而引起已有应急管理政策的调整或补充。云南鲁甸地震后针对国家应急电台的问卷调查表明，国家应急电台在芦山地震后通过吸取经验和教训，使后续在鲁甸地震中的响应绩效得到了提升，而国家应急电台组织在芦山地震后的经验学习表现在制度学习、人员学习、技术学习和信息学习四个方面。

党的十八届三中全会明确提出"推进国家治理体系和治理能力现代化"的总目标。当前背景下，为了进一步推进国家治理现代化，落实安全发展理念，需要对政府危机学习从机制上进行顶层设计。秉持系统思想，可以从制度约束性和学习过程两个维度开展政府危机学习机制的设计，一方面迫切需要建立规范化的危机学习长效机制，另一方面也要针对危机学习具体过程及其潜在的障碍进行各环节的软性约束、激励措施和监督保障设计。

2.几点建议

本书以现实解释为主，偏重理论分析，但理论深度仍有较大不足，为此在实践层面的对策建议主要有以下几点。

第一，加强科研管理部门和研究领域的合作，更加重视危机学习障碍化解、机制保障和能力提升的有关研究。具体来说，科研管理部门可以给予研究者更多危机学习项目支持；实践部门需要从实际需求出发加强与研究机构的对话，研究机构和人员也需要为获取更多的调研机会积极与实践部门形成良好的沟通和合作。另外，未来有关研究需要弥补现有文献中忽视的若干重要议题，更加重视中观和微观层面的机理研究，继续开展跨学科和多视角融合、经验主义和规范主义并重的政府危机学习研究。

第二，实践中迫切需要提升地方政府危机学习能力，优化政府组织灾后经验学习策略。这可以从多个方面展开，需要通过对组织规范、价值和行为反思将经验教训制度化到现有应急管理机制中，旨在增强应急管理体系自身的学习和适应能力。

一方面，加强政府危机学习机制的顶层设计。要在现有应急管理体制和机制基础上，结合政府危机学习过程，从制度强制性和软性约束角度提出一套危机学习规范机制，同时辅助建立相应的激励机制、动力机制和过程监督机制来保证危机学习的落实、推动、纠错和评价等，比如建立制度化的危机学习机制使学习有章可循，建立危机经验学习平台进一步扩大信息共享，建立危机学习激励机制以鼓励改变和创新，建立危机学习过程监督机制以减少形式主义，加大资源投入和保障力度来确保持续学习和改变。

另一方面，继续完善现有事故调查机制，最大限度发挥经验学习的作用。具体而言是要保持调查过程的独立性以及方法的科学化，减少调查报告的官僚色彩，并在合适的时间内更大范围地发布报告，从而增强报告的公信力、经验利用的可行性和经验传播的广泛性。

二 研究价值

本书从政府危机学习的客观现实以及危机治理现代化的内在要求出发，遵循理论与实践相结合的原则，综合运用文献法、调研观察法、访谈法、案例研究与文本分析等多种研究方法，围绕中国地方政府危机学习实践展开学习内容、学习形式、学习过程、学习障碍、学习机制等多方面的定性研究，为危机管理研究者和实践者呈现了当前中国地方政府危机学习的基本概况。可以说，一定程度上弥补了目前该问题上国内研究的不足，为后续相关研究提供了文献支持。

具体而言，本书的研究价值在以下两个方面有所体现。

1. 学术观点方面

国内有关政府危机学习的研究较多集中讨论事故调查制度和机制，本书认为从组织双环学习或知识管理的完整过程来看，当前我国事故调查制度更多侧重于知识吸取，实践中政府危机学习除了经验总结和反思之外，还应强调经验教训（知识）的吸收、内化、利用、扩散以及共享等环节。这一观点也是本书的逻辑起点。当前实践中，各地政府危机学习常常出现"危机发生－经验总结－危机又发生"的怪圈，一定程度上反映了我国政府危机学习机制并不完善的客观现实。笔者认为，危机学习其他环节也迫切需要得到学界和实践领域的更多关注。

2. 研究思路方面

国外关于危机学习的研究大致可以划分为两类：一类是把危机学习视为管理问题（危机管理）去具体分析危机学习过程、环节、类型、影响因素和提升策略等；另一类是把危机学习视为政治问题（危机政治），关注重大危机（焦点事件）引发的政治变革、制度演进或政策变化，特别是从政策的角度切入。为了更全面地揭示当前地方政府危机学习的有关问题，本研究兼顾这两种研究思路，不仅从危机学习过程构建，而且从政府危机学习绩效和政策变化的角度开展分析。作为一个初步探索，"兼顾"的想法还体现在其他方面，如为了全面揭示政府危机学习困境，不仅依靠现实调查，还借助报告文本分析；不仅开展纵向历时多报告分析，还进行横向跨区域报告比较。笔者认为，多角度兼顾或多元融合下的分析，不仅可以为学界和实践部门呈现更全面的政府危机学习现状及问题，还可以为改进政府危机学习提供社会和技术双重路径。

三 不足与展望

本书是笔者在博士后期间开启的一个研究方向，围绕中国地方政府灾后危机学习有关问题展开了初步分析，基于文献分析和现实捕捉多方面呈现了当前中国地方政府危机学习图景，为实践中政府有关部门完善危机学习机制、改进危机学习行动以及提升危机学习能力提供指导与借鉴。但是限于个人能力、研究时间以及条件因素，现有研究不可避免地存在一些不足。

主要的研究不足及下一步研究方向如下。

1. 研究思路欠紧密

本书由若干篇相关主题的文章合并修改而来，由多人共同完成，故研究思路不够连贯和紧密；另外，尽管侧重或者角度不同，但是书中不同章节对政府危机学习有关问题的分析仍略有重复，比如在分析危机学习困境时，第五章和第九章均有涉及；政府危机学习的过程分析框架也是如此。

未来研究需要围绕某个目标更加有逻辑地深入展开，研究设计也需要更加严谨。

2. 调研访谈欠深入

本书第四、第五章中部分观点是源于 2015 年 7~8 月在四川和青岛等地的调研访谈。需要指出的是，访谈人和两地受访者就该主题的对话是首次交流，访谈时间不够充分，访谈技巧不够高超，出于一些顾虑部分受访者并没有提供深入的信息。调查对象数量也有限，其中少部分受访者还是应急管理岗位新人，加之经验学习本身又是一个不易观察和感知的过程，总体来说，调研访谈不够深入有效，一定程度上会影响到访谈材料的运用和结果发现。

下一步将选择合适的案例及有关政府部门工作人员，结合具体案例开展更加深入的焦点小组访谈以及问卷调查，并与被调查者反复沟通。

3. 研究方法缺实证

本书开篇指出这是一个初步探索，研究问题多伴随文献阅读逐步展开，在研究之初并没有系统地研究设计并辅助恰当可行的研究方法，尽管有考虑在已有研究发现基础上进行一些问卷调查和深度访谈，但是最终未能实施。因此本书在研究方法上以描述性解释、归纳演绎和案例分析为主。

未来的研究需要加强研究设计和研究方法部分，比如在有关政府危机学习障碍因素方面，若结合现已发现的影响因素设计调查问卷，根据调查结果进行数理统计可以揭示不同因素的作用大小和作用路径，定性和定量相结合，使研究结果更具说服力。

4. 研究结论欠明确

本书虽然针对不同研究目标都展开了分析和总结，但是由于上述多重因素，该研究在个别问题上研究结论还不够深入和清晰，如第七章中因网络搜集而来的文本资料要素有限，加之缺少北京和河北两地政府应急管理工作人员的访谈或问卷证据验证，对政府危机学习行动各种差异形成的内在逻辑并没有完全给予清晰明确的回答，提出的研究假设还需要进一步验证。另外，由于时间限制和思考不足，本书最后并没有在现有结论基础上提炼出对实践部门改进危机学习更具指导意义的可操作性政策建议，未来需要在此基础上进行进一步完善。

参考文献

安志放:《论组织学习与政府危机管理动态能力的提升》,《辽宁行政学院学报》2013 年第 10 期。

陈国权、马萌:《组织学习的过程模型研究》,《管理科学学报》2000 年第 3 期。

方堃、姜庆志、杨毅:《政府公共危机治理中的学习与组织结构变革研究——以复杂适应性为线索》,《大连理工大学学报》(社会科学版)2012 年第 1 期。

高恩新:《特大生产安全事故的归因与行政问责——基于 65 份调查报告的分析》,《公共管理学报》2015 年第 4 期。

郭巍青、朱亚鹏、李莉:《SARS 危机应对政策:从灾难中学习》,《中国公共政策分析》,中国社会科学出版社,2004,第 201~202 页。

国家行政学院应急管理案例研究中心:《应急管理典型案例研究报告(2017)》,社会科学文献出版社,2017。

李程伟:《危机学习能力建设:政治学角度的思考》,《信访与社会矛盾问题研究》2014 年第 3 期。

李丹、马丹妮:《公共部门危机学习动态过程及其系统要素研究》,《四川大学学报》(哲学社会科学版)2012 年第 2 期。

李丹、马丹妮:《公共危机管理中的组织学习研究》,《中国安全生产科学技术》2010 年第 4 期。

李云新、刘建平:《新农村建设中的地方政府学习:动因、模式与效果》,

《中国行政管理》2011年第10期。

连玉明:《学习型政府》,中国时代经济出版社,2003。

林雪霏:《政府间组织学习与政策再生产:政策扩散的微观机制——以"城市网格化管理"政策为例》,《公共管理学报》2015年第1期。

刘霞:《公共组织学习理论》,中国社会科学出版社,2005。

卢小君:《非常规突发事件的危机间学习研究综述——基于认知视角与文化视角的比较》,《情报杂志》2012年第6期。

闪淳昌:《建设现代化应急管理体系的思考》,《社会治理》2015年第1期。

佘廉、郑琛:《非常规突发事件案例复盘的危机学习方法》,《华南理工大学学报》(社会科学版)2016年第2期。

陶鹏:《灾害批示与公共组织学习演进机制:以安全生产管理制度为例》,《公共行政评论》2016年第1期。

童星、张海波:《中国应急管理:理论、实践、政策》,社会科学文献出版社,2012。

王绍光:《学习机制与适应能力:中国农村合作医疗体制变迁的启示》,《中国社会科学》2008年第6期。

项继权、马光选:《回应性制度变迁:政府学习能力的理论解析》,《社会主义研究》2012年第2期。

薛澜、刘冰:《应急管理体系新挑战及其顶层设计》,《国家行政学院学报》2013年第1期。

薛澜、沈华、王郅强:《"7·23重大事故"的警示——中国安全事故调查机制的完善与改进》,《国家行政学院学报》2012年第2期。

薛澜、张强、钟开斌:《危机管理——转型期中国面临的挑战》,清华大学出版社,2003。

张海波、童星:《中国应急管理结构变化及其理论概化》,《中国社会科学》2015年第3期。

张立荣、方堃:《公共危机与政府治理模式变革——以复杂适应系统理论

（CAS）为研究视角》,《北京行政学院学报》2008年第2期。

赵晨、高中华、陈国权:《我国政府从突发公共事件中学习的步骤及对策》,《科技管理研究》2015年第2期。

钟开斌:《从灾难中学习:教训比经验更宝贵》,《行政管理改革》2013年第6期。

钟开斌:《中国突发事件调查制度的问题与对策——基于"战略－结构－运作"分析框架的研究》,《中国软科学》2015年第7期。

Amy Donahue, Robert Tuohy,"Lessons We Don't Learn: A Study of the Lessons of Disasters, Why We Repeat Them, and How We Can Learn Them,"*Homeland Security Affairs* 2（2006）: 1 -10.

Birkland,T.A., *Lessons of Disaster: Policy Change After Catastrophic Events*, Washington D.C. : Georgetown University Press, 2006.

Birkland,T.A. , "Disasters,Lessons Learned,and Fantasy Documents," *Journal of Contingencies and Crisis Management* 3（2009）:146-156.

Boin, A.,McConnell,A., Hart P., *Governing after Crisis: The Politics of Investigation, Accountability and Learning*, Cambridge: Cambridge University Press, 2008.

Broekema,W. , "Crisis-Induced Learning and Issue Politicization in the EU: The Braer, Sea Empress, Erika, and Prestige Oil Spill Disasters," *Public Administration* 2（2016）:381-398.

Broekema,W.,Kleef,D. V., Steen,T. , "What Factors Drive Organizational Learning From Crisis? Insights From the Dutch Food Safety Services' Response to Four Veterinary Crises," *Journal of Contingencies & Crisis Management* 2（2017）:326-340.

Brower R. S. et al. , "Forms of Inter-Organizational Learning in Emergency Management Networks," *Journal of Homeland Security & Emergency Management* 1（2009）.

Cannon,M.D., Edmondson,A.C., "Failing to Learn and Learning to Fail (Intelligently): How Great Organizations Put Failure to Work to Innovate and Improve," *Long Range Planning* 38（2005）:299-319.

Le Coze,J.C., "What Have We Learned about Learning from Accidents? Post-Disasters Reflection," *Safety Science* 1（2013）:441-453.

Dekker,S., Hansén,D., "Learning under Pressure: The Effects of Politicization on Organizational Learning in Public Bureaucracies," *Journal of Public Administration Research & Theory* 2（2004）:211-230.

Deverell, E.C., *Crisis-Induced Learning in Public Sector Organizations*, Stockholm: Elanders Sverige,2010.

Donahue, A.K. et al., "Lessons We Don't Learn: A Study of the Lessons of Disasters,Why We Repeat Them, and How We Can Learn Them," *Homeland Security Affairs* 2（2006）:1-28.

Drupsteen, L., Guldenmund, F.W., "What Is Learning? A Review of the Safety Literature to Define Learning from Incidents, Accidents and Disasters," *Journal of Contingencies & Crisis Management* 2（2014）:81-96.

Elliott, D., Smith,D., "Cultural Readjustment after Crisis: Regulation and Learning from Crisis within the UK Soccer Industry," *Journal of Management Studies* 2（2006）:289-317.

Elliott, D., "The Failure of Organizational Learning from Crisis a Matter of Life and Death?" *Journal of Contingencies & Crisis Management* 3（2009）:157-168.

Elliott,D., Smith,D., Mcguinness,M., "Exploring the Failure to Learn: Crises and the Barriers to Learning," *St John's University College of Business Administration* 3（2000）:17-24.

Kaliner,J., "When Will We ever Learn? The After Action Review, Lessons Learned and the Next Steps in Training and Educating the Homeland Security Enterprise for the 21st Century," *Chds State/local*（2013）.

Lagadec, P., "Learning Process for Crisis Management in Complex Organizations," *Journal of Contingencies & Crisis Management* 1（1997）:24-31.

Lindberg,A.K.,Hansson,S.O., Rollenhagen,C., "Learning from Accidents –

What More Do We Need to Know?" *Safety Science* 6（2010）:714-721.

Lukic，D.，Margaryan，A.，Littlejohn，A.，"How Organizations Learn from Safety Incidents: A Multifaceted Problem，" *Journal of Workplace Learning* 7（2010）：428-450.

Lukic,D.,Littlejohn,A.，Margaryan A.，"A Framework for Learning from Incidents in the Workplace，" *Safety Science* 4（2010）:950-957.

Mahler,J.，Casamayou,M.H.，*Organizational learning at NASA: The Challenger and the Columbia Accidents*，Georgetown University Press,2009.

McCurdy,H.E.，"Can Government Organizations Learn and Change?" *Public Administration Review* 2（2011）:316-319.

Moynihan,D.P.，"Learning under Uncertainty: Networks in Crisis Management，" *Public Administration Review* 2（2008）:350-365.

Moynihan,D.P.，"From Intercrisis to Intracrisis Learning，" *Journal of Contingencies & Crisis Management* 3（2009）:189-198.

Moynihan,D.P.，Luyt,N.，"How do Public Organizations Learn? Bridging Cultural and Structural Perspectives，" *Public Administration Review* 6（2009）:1097-1105.

Roux-Dufort,C.，"Why Organizations don't Learn from Crises: The Perverse Power of Normalization，" *Review of Business* 3-4（2000）:25-30.

Smith,D.，Elliott,D.，"Exploring the Barriers to Learning from Crisis Organizational Learning and Crisis，" *Management Learning* 5（2007）:519-538.

Sommer, M., Njå, O.，"Dominant Learning Processes in Emergency Response Organizations: A Case Study of a Joint Rescue Coordination Centre，" *Journal of Contingencies & Crisis Management* 4（2012）:219-230.

Weick, K.E., Ashford,S.J.，"Learning in Organizations，" in F. M. Jablin, L. L. Putnam，eds., *The New Handbook of Organizational Communication: Advances in Theory, Research, and Methods*，Thousand Oaks, CA: Sage,2001，pp.704-731.

附　录

附录 A　访谈提纲及访谈对象

表 A1　A 和 B 两地政府部门调研提纲

引入	介绍基地和课题背景信息，提出访谈目的
问题1	请受访者简要介绍其工作部门、人员编制、应急相关职能及主要工作等
问题2	请受访者概括其所在部门在汶川地震、芦山地震以及青岛油管泄漏爆炸事故后工作中的改变
问题3	请受访者谈一下其参与某次突发事件响应的感受
问题4	请受访者谈一下其应急管理工作中比较成功的做法
问题5	请受访者谈一下其应急管理工作开展中遇到的困难
问题6	其他随机问题，如物资、装备、经费、待遇等
……	……

表 A2　A 和 B 两地政府部门受访者基本信息

序号	访谈对象编码	市/区县	部门
1	20150706001	成都市	政府应急办
2	20150706002	成都市	政府应急办
3	20150706003	成都市	政府应急办
4	20150706004	浦江县	政府应急办
5	20150707001	都江堰市	政府应急办
6	20150707002	都江堰市	政府应急办
7	20150707003	都江堰市	政府应急办
8	20150707004	都江堰市	政府应急办
9	20150708001	乐山市	政府应急办
10	20150708002	乐山市	政府应急办

续表

序号	访谈对象编码	市/区县	部门
11	20150708003	乐山市	政府应急办
12	20150708004	乐山市	政府应急办
13	20150708005	乐山市	卫计局
14	20150708006	乐山市	水务局
15	20150708007	乐山市	防震减灾局
16	20150708008	乐山市	民政局
17	20150708009	乐山市	消防支队
18	20150709001	峨眉山市	政府应急办
19	20150709002	峨眉山市	政府应急办
20	20150709003	峨眉山市	防震减灾局
21	20150709004	峨眉山市	国土资源局
22	20150709005	峨眉山市	安监局
23	20150709006	沐川县	政府应急办
24	20150709007	沐川县	民政局
25	20150709008	沐川县	安监局
26	20150709009	沐川县	卫计局
27	20150709010	沐川县	公安局
28	20150709011	沐川县	教育局
29	20150710001	犍为县	政府应急办
30	20150710002	犍为县	政府应急办
31	20150710003	犍为县	安监局
32	20150710004	犍为县	公安局
33	20150710005	犍为县	国土局
34	20150713001	雅安市	政府应急办
35	20150713002	雅安市	防震减灾局
36	20150713003	雅安市	安监局
37	20150713004	雅安市	民政局
38	20150713005	雨城区	区政府应急办
39	20150805001	青岛市	政府应急办
40	20150805002	青岛市	政府应急办
41	20150805003	青岛市	政府应急办
42	20150805004	青岛市	安监局
43	20150805005	青岛市	环保局
44	20150805006	青岛市	消防局

序号	访谈对象编码	市/区县	部门
45	20150805007	青岛市	地震局
46	20150805008	青岛市	气象局
47	20150806001	青岛市	青岛海事局
48	20150806002	青岛市	青岛海事局
49	20150806003	青岛市	青岛海事局
50	20150806004	青岛市	政府应急办
51	20150806005	黄岛区	安监分局
52	20150806006	黄岛区	环保分局
53	20150806007	黄岛区	消防部门
54	20150806008	黄岛区	街道办
55	20150806009	李沧区	政府应急办
56	20150807001	李沧区	地震局
57	20150807002	李沧区	政府应急办

附录 B 政府危机学习行动清单

表 B1 "7·19"暴雨后河北省政府及省气象局灾后学习行动

序号	时间	灾后学习行动
1	2016年6月24日	河北省气象灾害防御指挥部发出《关于做好灾害性天气防御工作的紧急通知》（以下简称《通知》），要求相关部门做好灾害性天气防御工作，坚决消除安全隐患，努力减轻灾害损失。……气象部门要密切监视天气变化，加密预报频次，搞好预测预警。气象、水利、城建、国土等部门要加强会商分析，科学研判形势
2	2016年6月30日	上午全省天气会商后，省气象局召开全省视频会议，副局长彭军代表省局党组传达了省汛期气象灾害防御调度会议精神，并提出贯彻落实意见。……二要坚持问题导向，突出重点，努力提高监测预报预警的时效性、预警信息发布的针对性和覆盖面
3	2016年7月5日	省水利厅副厅长罗少军一行到省气象局调研，了解今年汛期天气气候形势，商谈深入合作事宜。省气象局副局长彭军提请水利部门高度重视，建议尽快建立山洪风险预警会商和联合发布机制，强化两部门间的信息共享
4	2016年7月15日	省气象灾害防御指挥部办公室召开指挥部联络员暨专家组成员会议。省国土资源厅、省安监局、省旅游发展委的相关负责同志汇报了本部门气象灾害防御工作情况，指挥部办公室介绍了气象灾害防御指挥系统的功能和应用情况。指挥部办公室主任、省气象局副局长彭军做总结讲话。会议指出近年来河北省新型气象灾害防御体系框架建设取得成效。会议要求各成员单位要加强气象灾害的联合会商和研判，按照职责分工，既各司其职、各负其责，又紧密配合、协调联动，形成防灾减灾合力
5	2016年7月18日	15时省气象台发布暴雨蓝色预警，提请有关部门和公众做好防御。17时河北省气象台发布暴雨蓝色预警，并启动重大气象灾害（暴雨）应急预案四级应急响应，要求省气象部门相关单位按照暴雨四级应急响应工作流程做好应急响应工作，实行24小时应急值守和负责人带班制度，全力做好应急响应和气象预报预警服务工作

266

续表

序号	时间	灾后学习行动
6	2016年7月18日	省气象灾害防御指挥部发出通知，要求各地各有关部门及时启动应急响应，加强组织协调和应急联动，确保各项防御措施落实到位，做好19日至20日区域性暴雨、强对流灾害防御工作。通知指出，……根据当地气象台发布的暴雨预警信息，及时启动相应级别的应急响应，并加强组织协调，确保各项防御措施落实到位。各地各有关部门要强化灾害的监测、分析、会商和信息发布。各级气象部门要加强灾害性天气的监测，与水利、国土、安监、住建等部门做好会商，密切监视山洪地质灾害易发区、尾矿库所在地等重点地区的汛情雨情，滚动制作预警信息。广播、电视、报纸、通信、网络等信息传播单位，应当及时、准确向社会播发或者刊登当地气象主管机构所属气象台站提供的气象灾害预警信息
7	2016年7月19日	晚20时，河北省气象台将暴雨橙色预警提升为暴雨红色预警。21时，河北省气象部门省市联动进行加密会商。会商会上，局长宋善允通报了从18日早晨到19日21时针对此次降水过程省气象局的气象服务情况，以及省长张庆伟、副省长沈小平对做好暴雨洪水大风灾害防御的部署要求。宋善允要求各级气象部门，一是立足气象部门职责，密切监测天气形势，密切关注高风险点、累计降水量较大地区，及时报告并采取有效措施；开展加密会商，针对邯郸、邢台、石家庄、保定等降水量较大地区，适时开展点对点加密会商，加强分析研判；做好灾害性天气和雨情预报预警，滚动制作预警信息并及时发布；强化气象服务的针对性、精细化，及时为决策部门提供科学调度依据。二是气象灾害防御指挥部办公室组织24小时应急值守，关注重点部门、区域落实应对防汛工作的情况，及时为指挥部决策提供参考；对高风险点责任人采取"叫应"措施，密切保持与乡村气象协理员联系，积极应对此次降水过程
8	2016年7月19日	21时河北省防总启动三级防汛应急响应，并先后17次发出紧急通知，对防汛抗洪抢险工作提出明确要求，同时向邯郸、邢台等市派出工作组和专家组，实地督促指导工作
9	2016年7月23日	下午省气象局副局长彭军带领观测处、减灾处相关人员到石家庄市气象局、赞皇县气象局查看灾情，慰问一线业务人员。彭军强调指出，目前正值防汛抗洪抢险救灾关键时期，气象服务任务十分艰巨，要尽快梳理分析薄弱环节，弥补不足，加强对高风险区、高影响区的监测预警和服务，完善重大气象预警信息全网发布机制
10	2016年7月24日	7月24日8时至25日8时，河北省大部分地区出现新一轮降水，省气象局召开紧急会议，要求全省气象部门科学精准做好监测预报预警和气象服务工作。会议要求，要高度重视公众预警信息发布工作，在继续做好电视、广播插播、微信微博等多手段发布的同时，要落实法规规章规定和协议，重大预警信息务必第一时间推动手机短信全网发布。要着力做好重要天气过程的事后评估总结工作，每一次过程要明确专人记录工作台账，建立快速评估总结机制，确保评估的时效性和准确性。11时30分，省气象局启动重大气象灾害（暴雨）应急预案四级应急响应
11	2016年7月24日	24日16时、25日7时，省气象局与省国土资源厅联合发布地质灾害风险预警
12	2016年7月25日	7时省气象局与省国土资源厅联合发布地质灾害风险预警

序号	时间	灾后学习行动
13	2016年7月26日	河北省人民政府发出《关于做好"7·19"特大洪水灾害灾后重建工作的指导意见》(冀政发〔2016〕36号)
14	2016年8月3日	省长张庆伟主持召开省政府常务会议,研究《河北省人民政府关于做好"7·19"特大洪水重灾区恢复重建总体实施方案》和相关专项工作方案,其中要求要密切关注主汛期天气变化,加强监测预警预报,全面排查各类隐患,全力做好防灾减灾救灾各项工作
15	2016年8月3日	省气象局自8月3日起,启动专项保障服务,全面做好重灾区恢复重建气象保障工作
16	2016年8月5日	河北省召开"7·19"特大洪水灾害灾后重建工作动员大会。省委书记赵克志主持会议并讲话。省委副书记、省长张庆伟做具体部署。省领导赵勇、付志方等出席会议。石家庄市、邢台市、邯郸市和省发改委、省民政厅、省交通厅、省水利厅主要负责同志做发言,交流了开展抗灾救灾斗争的工作和打算
17	2016年8月12日	12时省气象台发布暴雨蓝色预警,14时省气象局启动气象灾害应急预案(暴雨)四级应急响应
18	2016年8月12日	召开汛期气象服务领导小组视频会议,传达国务院领导和省委省政府领导对防范8月12日开始的新一轮强降水过程的指示精神,安排部署监测、预报预警和气象服务工作。局长宋善允、副局长张晶出席会议,副局长彭军做动员讲话。会议要求,……二是强化精细到县的预报预警,加强滚动订正的短临预报……四是加强与水利、国土、安监等部门的会商分析研判,针对风险和影响提供有针对性的服务……一线预报服务力量要充分保障。要借鉴"7·19"暴雨防范应对经验,继续做好"直通式"服务和针对气象协理员、信息员和重点防御单位负责人的"叫应"服务,同时要依法推动气象灾害预警信息的传播和科普工作,确保预警信息发得出、收得到、用得上
19	2016年8月12日	河北省副省长沈小平到省防汛抗旱总指挥部研究调度强降雨过程应对工作,沈小平指出……要做好预测预警,加密会商频次,及时发布预警信息,适时启动应急响应……省气象局汇报了强降雨过程预测预报和省水利厅应对工作准备情况
20	2016年8月25日	河北省气象局副局长彭军到保定清苑气象站进行调研,省局观测与网络处处长郭艳岭,保定市气象局局长李云强、副局长黄鹤等陪同调研
21	2016年8月26日	河北省气象局党组书记、局长宋善允以"适应新常态,践行新理念,统筹推进气象事业科学发展"为主题,为全国气象部门优秀青年干部第5期试点班学员授课
22	2016年8月30日	冀云公司到神兴小区、北国超市长江店开展气象防灾减灾知识科普活动
23	2016年9月6日	河北省气象局副局长彭军围绕"发展现代气象业务,构建智慧气象"为河北省气象部门2016年度新进人员入局教育培训班授首课
24	2016年9月8日	河北省气象局与邢台市政府在邢台市召开共同推进邢台气象现代化建设合作联席会议。会议听取了邢台市气象局关于市厅合作协议落实及"十三五"气象事业谋划情况的汇报,总结"十二五"期间市厅合作共建工作取得的成绩,研究推进"十三五"期间合作共建重点内容。河北省气象局副局长张晶、邢台市副市长邱文双出席会议并讲话

续表

序号	时间	灾后学习行动
25	2016年9月8日	省气象局相关人员到基层（威县、巨鹿县）调研/指导
26	2016年9月8日	由河北省气象与生态环境重点实验室和河北省气象学会共同举办的2016年河北省气象与生态环境论坛在石家庄召开，来自北京、河北的专家、学者和科技工作者约150人参加了此次论坛。省气象局副局长彭军致开幕词
27	2016年9月13日	河北省气象局、承德市人民政府在承德召开共同推进承德气象现代化建设市厅合作联席会议。会议听取了市气象局关于"十二五"期间市厅合作协议落实情况汇报，研究确定了"十三五"期间共同推进承德气象现代化建设合作事项。河北省气象局局长张晶、承德市人民政府副市长吴清海出席会议并做了重要讲话
28	2016年10月28日	河北省气象局与河北省海事局在秦皇岛市签署了深化合作协议。副局长彭军参加签字仪式。双方商定，将加强协调配合，共同建设海上气象观测系统，加强海上气象预报预警服务，做好海上搜救气象保障服务，强化海洋气象与海上应急服务科研，开展海上气象和海上搜救知识技能普及等。同时，双方将加强信息资源共享
29	2016年11月1日	中国气象局气象现代化办公室常务副主任、中国气象局科技与气候变化司副司长王金星为第2期省级以及以上气象部门处级领导干部综合素质轮训试点培训班做了题为"发展智慧气象 建设四大体系 全面推进气象现代化"的专题授课
30	2016年11月11日	由河北省气象与生态环境重点实验室和河北省气象学会主办、邯郸市气象局承办的"'7·19'特大暴雨研究学术交流会"在邯郸市召开，来自国家气象中心、中国气象科学研究院、中国科学院大气物理研究所和北京、天津、河北、山西、河南、山东气象部门的专家和科技工作者80余人出席了会议。河北省气象局总工张书余指出，这次会议在"7·19"特大暴雨出现最大降雨量的邯郸召开，旨在搭建一个交流平台，共商北方暴雨研究，为建立智慧气象提供灾害天气的预报方法和思路，提升防灾减灾能力和预报水平。这次会议还征集了河北省和周边的北京、天津、山西、河南、山东地区"7·19"特大暴雨过程研究方面的论文
31	2016年11月14日	2016年度河北省气象部门首期县局长培训在中国气象局气象干部培训学院河北分院（以下简称"河北分院"）举行开班仪式。河北省气象局党组书记、局长宋善允出席，开班仪式由河北分院常务副院长李志强主持。此次培训为河北省气象局年度重点培训任务，在局党组高度重视下，由人事处统筹协调，河北分院进行培训项目设计实施，培训对象为全省县级气象部门主要领导干部。培训共分两期举办，首期共有62名县级气象局长参加培训。河北省气象局党组书记、局长宋善允为2016年河北省气象部门县局长培训班第1期学员做了题为"践行新发展理念 扎实推进河北气象事业科学发展"的专题授课
32	2016年11月15日	河北省气象局副局长张晶以"推进基层管理规范化"为题为2016年河北省气象部门第1期县局长培训班授课。张晶介绍了规范化管理、依法行政、综合管理和机关标准化建设等内容

序号	时间	灾后学习行动
33	2016年11月16日	河北省气象局、廊坊市人民政府在廊坊召开了共同推进气象为廊坊经济社会发展服务联席会议，研究确定了"十三五"期间共同推进廊坊气象现代化建设合作事项。河北省气象局副局长张晶、廊坊市人民政府副市长王俊臣出席会议并做重要讲话。双方就继续深化新一轮合作达成共识，"十三五"期间将重点实施气象灾害监测预警工程等六大工程，全面推进廊坊气象现代化建设。据悉，在省气象局的指导和支持下，廊坊市气象部门坚持创新驱动发展，不断提升气象监测预报预警能力，先后成立了市、县两级气象灾害防御机构，建立了"政府主导、部门联动、社会参与"的气象灾害防御体制机制，在防汛、服务民生等方面都发挥了重要作用。会议由廊坊市政府副秘书长闫万营主持，省局计划财务处、观测与网络处、科技与预报处及廊坊市财政局、农业局、发改委、国土资源局、民政局等部门的主要负责同志列席会议
34	2016年11月18日	河北省气象局副局长彭军为首期河北省气象部门县局长培训班学员讲授"智慧气象与基层气象业务现代化"课程。从综合气象观测、气象信息化、预报业务三个方面详细分析了基层气象业务的现代化。2016年河北省气象部门第1期县局长培训班顺利结业。河北省气象局副局长彭军出席结业仪式并讲话，仪式由河北分院副院长赵京波主持，来自全省各地气象部门的62名县局长和该班班主任参加了结业仪式
35	2016年11月18日	河北省人民政府办公厅发出《关于印发河北省重大气象灾害应急预案的通知》（冀政办字〔2016〕180号）
36	2016年11月20日	5时、11时和17时，河北省气象台三次发布寒潮蓝色预警，河北出现今年入冬以来最强寒潮天气。省气象局启动重大气象灾害（寒潮）应急预案四级应急响应，要求全省各级气象部门及相关单位立即进入四级应急响应状态。针对此次降雪、大风、降温天气过程，河北省、市、县气象部门上下联动，第一时间积极响应，24小时坚守，全方位跟踪，全面做好农业气象服务工作，当好农业"保姆"
37	2016年11月21日	第2期环境气象业务培训班在河北分院举行开班仪式，中国气象局应急减灾与公共服务司副司长陈怀亮出席，河北省气象局总工、河北分院院长张书余主持开班仪式。培训对象为来自全国27个省区市的气象局直属事业单位分管环境气象业务的处级干部。第2期培训共有75名县级气象局长参加，培训将于12月2日结束
38	2016年11月28日	2016年度河北省气象部门县局长第2期培训班在河北分院举行开班仪式。河北省气象局党组书记、局长宋善允出席，河北分院副院长赵京波主持仪式

序号	时间	灾后学习行动
39	2016年 12月1日	河北省气象局与河北移动公司签署了大数据服务战略合作协议。省气象局副局长张晶、河北移动公司副总经理刘克飞、省气象局气象信息中心主任魏俊国、冀云公司董事长赵妙文出席签约会。本次协议的签订标志着省气象局与河北移动建立了更加紧密的战略合作关系，为共建气象业务发布平台，提供个性化、智慧化、精细化、数字化的气象服务，形成新的增长点奠定了良好的基础。张晶指出，从《全国气象发展"十三五"规划》提出的着力构建气象现代化"四大体系"目标之建立信息管理体系要求来看，信息化无疑将成为气象现代化的主要方式和重要标志，建立气象+大数据战略合作将引领气象事业向一个更为宽广的领域发展。据悉，双方已在技术合作、发布平台等方面进行过多次交流，冀云公司已做好相应的准备工作，并将以此为契机，在气象+大数据产业领域开启一系列深度合作，取经引智，抓创新，搞服务，通过多维度的数据挖掘与整合，进一步提升智慧气象服务的品质与价值
40	2016年 12月1日	河北省气象局与邯郸市政府召开市厅合作联席会议，全面总结"十二五"期间市厅合作项目落实情况，研究推进"十三五"时期合作共建重点项目。旨在加强省市工作衔接，提高气象服务邯郸经济社会发展能力。河北省气象局局长宋善允、邯郸市市长王会勇出席会议并做重要讲话。会议由副市长宋仁堂主持。省局办公室、应急与减灾处、计划财务处主要负责人，邯郸市政府秘书长刘弘瑛、副秘书长孟祥生，市发改委、财政局、农牧局、水利局、林业局、城管局、环保局等单位主要领导及市气象局在邯班子成员参加会议
41	2016年 12月17日	首届京津冀职工职业技能大赛天气预报员决赛在河北分院圆满落下帷幕。河北省气象局副局长彭军、中国气象局直属机关工会主席郭战峰、河北省总工会经济技术部副调研员艾俊杰、中央气象台首席预报员孙军、河北分院常务副院长李志强等出席了总结会。此次竞赛为期四天，来自京津冀三地气象部门的18位选手参加了竞赛
42	2017年 1月18日	省长张庆伟深入"7·19"特大暴雨洪灾后重建重点县井陉县，走访慰问受灾贫困户和老党员
43	2017年 1月19日	2017年全省气象局长会议在石家庄开幕。会议全面贯彻落实党的十八大，十八届三中、四中、五中、六中全会，全国气象局长会议及省第九次党代会精神，深入学习贯彻习近平总书记系列重要讲话精神，落实汪洋副总理重要批示精神，全面落实"十三五"气象发展规划，总结2016年工作，分析形势，明确思路，部署2017年重点任务。对于2017年重点工作，宋善允从八方面做出部署。……三是强化现代气象监测预报预警体系，加快推进气象基础业务现代化。……各市气象局局长和有关代表，省气象局各直属单位、各内设机构的主要负责人，各单位正研级高工等90余人参加会议。市、县气象部门通过视频会议系统同步收听收看会议

序号	时间	灾后学习行动
44	2017年2月13日	河北省地震局副局长高景春率震害防御处、应急救援处、震害防御中心和监测网络中心有关负责人一行7人赴省气象局调研。省气象局副局长张晶,减灾处、预报处、法规处及服务中心有关负责人参加会议并陪同调研。双方就河北省预警信息发布平台建设运行情况等问题进行了广泛深入的探讨。双方一致认为,省气象局与省地震局同属中直部门,业务工作属性相似,建议双方加强深层次的交流和沟通,尤其是在信息化建设、数据资源共享、社会公共服务及标准化等领域要进一步深化合作,互利共赢。高景春一行还实地参观了河北省突发事件预警信息发布中心,了解了平台日常运行情况和近年来的工作成果
45	2017年2月20日	河北省气象灾害防御指挥部办公室发出紧急通知,要求各市(含定州市、辛集市)气象灾害防御指挥部、省气象灾害防御指挥部有关成员单位,积极做好此次降雪天气的应对工作。加强监测预警与信息发布。各级气象部门要加强监测、分析、会商和预报,根据天气变化,及时发布天气信息及预警信息。各级新闻出版广电部门、媒体要做好相关信息的播发,及时提醒公众做好防范准备,强化应对措施
46	2017年3月1日	河北省气象灾害防御中心组织编写的《冀望风云 平安燕赵——河北省气象灾害防御科普读本》正式出版发行。该书是河北省气象科普读物的重要组成部分,也是河北省首部面向政府部门各级领导干部的气象灾害防御科普读本
47	2017年3月10日	省气象局启动了"森林防火气象服务预案",即每周两次向省森林防火指挥部办公室发送"春季森林防火气象预报"。内容包括天气实况、全省区域未来3天天气预报、各林区火险等级预报等
48	2017年3月14日	河北省气象局、河北省教育厅、河北省科学技术厅、河北省科学技术协会联合发文,组织开展"气象科普进校园活动",以全面提升广大青少年抵御自然灾害的综合防范能力
49	2017年3月22日	中国气象局党组书记、局长刘雅鸣赴河北省调研气象工作。她要求,从服务国家战略和满足地方发展需求出发,找准切入点,以冬奥会气象保障服务为契机,推动河北气象服务、科研水平再上新台阶。刘雅鸣先后深入石家庄飞机人工增雨和科学实验基地、河北中航通用航空有限公司,了解河北省气象局在气象灾害防御、环境气象服务、专业气象服务等方面的工作情况。她要求河北省气象局加强基础设施应用工作,进一步发挥区域性人工影响天气在防灾减灾中的作用
50	2017年3月23日	"气象科普进校园活动"启动仪式在省气象局顺利举行。省气象局办公室主任刘怀玉,冀云公司董事长赵妙文,以及河北省教育厅、河北省科技厅、河北省科协联合会相关领导出席仪式。"气象科普进校园活动"是河北省气象局2017年科普工作的重点项目,得到了省教育厅、省科技厅、省科协联合会三厅局的支持。以增强广大青少年崇尚科学、近距离接触气象科普知识、培养创新思维和科学精神为目的,以多种活动形式为媒介……"气象科普进校园活动"主要包括气象专家专题讲座、"科普大篷车"亲身体验、主题诗歌征文、气象主播大赛、气象科普知识电视大赛等,活动从3月23日世界气象日开始,9月17日全国科普日结束,历时近半年

序号	时间	灾后学习行动
51	2017年 4月9日	中国气象局气象信息化领导小组办公室常务副主任曾沁、金琪一行两人到河北省调研指导气象信息化工作,省气象局副局长彭军陪同研讨。调研组先后听取了河北省集约化平台、资源池、CIMISS业务化、数据环境和云平台等项目工作进展情况汇报,对河北省气象信息化取得的成绩表示充分肯定
52	2017年 4月27日	第四届河北省气象行业天气预报职业技能竞赛在河北分院落下帷幕。经过两个比赛日的激烈角逐,省气象台曹晓冲夺得了个人全能第一名,省气象台1队团体排名第一
53	2017年 5月5日	国家气候中心决策服务首席研究员周兵应邀到河北省气候中心做了题为"现代气候服务的科学支撑与重大机遇和挑战"专题报告。省气象科研所和省气象服务中心等单位业务人员也参加了报告会。省局彭军副局长全程参加了报告会并对气候中心创新发展和人才建设进行了指导,对各项重点工作提出了具体要求。周兵分别就近期气候服务重点、2016年中国气象局气象服务成功案例、现代气象服务面临新挑战与机遇三个主题进行了详细的讲解,结合自己丰富的技术研究、决策服务材料编制以及应对媒体经验,对未来气候决策服务、公共服务、行业服务的发展和服务"一带一路"、雄安新区规划建设、"智慧气象"提出了建设性的意见和建议,并就一些气候服务创新和相关技术问题与大家进行了沟通交流
54	2017年 5月5日	日前,冀云公司与中国移动河北分公司共同开发智慧气象大数据平台,将依据用户特征,满足其精细化气象信息需求,并进一步优化服务内容
55	2017年 5月9日	河北省气候中心组织召开专家咨询会,对河北省气候中心与南京信息工程大学地理与遥感学院开展的局校合作项目进行了论证。省气象局预报处、减灾处、省气象科学研究所、省气候中心等单位的专家参加了会议,并对项目研究内容提出了针对性的指导建议。省气候中心希望通过局校合作的机制,凭借高校的科研资源,解决业务发展的难点问题
56	2017年 5月15日	河北省气象部门处级领导干部首期培训在河北分院举行开班仪式。河北省气象局党组书记、局长宋善允出席开班仪式,河北分院副院长赵京波主持。培训共举办2期,每期4天,对象为河北省各市、各直属单位、企业、各内设机构所有处级领导干部,内容涉及深化全面从严治党、全面提升气象现代化质量和效益及专题讲座等主要教学单元。此次培训对象为38位各单位主要负责人,培训课程于5月19日结束
57	2017然后 5月15日	河北省气象局组织收听收看了全国汛期气象服务再动员电视电话会议。局长宋善允、副局长彭军在省局分会场出席会议。会后,对做好河北省汛期气象服务工作提出明确要求。河北省气象局要求重点做好四方面工作:……二是梳理和完善省、市、县汛期服务制度、规程、规范、量化监测预报预警工作职责,做到职责明了、责任明确、各项规章制度严格执行、服务工作全程留痕,压实气象服务和气象灾害防御的责任……

续表

序号	时间	灾后学习行动
58	2017年5月25日	中国气象局党组副书记、副局长许小峰应邀到河北行政学院为河北省领导干部防灾减灾救灾专题培训班授课。河北省领导干部防灾减灾救灾专题培训班由河北省委组织部、省人力资源和社会保障厅、省公务员局、河北行政学院、省气象局、省水利厅联合举办，旨在提升各级党政领导干部对综合防灾减灾工作的组织领导能力，提高应急处置和救灾重建的决策指挥能力，授课内容包括气象灾害防御体系构建与综合防御能力提升、防灾减灾与气象科技发展、防汛抗洪指挥与抢险救灾处置、突发事件危机沟通与舆情应对、国外灾后重建经验与启示等
59	2017年6月5日	全国气象部门优秀青年干部综合素质培训第7期培训班在河北分院开班。河北省气象局党组书记、局长宋善允，干部学院教务处处长孙博阳出席开班仪式，河北分院常务副院长李志强主持。该班是在对前期试点总结基础上，作为国家级重点培训项目正式开展培训，由河北分院和湖南分院同步举办，河北教学点共有来自全国31个省区市气象局及7个中国气象局直属单位的38名学员参加，培训将于6月23日结束
60	2017年6月8日	为加强省级气候业务对市级的指导和技术支撑，提高市级气候分析和影响评估业务能力，由河北省气象局应急减灾处、预报与科技处主办，河北省气候中心承办的气候业务专题培训会近日在石家庄召开。全省11个区、市气象局和省气候中心共计32名业务骨干参加了此次培训
61	2017年6月9日	2017年上半年大气科学专业基础知识培训班的全体学员到中国气象局进行现场体验式教学
62	2017年6月23日	河北省气象局、河北省进德基金会联合中国扶贫基金会、河北省地震局、河北省人民医院在石家庄正定西平乐联校开展"向灾害Say No"防灾应急演练，并在学校五年级的三个班分别开展气象防灾科普讲座、地震逃生讲座、医疗紧急救助演练
63	2017年7月3日	中国气象局副局长矫梅燕到河北调研指导气象工作。要求结合新形势加强思考与谋划，进一步强化防灾减灾工作中的部门主体责任，充分发挥管理职能，促进防灾减灾能力建设提质增效。一行先后深入顺平县气象局、石家庄飞机人工增雨和科学实验基地、省气象台等单位检查指导。在顺平县气象局，她表示，县级气象部门要充分利用指导产品，提升预警信息发布能力；进一步明确属地责任，推动县级防灾减灾工作标准化
64	2017年7月5日	17时发布暴雨蓝色预警信号。河北省气象局于17时30分启动重大气象灾害（暴雨）应急预案四级应急响应，要求省气象部门相关单位立即进入四级应急响应状态，按照暴雨四级应急响应工作流程做好应急响应工作，实行24小时应急值守和负责人带班制度，全力做好应急响应和气象预报预警服务及信息报送工作。各市气象局密切关注天气形势发展，适时调整应急响应级别，指导好直管县气象局及所辖县（市、区）气象局做好预报预警服务工作

续表

序号	时间	灾后学习行动
65	2017年 7月5日	北京市平谷区、天津市蓟州区与河北省兴隆县应急办会同三地气象、水务部门共同商洽应急合作及汛期应急联动工作,会议在河北省兴隆县召开。会上,三地就汛期降水情况、应急响应机制、上下游天气信息交互等进行交流与研讨。随后,平谷区应急办与兴隆县应急办签订了《应急管理工作合作协议》。明确了合作宗旨为通过健全完善沟通协调和合作交流机制,实现信息互通、预案对接、联演联训、资源共享、处置协同,促进区域间应急管理水平的整体提升
66	2017年 7月10日	省气象灾害防御指挥部印发《关于做好应对近期持续性高温天气的通知》,要求各级气象灾害防御指挥部密切关注当前高温天气情况及未来变化趋势,按照《河北省暴雪大风寒潮大雾高温灾害防御办法》要求,适时启动应急响应,落实各项防御措施,安排部署好高温天气的防范工作
67	2017年 7月12日	河北省气象灾害(暴雨)防御应急演练在赞皇县举行。演练模拟赞皇县太行山沿山地区出现大暴雨天气过程,该县嶂石岩景区附近降雨量超过300毫米,县气象局与石家庄市气象台会商后,将暴雨预警等级由黄色提升为红色。演练结束后,河北省政府应急办对演练进行了总结,就提高演练精细化程度、村民和游客转移速度、部门之间联动程度等方面提出了要求
68	2017年 7月18日	河北省气象灾害防御中心、省规划设计院与邢台市气象局就城市内涝监测预警系统建设达成合作意向,将联合开展城市内涝监测预警服务工作。据悉,城市内涝监测预警服务工作所需数据繁杂、管理部门多、技术门槛高,为了推动此项工作的顺利开展,河北在相关部门间构建了"两横一纵"的新型合作模式,通过部门联合,共同推动城市内涝监测预警服务

资料来源:笔者根据河北省气象局网站、邢台市新闻网以及邢台市气象局网站信息整理。

表B2 "7·19"暴雨后邯郸及邢台市政府及气象局灾后学习行动

序号	时间	灾后学习行动
1	2016年7月19日	15:30邯郸市在市民服务中心举办新闻发布会,市防汛抗旱指挥办、市气象局、市城管执法局、市交通局战备办、市交警指挥中心负责同志,就18日至19日强降雨情况及邯郸市应对措施进行通报
2	2016年7月29日	邯郸市委、市政府召开例行调度会议,听取受灾重点县(市、区)工作汇报,现场协调解决存在的主要问题,大力推进救灾和灾后重建工作,市委书记高宏志、市长王会勇等出席会议
3	2016年8月1日	《邯郸市肥乡县人民政府办公室关于印发肥乡县重大气象灾害应急预案(修订稿)的通知》
4	2016年8月2日	南宫市气象局开展新型农业主体暨气象信息员培训
5	2016年8月8日	邯郸市召开"7·19"特大洪水灾害灾后重建工作动员大会,深入学习贯彻习近平总书记视察唐山时的重要讲话精神,按照全省动员会安排部署
6	2016年8月9日	《邯郸市肥乡县人民政府办公室关于成立肥乡县突发事件应对工作专家组的通知》
7	2016年8月29日	邯郸市大名县政府下发了《大名县2016年气象防灾减灾绩效考核管理工作实施方案》。该方案明确了各相关单位在气象防灾减灾中的责任分工、主要任务等相关职责,并制定了《2016年大名县气象防灾减灾绩效考评指标体系》,要求各相关单位按照考核指标按时上报相关文件资料等。该方案的实施,进一步深化了气象防灾减灾绩效管理,为提升大名县气象灾害综合防御能力提供了制度保障
8	2016年8月29日	邯郸市磁县气象局技术人员对全县各区域自动气象站设备进行全面巡查和维护,对区域自动站供电系统、采集器、通信线路、太阳能板和雨量传感器进行维护检查。翟学进局长要求工作人员要进一步加强气象设备的运行监控,及时排除故障设备,为做好后汛期气象服务提供强有力支撑
9	2016年9月6日	邯郸市临漳县政府印发了《2016年临漳县气象防灾减灾绩效管理工作方案》(以下简称《方案》),进一步深化了气象防灾减灾绩效管理工作,提升了临漳县气象灾害综合防御能力。《方案》制定了《2016年临漳县气象防灾减灾绩效考评指标体系》,要求各相关单位按照考核指标按时上报相关文件资料等
10	2016年9月10日	为切实做好"十一"黄金周假日旅游的气象保障服务,邯郸市大名县气象局召开专题会议,进行了全面的安排和部署。一是加强值班制度,……三是及时发布天气预报预警,利用微博、微信、电子显示屏、短信等多种形式向社会公众发布气象预报信息和出行提示,为公众出行、旅游等提供准确、及时的预报服务
11	2016年9月13日	邯郸市政府应急办组织召开全市应急管理工作座谈会。邯郸市气象局作为11个代表部门之一做典型发言,市政府刘弘瑛秘书长对市气象局各项气象应急工作给予高度肯定。各县(市、区)人民政府及市直有关部门主管负责同志参加座谈会
12	2016年9月20日	邯郸市永年县气象局全体干部职工为最大限度地减轻灾害损失,众志成城,日夜坚守,实时跟踪最新天气变化,及时发布预警、雨情,为全县抗洪救灾的顺利进行保驾护航。因表现突出,县委、县政府特授予永年县气象局"抗洪救灾模范单位"称号

续表

序号	时间	灾后学习行动
13	2016年10月10日	邯郸市武安观测站就今年汛期工作召开总结会议。会议对今年汛期以来重大灾害性天气过程（特别是"7·19"天气过程）、自动站运行情况、防汛值班中工作制度落实情况、存在的主要问题进行了总结，并对汛期结束后需要继续学习和改进的地方进行了部署
14	2016年10月15日	为进一步落实好基层气象灾害防御工作，让气象灾害防御知识走进农村、走进农户，提高农村气象灾害防御能力。近日，涉县乡镇气象信息员培训班在龙虎乡正式开班。龙虎乡气象协理员及所辖16个村的气象信息员参加了此次培训。培训内容主要包括气象基础知识、气象灾害及其防御、气象灾情调查评估和气象灾情收集上报、气象信息服务站和气象信息员工作职责等，并展开了交流讨论。同时，向气象信息员赠送《气象信息员工作手册》、《气象防灾减灾手册》、防雷减灾和气象防灾减灾知识等宣传材料
15	2016年10月20日	邯郸市气象局启动下半年"双随机"检查事中事后监管工作
16	2016年10月25日	20日到26日邯郸市出现连续阴雨天气，邯郸市气象台对此次连续阴雨天气过程做出了准确的预报。此次过程，气象台共发布《雨情公报》4期、《气象信息周报》1期。各种预报和实况信息及时通过传真、网络等途径为市防汛抗旱指挥部、市委办公厅、市政府办公厅、市农工委、市政府农业处、市政府应急办、各县（市）气象局等有关部门服务，并通过96121、短信、微信、报纸等媒介向公众传递
17	2016年11月7日	邯郸市气象局论文《基于二维信息扩散模型的邯郸市暴雨内涝风险研究》在"中国灾害防御协会风险分析专业委员会第七届年会"上获奖
18	2016年11月15日	经气象局与环保局会商研判，邯郸市政府于11月15日至11月21日，在全市范围内发布重污染天气红色预警并启动一级减排措施，生态与农业气象中心认真配合响应，全力做好服务工作。11月15日，向市政府重污染天气应急领导小组办公室发布了预警报告
19	2016年12月13日	邯郸市气象局蔡守新副局长应邀到邯郸市委党校为秋冬季处级班和中青班共计130余名学员开展气象防灾减灾知识专题讲座
20	2017年1月13日	2016年春运已经拉开序幕。邯郸市气象局按照河北省气象局和邯郸市委、市政府的要求，全面部署、科学谋划，积极做好春运期间气象保障服务工作
21	2017年2月8日	邯郸市西部涉县、磁县、峰峰矿区、武安市普降小雪。市气象灾害防御指挥部办公室及时通过邯郸市气象灾害防御微信群发布了降雪预报信息，指导相关部门做好应对措施。公路养护部门接到预报信息后，通过部门平台及时下发传达，涉县交运局公路站立即启动除雪保畅应急预案，……开展除雪工作，在隧道、急弯、临水临崖及路面积雪处增设醒目的警示标识，采用倾撒融雪剂等方式及时消除安全隐患。供电部门……加强巡视，保障设备正常运转。民政部门……及时检查，做好救助工作，保障人民群众的基本生活
22	2017年3月3日	邯郸市气象局与河北工程大学信息与电气工程学院召开合作研讨会。郭树军局长介绍了邯郸气象业务、服务、科研现状和气象事业发展概况，指出气象与各行各业关系密切，邯郸市气象局拥有场地、资料、设备优势，学院智力资源充沛，双方可以在多领域开展合作

续表

序号	时间	灾后学习行动
23	2017年3月7日	广平县气象灾害防御指挥部人员调整到位。根据广政办字〔2017〕14号文《广平县人民政府办公室关于调整广平县气象灾害应急防御指挥部成员的通知》，广平县气象徐党英局长担任广平县气象灾害应急防御指挥部副指挥长。旨在提高气象灾害应急处置能力，保障气象灾害应急工作高效、有序进行
24	2017年3月13日	为贯彻落实好《气象设施和气象探测环境保护条例》，保护好气象探测环境，确保气象工作正常顺利运行，局长徐党英带队先后到广平县北张固村村民家中，就广平县气象局气象大院墙东侧和气象观测场周围的几排树木砍伐问题进行交谈沟通
25	2016年7月18日	邢台市气象局启动（暴雨）四级应急响应
26	2016年7月20日	邢台市政府召开防汛抗洪抢险救灾电视电话会议部署工作，要求科学精准测预报
27	2016年7月22日	邢台市气象部门在市防汛抗旱指挥部汇报工作
28	2016年7月23日	邢台市防汛抗旱指挥部召开新闻发布会，回应网民关注问题
29	2016年7月24日	邢台市气象局联合国土资源局发布《市地质灾害气象风险预警信息》
30	2016年7月27日	邢台市气象局针对"7·19"暴雨气象服务工作召开研讨会
31	2016年7月28日	邢台市气象台连续发布雷电黄色预警和大风橙色预警
32	2016年7月29日	邢台市政府召开抗洪抢险救灾重建工作电视电话会议
33	2016年8月15日	邢台市气象局再次发布暴雨蓝色/橙色预警
34	2016年8月16日	邢台沙河市气象局与市城防办联合签署《城市气象防灾减灾协议》
35	2016年8月23日	邢台下发文件重新明确气象信息员、协理员等工作职责
36	2016年8月24日	邢台市宁晋县气象、安监部门与重点企业联合开展应急演练
37	2016年8月29日	邢台市广宗县气象局与广宗县政府网、广播电视台、电信运营分公司签署合作协议
38	2016年9月8日	河北省气象局与邢台市政府在邢台市召开共同推进邢台气象现代化建设合作联席会议。会议听取了邢台市气象局关于市厅合作协议落实及"十三五"气象事业谋划情况的汇报，总结"十二五"期间市厅合作共建工作取得的成绩，研究推进"十三五"期间合作共建重点内容。河北省气象局副局长张晶、邢台市副市长邱文双出席会议并讲话

续表

序号	时间	灾后学习行动
39	2016年9月14日	邢台市下发《关于进一步加强气象信息员队伍建设的意见》
40	2016年10月19日	邢台市气象局召开党组会议，研讨气象信息化和智慧信息
41	2016年11月3日	邢台市气象局召开全市气象现代化推进会
42	2016年11月11日	由河北省气象与生态环境重点实验室和河北省气象学会主办、邯郸市气象局承办的"'7.19'特大暴雨研究学术交流会"在邯郸市召开
43	2016年11月15日	邢台市气象局组织专题调研，提交报告并获批
44	2016年12月19日	邢台市委宣传部印发《邢台市气象灾害预警信号媒体发布办法》，加强气象预警媒体发布管理
45	2016年12月28日	邢台市气象局组织《邢台市灾害性天气预警信号制作发布实施细则》学习培训会
46	2017年1月22日	邢台市气象局召开2017年全市气象局长会议，部署七大工作

资料来源：笔者根据河北省气象局网站、邢台市新闻网以及邢台市气象局网站信息整理。

表B3 "7·21"暴雨灾害后北京市政府及市气象局灾后学习行动

序号	时间	灾后学习行动
1	2012年7月21日	9:30北京市气象台发布第一次暴雨蓝色预警信号； 11:40北京市国土资源局与北京市气象局联合发布地质灾害黄色预警； 14:40北京市气象台将暴雨蓝色预警信号上升到了暴雨黄色预警信号； 15:30北京市气象台第二次发布暴雨黄色预警； 18:30北京市气象台发布暴雨橙色预警信号
2	2012年7月21日	市委书记郭金龙召开应对"7·21"强降雨专题会议，对防汛抢险工作提出明确要求
3	2012年7月21日	三大电信运营商开启多渠道发布窗口
4	2012年7月22日	下午举行"7·21"强降雨新闻发布会介绍强降雨的特点和北京市抗击强降雨的有益做法。北京市政府新闻办22时40分通报北京市境内因暴雨死亡37人（截至22日17时）
5	2012年7月23日	北京市气象局副局长表示：因基站数量有限，暴雨预警短信难以做到全覆盖，手机预警信息发送尚有技术障碍。对此中国移动和中国联通分别做出回应，称"全网发送短信没有技术障碍"

续表

序号	时间	灾后学习行动
6	2012年7月23日	23日晚市委书记郭金龙等市领导深入"7·21"特大自然灾害重灾区房山区检查指导救灾善后工作，慰问救灾牺牲的干部和遇难群众李营家属，看望奋战在抢险一线的解放军武警官兵和本市干部职工，检查指导救灾善后工作。市委副书记、市政府党组书记、市政协主席王安顺一同慰问
7	2012年7月23日	晚11时，市委书记郭金龙在赴房山区实地查看灾情并慰问受灾群众后，又赶回市应急办指挥中心主持召开市委政府领导干部会议，部署"7·21"特大自然灾害救灾善后工作。市委副书记王安顺，市委副书记、常务副市长吉林出席会议，就抢险救灾中的重点工作进行了分析会商。会议决定，成立由李士祥任组长的市"7·21"特大自然灾害救灾工作领导小组，统筹协调做好救灾善后维稳工作
8	2012年7月24日	23时25分北京市气象台发布解除暴雨预警信息
9	2012年7月25日	北京市气象台台长丁德平称：截至7月25日晚20时，市气象台联合三大电信运营商在公共媒体平台共发送气象预警信息1170万条
10	2012年7月25日	9:30气象局联合国土资源局发布地质灾害黄色预警
11	2012年7月25日	上午市政府召开全市防汛工作紧急部署会。市委常委牛有成、副市长夏占义出席会议。会议要求加强隐患排查，主汛期期间，各级部门要加强应急值守，广播、电视、网络要实时发布汛情和预警信息
12	2012年7月25日	21:30北京市政府新闻办公室召开"7·21"特大自然灾害情况通报会（第二次），北京市防汛指挥部副指挥长（新闻发言人）潘安君再次强调这场大雨的"61年一遇"。此外，北京市交通运输委主任、新闻发言人李晓松，北京市国土资源局副局长、新闻发言人张维，房山区委常委、常务副区长李江，北京市住房和城乡建设委员会副总工程师李自强，北京市气象台总工程师、首席播报员孙继松均出席通报会并发言
13	2012年7月26日	20:00时，市防汛抗旱指挥部举行新闻发布会，新闻发言人潘安君正式公布"7·21"特大自然灾害遇难人员情况
14	2012年7月26日	民政部部长李立国率领由国务院应急办、国家发改委、教育部、民政部、财政部、国土资源部、住房和城乡建设部、交通运输部、水利部、农业部、卫生部和气象局等12个部门组成的国务院救灾工作组来京看望慰问受灾群众，实地查看灾情（房山区周口店镇黄山店村），研究进一步加大救灾工作力度的措施，提出要继续加大救灾支持力度，全力保障北京防灾减灾。市委副书记、代市长、市政协主席王安顺陪同。李立国说，下一步的重点工作是继续加强气象信息、灾害信息的预测和预警；加快灾害损毁设施尤其是各种生命线工程和基础设施的修复重建，从根本上提高防灾减灾能力。王安顺表示，将用实际行动落实好救灾工作组的要求，把各项措施做得更加细致周到。……我们还要推进防灾减灾知识普及教育，提高市民的避险自救能力，提升灾害的预警预报能力，通过各种手段保证信息传播全覆盖

序号	时间	灾后学习行动
15	2012年7月26日	市委书记郭金龙来到门头沟区实地了解险村搬迁情况,看望受灾安置群众,指导救灾善后工作。他指出,要认真贯彻落实中央棚户区改造政策,在解决好群众居住问题的同时加强城市基础设施建设,从根本上保证人民生命财产安全
16	2012年7月27日	上午11时左右,市委书记郭金龙,市委副书记、代市长王安顺,市委副书记吉林来到拒马河畔灾情严重的十渡,与当地群众一起,向"7·21"特大自然灾害遇难者默哀。郭金龙表示"必须不断反思,永远铭记'7·21'暴雨灾害教训",不断加强和改进我们的工作
17	2012年7月27日	市委书记郭金龙一行来到"7·21"特大自然灾害灾情最为严重的房山区,现场查看受损情况,看望慰问受灾群众,部署救灾善后工作,要求让受灾群众在8月5日前住进安置房
18	2012年7月27日	晚9点后市委书记郭金龙,市委副书记、代市长、市政协主席王安顺雨夜驱车前往复兴门、莲花桥、南岗洼桥等几个积水点实地检查值勤值守情况,并赴房山查看雨情。市委副书记吉林在市应急指挥中心值守。凌晨市领导回到市应急指挥中心召开会议,通过视频系统向有关部门、区县总结检查情况,部署防汛工作。王安顺强调,有关部门要及时到达第一线指挥协调交通、排水、救援等工作;公安、消防、园林绿化、排水、应急、防汛等关键部门一定要有专人值守,提前到位,确保每个重要部位都有人负责。郭金龙说,我们要吸取"7·21"特大自然灾害的教训,深刻反思,改进工作,让精神振作起来,作风硬朗起来,制度执行起来,责任明确起来
19	2012年7月29日	市委常委、常务副市长李士祥,副市长丁向阳一同驱车前往通州区、丰台区,查看灾情及善后处置工作,并与区相关负责同志共同研究下一步工作
20	2012年7月31日	市政府召开会议,研究部署北京市"7·21"特大自然灾害救灾善后工作。市委副书记、代市长王安顺主持会议。会议听取并原则通过市"7·21"特大自然灾害善后工作领导小组办公室提交讨论的《关于北京市"7·21"特大自然灾害救灾善后工作的报告》。会议对防汛工作进行了部署:要认真排查各类隐患,提高警惕,不放过灾害易发区域的任何险情
21	2012年7月31日	北京市副市长陈刚陪同国土资源部副部长汪民一行到房山区周口店查看灾情及损失、安置房建设情况,汪民强调,在临时安置和灾后重建工作中,要对场地、选址进行地灾危险性评估,并要认真总结"7·21"特大自然灾害中暴露出的工作薄弱环节,修订完善防灾预案
22	2012年8月1日	市委常委会召开会议,听取"7·21"特大自然灾害救灾善后工作情况汇报,研究部署下一阶段任务,市委书记王安顺主持会议
23	2012年8月1日	市委组织部召开工作部署会并印发文件,要求各级党委政府着眼于建设高素质领导班子和干部队伍,充分发挥考核导向作用,将领导班子领导干部救灾表现纳入组织考核

续表

序号	时间	灾后学习行动
24	2012年8月2日	郭金龙到"7·21"暴雨积水严重立交桥区域调研,要求加强应急管理,着力提高应急处置能力,王安顺、吉林一同参加调研。郭金龙查看了左安门桥、莲花桥汛期应急准备措施和演练。随后主持召开座谈会,指出:"7·21"特大自然灾害再次警示我们,要高度重视,采取坚决有力的措施,尽快解决问题,以实际行动吸取教训,改进工作。吉林在讲话中指出,各单位、各部门在灾后要及时总结经验教训,灾害中暴露出的问题要深刻反思,切实改进,及时整改,用各种方式,集中精力解决问题
25	2012年8月5日	北京市委书记郭金龙来到丰台、房山两区,现场调研河道疏浚整治及水系规划建设情况。郭金龙强调,要加大泥石流易发区遇灾预警力度,加大险户险村的搬迁力度。王安顺要求,要切实做好农村山区地质灾害防治工作,排查泥石流、山洪、采空区等灾害隐患
26	2012年8月10日	市委书记郭金龙深入密云、怀柔深山区,现场查看地质灾害隐患区域地貌特点,研究加快推进险村险户安置转移工作。怀柔琉璃庙镇龙泉峪村地处山洪泥石流易发区,村里防汛措施十分严密,转移路线上设置了明确路标,地势较高处搭建了防汛帐篷,蓄水井口铺上了防护网,电线杆上架好了防汛喇叭。由于措施到位,"7·21"特大自然灾害中村里无人伤亡。郭金龙充分肯定了近年来山区搬迁工作取得的成绩、积累的经验,要求有关部门推广成功经验,在安置转移过程中认真做好群众工作。王安顺、吉林参加调研
27	2012年8月11日	市委副书记、政法委记吉林率队检查门头沟区灾后恢复情况,实地了解门头沟区"7·21"特大自然灾害救灾善后情况
28	2012年8月14日	市政府召开专题会议,研究"7·21"特大自然灾害善后等事项,代市长王安顺主持会议。会议听取"7·21"特大自然灾害善后工作进展情况的汇报后,对进一步做好善后工作提出要求:继续做好防汛抗灾工作,强化预警预报和值守,完善应急预案,加强对泥石流高发区和重点地区的安全监测,及时排除隐患。此议题拟提交市委常委会审议。会议研究了《关于加快推进水利工程建设提高防洪能力的实施意见(2012~2015年)》
29	2012年8月15日	市委常委召开会议研究部署"7·21"特大自然灾害救灾善后工作,市委书记郭金龙主持会议,会议听取了关于"7·21"特大自然灾害救灾善后工作进展情况的汇报;研究了《关于实施新一轮(2013~2017年)山区地质灾害隐患区及生存条件恶劣地区农民搬迁工程的意见》,会议还研究了《关于加快推进中小河道水利工程建设提高防洪能力的实施意见(2012~2015年)》
30	2012年8月24日	中国气象局公共服务中心主任孙健表示,我国将建设预警发布系统让公众10分钟收到信息
31	2012年8月24日	北京市委市政府召开座谈会,听取城市规划、防灾减灾、应急管理等方面专家和市民代表的意见建议,郭金龙要求"更加注重遇灾预警机制建设,进一步完善应急预案,切实改进预警方式,用群众能够听得懂的语言告知灾害的程度,引导群众及时避险"。王安顺表示,"7·21"特大自然灾害给我们的教训非常深刻,痛定思痛,我们必须举一反三,加强城市规划、建设、管理和应急处置等方方面面的工作

续表

序号	时间	灾后学习行动
32	2012年8月31日	北京市召开应急和防汛电视电话会议，要求各区县各部门继续落实好备勤值守，加强对重点区域的检查，实时通报雨情汛情和各类信息，保持对雨情的密切跟踪和实时研判
33	2012年9月1日	市委副书记、代市长、市应急委主任王安顺在市应急指挥中心指导部署下一阶段防汛工作，要求全市全力做好应对暴雨各项工作。王安顺表示，有了应对"7·21"特大自然灾害的经验，全市汛情雨情预报工作更加准确，各项应急减灾措施更加到位，防灾自救意识理念更加深入人心
34	2012年9月6日	市应急委召开第七次全体会议，会议宣布了根据市领导分工对市应急委领导成员调整情况。市委副书记、代市长、市应急委主任王安顺强调，要充分认识首都在全国维护稳定工作中的重中之重地位，切实把加强应急体系建设放在首都工作全局更加突出的位置，注重打造协调高效的应急指挥体系，完善快速反应的应急处置机制
35	2012年9月17日	17~21日，北京市应急办在海淀区委党校举办了2012年本市应急系统管理干部应急实务培训班，组织学员赴房山区学习考察了"7·21"特大自然灾害应对及灾后重建工作，参观了海淀展示中心。市各专项应急指挥部办公室和相关单位应急处室、各区县应急办负责同志共70余人参加此次培训
36	2013年5月	北京市应急办、市经济信息化委和市气象局联合研发"北京服务您"应急信息快速发布系统正式运行，安装了"北京服务您"APP的手机用户，几秒之内，就能收到诸如暴雨、暴雪、交通事故等突发灾害和预警的信息
37	2014年8月	市机构编制委员会办公室正式批复成立预警中心
38	2014年12月29日	北京市突发事件预警信息发布中心（以下简称"预警中心"）正式成立
39	2015年8月6日	北京市气象局减灾处、预警中心调研密云气象预警工作
40	2015年7月23日	市气象局减灾处、气象服务中心主任、预警中心一行到清华大学公共安全研究院调研气象防灾减灾与预警信息发布相关工作及合作事宜
41	2016年5月23日	北京市启用暴雨预警信号新标准
42	2016年7月18日	北京市气象部门多种渠道消除预警信息发布"盲区"
43	2016年7月26日	《北京市"十三五"时期气象事业发展规划》印发，提出将突发事件预警信息发布系统建设工程作为六大主要任务之一
44	2016年8月9日	北京市应急办调研平谷预警信息发布工作，是市、区两级预警信息发布工作的一次互动

资料来源：笔者根据北京市应急委网站、北京市气象局网站以及房山区政府网站有关信息整理。

表 B4 "7·21"暴雨灾害后北京市区县政府及区县气象局灾后学习行动

序号	时间	灾后学习行动
1	2012年7月23日	房山区民政局及时核实并通告称敬老院老人0人伤亡，并全部安置安全地带
2	2012年9月10日	《加强"7·21"特大自然灾害抢险救灾政府信息公开工作的通知》（房政办发〔2012〕63号）
3	2012年9月10日	《成立房山区"7·21"特大自然灾害善后工作领导小组的通知》（房政办发〔2012〕59号）
4	2012年10月19日	《印发加强房山区气象灾害监测预警及信息发布工作实施意见的通知》（房政发〔2012〕27号）
5	2012年11月1日	2012年为民办实事项目"城乡数字广播信息平台建设"启动，受"7·21"影响，全部工程将于2013年10月完工
6	2013年3月12日	城乡数字广播信息平台项目二期工程目前开始村级设备安装，为民办实事取得进展
7	2013年6月6日	房山区城乡数字广播信息平台二期工程基本完工
8	2014年1月17日	《关于成立房山区气象灾害防御指挥部的通知》（房政办发〔2013〕89号）
9	2014年8月12日	《转房山国土分局关于房山区地质灾害气象风险预警发布工作方案的通知》（房政办发〔2014〕51号）
10	2014年12月	怀柔区率先建立区级突发事件预警信息发布分中心，统筹协调全区的预警信息发布工作
11	2015年9月	北京市区县气象灾害防御中心与预警信息发布中心建设工作进展可喜，地方机构增加数量为8个，地方编制增加数量为46个
12	2015年10月	北京市14个区县政府-街乡镇-村和社区的三级气象防灾减灾体系基本健全，全市14个区县设立气象防灾减灾领导机构，建立气象防灾减灾工作联席会议制度
13	2015年12月5日	全市各区县突发事件预警信息发布能力加快提升
14	2016年2月1日	海淀区突发事件预警信息发布系统项目通过区委常委会审议
15	2016年2月18日	"北京市朝阳区突发事件预警信息发布中心"批复成立
16	2016年5月27日	怀柔区气象局联合区应急办、防汛办、森防办、国土分局、环保局等部门举办突发事件预警信息发布演练
17	2016年6月24日	海淀区气象局全面融入地方社会管理平台，气象预报预警科普添新手段，海淀区气象局实时预警信息和气象科普宣传正式对接海淀区"违章拍"系统
18	2016年10月7日	石景山气象局加大部门合作（区科协），进一步拓展预警信息发布终端

资料来源：笔者根据北京市应急委网站、北京市气象局网站以及房山区政府网站有关信息整理。

附录 C　访谈提纲

（目标人群是参加过芦山或者鲁甸应急电台的工作人员和志愿者）

1. 请问您参与了芦山和鲁甸地震应急电台启动的哪些方面？

2. 请问您在这两次应急广播启动中承担了什么任务？

3. 您觉得芦山地震应急广播电台启动中，准备、预警、响应、运行阶段有什么不足吗？

4. 您觉得针对这些不足芦山地震后国家应急广播中心是否进行了组织学习？做了哪些改进？

5. 您认为这些改进如何体现在鲁甸应急广播电台的启动当中，接下来将请您具体描述一下准备、预警、响应、运行阶段分别有哪些改进。

一、准备阶段

1. 您认为应急广播机构设立方面是否有改进？有什么改进？通过何种方式？

2. 您认为法律法规机制建设方面是否有改进？有什么改进？通过何种方式？

3. 您认为技术标准规范方面是否有改进？有什么改进？通过何种方式？

4. 您认为培训演练方面是否有改进？有什么改进？通过何种方式？

5.您认为资源准备方面是否有改进？有什么改进？通过何种方式？

二、预警阶段

1.您认为信息汇集来源畅通方面是否有改进？有什么改进？通过何种方式？

2.您认为信息的采集与沟通方面是否有改进？有什么改进？通过何种方式？

3.您认为信息播报准确及时方面是否有改进？有什么改进？通过何种方式？

三、响应阶段

1.您认为决策方式方面是否有改进？有什么改进？通过何种方式？

2.您认为决策速度方面是否有改进？有什么改进？通过何种方式？

3.您认为到达及时方面是否有在改进？有什么改进？通过何种方式？

四、运行阶段

1.您认为节目内容方面是否有改进？有什么改进？通过何种方式？

2.您认为覆盖范围方面是否有改进？有什么改进？通过何种方式？

五、绩效提升

1.你觉得国家应急广播电台在芦山、鲁甸、景谷3次启动中是否存在绩效的提升？

2.如果有绩效提升，表现在哪些方面？（响应速度、播出内容、听众满意度等方面）

3.您认为如何做才能提高应急广播电台的响应速度？

4.您认为如何做才能提高应急广播电台的内容质量？

5.您认为如何做才能提高应急广播电台的听众满意度？

6.您认为芦山应急电台启动之后您所在组织在哪些方面学习投入最大?您又认为什么绩效指标是最值得提升的? 为什么?

本次访谈到此结束, 感谢您的配合, 祝您一切顺利!

附录D 问卷1

国家应急广播灾后响应与学习提升调查问卷

您好！非常感谢您愿意拨冗参与我们清华大学公共管理学院中国应急管理研究基地的此次问卷调研！本次调研所采集的信息将只用于学术分析和论文写作之中，我们将为您填写的信息保密，请您放心填写。整个问卷填写大概花费您10分钟左右的时间，答案没有对错之分，希望您如实填写每一道题目。谢谢！

【注】问卷中的组织学习是指组织为了促进长期效能和生存发展，而在回应环境变化的实践过程之中，对其根本信念、态度行为、结构安排所做的调整活动。这些调整活动借由正式和非正式的人际互动来实现。例如，召开应急广播大会进行学习和反思就是组织学习的一种，其种类还有很多。

一、基本信息

1.您工作单位的类型为【单选题】【必答题】

A.中央

B.省

C.市

D.县

2. 您在应急广播电台启动中的工作为【单选题】【必答题】

A. 行政人员

B. 采编播人员

C. 技术人员

D. 志愿者及其他

二、芦山地震后组织学习状况

1. 您是否参加了芦山地震应急广播电台启动?【单选题】【必答题】

A. 是

B. 否

2. 您认为芦山地震后应急广播中心是否存在组织学习?【单选题】【必答题】

A. 是

B. 否

3. 请根据国家应急广播·芦山抗震救灾应急电台(以下简称"芦山应急电台")启动的实际情况选择您的看法【请在选择处画√】

	非常不赞同	比较不赞同	中立	比较赞同	非常赞同
我认为芦山应急电台启动前准备充分					
芦山地震时应急广播机构设立较为完善					
芦山应急电台启动前相关法律法规比较完善					
芦山应急电台启动前有相关法律和制度可参照					
芦山应急电台启动前有明确的技术标准和规范					
芦山应急电台启动前进行过培训和演练					
芦山应急电台启动前有专职从事应急广播事务的人员					
芦山应急电台启动前有应急电台通信设备					
我认为芦山应急电台启动前准备不充分					

4. 请根据国家应急广播·芦山抗震救灾应急电台（以下简称"芦山应急电台"）预警信息的实际情况选择您的看法【请在选择处画√】

	非常不赞同	比较不赞同	中立	比较赞同	非常赞同
我认为芦山应急电台预警信息来源明确					
我认为芦山应急电台预警信息来源畅通					
我认为芦山应急电台预警信息采集全面					
我认为芦山应急电台预警信息沟通顺畅					
我认为芦山应急电台预警信息准确					
我认为芦山应急电台预警信息及时					

5. 请根据国家应急广播·芦山抗震救灾应急电台（以下简称"芦山应急电台"）启动与响应（震后 56 小时开播）的实际情况选择您的看法【请在选择处画√】

	非常不赞同	比较不赞同	中立	比较赞同	非常赞同
我认为芦山应急电台启动决策方式合理（中央人民广播电台决策经由国家新闻出版广电总局批复后启动）					
芦山应急电台启动决策快速					
芦山应急电台响应快速					

6. 请根据国家应急广播·芦山抗震救灾应急电台（以下简称"芦山应急电台"）的节目内容与覆盖面等实际情况选择您的看法【请在选择处画√】

	非常不赞同	比较不赞同	中立	比较赞同	非常赞同
我认为芦山应急电台节目内容丰富					
我认为芦山应急电台节目解决灾后需求					
我认为芦山应急电台覆盖范围全面					

三、鲁甸地震后应急响应与组织学习状况

1. 您是否参加了鲁甸地震应急广播电台启动?【单选题】【必答题】

A. 是

B. 否

2. 您认为鲁甸地震后应急广播中心是否存在组织学习？【单选题】【必答题】

A. 是

B. 否

3. 请根据国家应急广播·鲁甸抗震救灾应急电台（以下简称"鲁甸应急电台"）启动的实际情况选择您的看法【请在选择处画√】

	非常不赞同	比较不赞同	中立	比较赞同	非常赞同
我认为鲁甸应急电台启动前准备充分					
鲁甸地震时应急广播机构设立较为完善					
鲁甸应急电台启动前相关法律法规比较完善					
鲁甸应急电台启动前有相关法律和制度可参照					
鲁甸应急电台启动前有明确的技术标准和规范					
鲁甸应急电台启动前进行过培训和演练					
鲁甸应急电台启动前有专职从事应急广播事务的人员					
鲁甸应急电台启动前有应急电台通信设备					
鲁甸为芦山应急电台启动前准备不充分					

4. 请根据国家应急广播·鲁甸抗震救灾应急电台（以下简称"鲁甸应急电台"）预警信息的实际情况选择您的看法【请在选择处画√】

	非常不赞同	比较不赞同	中立	比较赞同	非常赞同
我认为鲁甸应急电台预警信息来源明确					
我认为鲁甸应急电台预警信息来源畅通					
我认为鲁甸应急电台预警信息采集全面					
我认为鲁甸应急电台预警信息沟通顺畅					
我认为鲁甸应急电台预警信息准确					
我认为鲁甸应急电台预警信息及时					

5. 请根据国家应急广播·鲁甸抗震救灾应急电台（以下简称"鲁甸应急电台"）启动与响应（震后 48 小时开播）的实际情况选择您的看法【请在选择处画√】

	非常 不赞同	比较 不赞同	中立	比较 赞同	非常 赞同
我认为鲁甸应急电台启动决策方式合理（中央人民广播电台领导班子决策）					
我认为鲁甸应急电台启动决策快速					
我认为鲁甸应急电台响应快速					

6.请根据国家应急广播·鲁甸抗震救灾应急电台（以下简称"鲁甸应急电台"）的节目内容与覆盖面等实际情况选择您的看法【请在选择处画√】

	非常 不赞同	比较 不赞同	中立	比较 赞同	非常 赞同
我认为鲁甸应急电台节目内容丰富					
我认为鲁甸应急电台节目解决灾后需求					
我认为鲁甸应急电台覆盖范围全面					

四、应急广播电台组织学习对绩效提升的影响

1.您认为哪些因素影响了应急广播电台的响应速度？【多选题】【必答题】

A.应急广播电台启动前准备

B.应急广播机构设立

C.应急广播电台启动前相关法律法规完善程度

D.应急广播电台启动前有明确的技术标准和规范

E.应急广播电台启动前进行过培训和演练

F.应急广播电台启动前有专职从事应急广播事务的人员

G.应急广播电台启动前有应急电台通信设备

H.应急广播电台预警信息来源明确

I.应急广播电台预警信息来源畅通

J.应急广播电台预警信息采集全面

K.应急广播电台预警信息沟通顺畅

L.应急广播电台预警信息准确

M.应急广播电台预警信息及时

N. 芦山应急电台启动决策方式

O. 应急广播电台启动决策速度

P. 其他_____

2.您认为哪些因素影响了应急广播电台的内容质量?【多选题】【必答题】

A. 播出内容多样性

B. 播出时长

C. 播报人员素质水平

D. 信息需求的针对性程度

E. 其他_____

3.您认为哪些因素影响了应急广播电台的听众满意度?【多选题】【必答题】

A. 播出内容多样性

B. 播出时长

C. 播报人员素质水平

F. 信息需求的满足程度

G. 其他_____

4.您认为哪个因素最能衡量应急广播电台的绩效提升?【单选题】【必答题】

A. 响应时间

B. 内容质量

C. 听众满意度高

D. 其他_____

5.请根据两次应急广播运行的实际情况选择您的看法【请在选择处画√】

	非常不赞同	比较不赞同	中立	比较赞同	非常赞同
我认为鲁甸应急电台比芦山应急电台启动和响应更快					
我认为鲁甸应急电台比芦山应急电台内容质量更好					
我认为鲁甸应急电台比芦山应急电台听众满意度更高					

6.您对应急广播绩效提升还有什么建议?

附录 E 问卷 2

您好！非常感谢您愿意拨冗参与我们清华大学公共管理学院中国应急管理研究基地的此次问卷调研！本次调研所采集的信息将只用于学术分析和论文写作之中，我们将为您填写的信息保密，请您放心填写。整个问卷填写大概花费您 10 分钟左右的时间，答案没有对错之分，希望您如实填写每一道题目。谢谢！

1. 鲁甸地震发生后一周内，您了解抗震救灾新闻的主要渠道是什么？[多选题] [必答题]

    A 国家应急广播·鲁甸抗震救灾应急电台

    B 中央人民广播电台·中国之声

    C 中央电视台 各频道

    D 互联网

    E 手机、微博、微信

    F 其他请填写_____

2. 您对国家应急广播·鲁甸抗震救灾应急电台的收听情况？[单选题] [必答题]

    A 经常收听

    B 偶尔收听

C 听说过但从未收听过

D 从未听说过该电台

3. 您对国家应急广播·鲁甸抗震救灾应急电台的总体评价如何？［单选题］［必答题］

A 对我了解抗震救灾信息和知识非常有帮助

B 有一定帮助

C 用处不大

4. 国家应急广播·鲁甸抗震救灾应急电台播出的内容中哪些对您是有用的？［多选题］［必答题］

A 政府公告

B 救灾信息

C 心理抚慰

D 求助信息

E 提供救援的信息

F 灾害提示

G 天气预报

H 其他_____

5. 您一般通过什么工具收听国家应急广播·鲁甸抗震救灾应急电台？［多选题］［必答题］

A 广场大喇叭

B 传统收音机（调频）

C 传统收音机（短波）

D 电视机顶盒收听

E 网络收听

F 手机收听

G 其他_____

6. 您对国家应急广播·鲁甸抗震救灾应急电台是否满意？［单选题］［必

答题]

    A 非常满意

    B 满意

    C 一般

    D 不满意

    E 非常不满意

7. 您对国家应急广播·鲁甸抗震救灾应急电台哪些方面比较满意？ [多选题] [必答题]

    A 播出内容丰富多彩

    B 播出内容满足生活需要

    C 播出时间符合作息规律

    D 收听方式符合习惯

    E 获取信息主要渠道

    F 不清楚

8. 您对国家应急广播·鲁甸抗震救灾应急电台哪些方面比较不满意？

[多选题] [必答题]

    A 播出内容单一乏味

    B 播出内容不符合需要

    C 播出时间干扰休息

    D 收听方式陈旧

    D 不是获取信息主要渠道

    F 没有

9. 您对应急广播绩效提升还有什么建议？

    _____

附录 F 案例基本信息

表 F1 事故的基本信息   单位：人，万元

案例编号	事故发生时间	案例名称	事故发生地	事故类型	死亡人数	受伤人数	直接经济损失
1	2007年4月16日	王庄煤矿瓦斯爆炸	河南省平顶山市	生产安全事故（矿难）	31	9	1088
2	2007年4月18日	清河特殊钢钢水包倾覆	辽宁省铁岭市	生产安全事故	32	6	866.2
3	2007年8月13日	堤溪沱江大桥坍塌事故	湖南省凤凰县	道路交通事故（大桥坍塌）	64	22	3974.7
4	2007年8月17日	山东华源矿业溃水淹井事故	山东省泰安市	生产安全事故（矿难）	172	0	0
5	2007年11月8日	群力煤矿煤与瓦斯突出事故	贵州省毕节市	生产安全事故（矿难）	35	7	1261
6	2008年7月21日	那读煤矿透水事故	广西壮族自治区百色市	生产安全事故（矿难）	36	0	989
7	2008年9月20日	龙岗区火灾	广东省深圳市	火灾事故	44	58	1589

续表

案例编号	事故发生时间	案例名称	事故发生地	事故类型	死亡人数	受伤人数	直接经济损失
8	2008年9月21日	新丰二矿煤与瓦斯突出事故	河南省郑州市	生产安全事故（矿难）	37	7	1766
9	2009年11月21日	龙煤矿业新兴煤矿瓦斯爆炸	黑龙江省鹤岗市	生产安全事故（矿难）	108	133	5614.65
10	2010年3月1日	骆驼山煤矿透水事故	内蒙古乌海市	生产安全事故（矿难）	32	7	4853
11	2010年3月28日	王家岭矿透水事故	山西省河津市	生产安全事故（矿难）	38	115	4937
12	2010年3月31日	国民煤业煤与瓦斯突出事故	河南省洛阳市	生产安全事故（矿难）	44	0	2728.4
13	2010年5月23日	阜新市道路交通事故	辽宁省阜新市	道路交通事故	33	24	2403.5
14	2010年8月16日	华利公司烟花爆竹爆炸事故	黑龙江省伊春市	生产安全事故（危险品爆炸）	34	152	6818.4
15	2010年8月24日	伊春飞机坠毁事故	黑龙江省伊春市	飞机坠毁事故	44	52	30891
16	2010年10月16日	平禹四矿煤与瓦斯突出事故	河南省禹州市	生产安全事故（矿难）	37	4	2274
17	2011年7月22日	河南信阳卧铺客车燃烧事故	河南省信阳市	火灾事故	41	6	2342.06
18	2011年7月23日	甬温线铁路交通事故	浙江省温州市	铁路事故	40	172	19371.65

续表

案例编号	事故发生时间	案例名称	事故发生地	事故类型	死亡人数	受伤人数	直接经济损失
19	2011年10月7日	滨保高速天津道路交通事故	天津市滨海新区	道路交通事故	35	19	3447.15
20	2011年11月10日	私庄煤矿煤与瓦斯突出事故	云南省曲靖市	生产安全事故（矿难）	43	0	3970
21	2012年8月26日	包茂高速陕西延安道路交通事故	陕西省延安市	道路交通事故	36	3	3160.6
22	2012年8月29日	肖家湾煤矿瓦斯爆炸	四川省攀枝花市	生产安全事故（矿难）	48	54	4980
23	2013年3月29日	八宝煤矿瓦斯爆炸事故	吉林省白山市	生产安全事故（矿难）	36	12	4708.9
24	2013年5月20日	山东保利民爆炸事故	山东省章丘市	生产安全事故（爆炸）	33	19	6600
25	2013年6月3日	宝源丰禽业火灾爆炸	吉林省长春市	火灾事故（爆炸）	121	76	18200
26	2013年11月22日	青岛市输油管道爆炸	山东省青岛市	生产安全事故（爆炸）	62	136	75172
27	2014年3月1日	山西晋城段道路交通危化品燃爆	山西省晋城市	道路交通事故（危险品爆燃）	40	12	8197
28	2014年7月19日	湖南邵阳道路交通危化品爆燃	湖南省邵阳市	道路交通事故（危险品爆燃）	54	6	5300

续表

案例编号	事故发生时间	案例名称	事故发生地	事故类型	死亡人数	受伤人数	直接经济损失
29	2014年8月2日	中荣金属制品爆炸	江苏省苏州市	生产安全事故（爆炸）	146	114	35100
30	2014年8月9日	西藏拉萨道路交通事故	西藏自治区拉萨市	道路交通事故	44	11	3900
31	2015年5月15日	陕西咸阳道路交通事故	陕西省咸阳市	道路交通事故	35	11	2300
32	2015年5月25日	河南平顶山火灾	河南省平顶山市	火灾事故	39	6	2064.5
33	2015年8月12日	天津港火灾爆炸	天津市	生产安全事故（危险品爆炸）	165	798	686600
34	2015年12月20日	广东深圳渣土受纳场滑坡	广东深圳	生产安全事故	73	17	88112.23

注：事故调查报告中未提到的受伤人数或直接经济损失以"0"计。

资料来源：国家安监总局（2008~2016年）。

图书在版编目(CIP)数据

政府危机学习 / 张美莲等著. -- 北京：社会科学
文献出版社，2019.2
ISBN 978-7-5201-4166-6

Ⅰ.①政… Ⅱ.①张… Ⅲ.①突发事件-公共管理-
研究报告-中国 Ⅳ.①D63

中国版本图书馆CIP数据核字（2019）第016510号

政府危机学习

著　　者 / 张美莲 等

出 版 人 / 谢寿光
责任编辑 / 陈　颖
文稿编辑 / 吴丽平

出　　版 / 社会科学文献出版社·皮书出版分社（010）59367127
　　　　　　地址：北京市北三环中路甲29号院华龙大厦　邮编：100029
　　　　　　网址：www.ssap.com.cn
发　　行 / 市场营销中心（010）59367081　59367083
印　　装 / 三河市尚艺印装有限公司

规　　格 / 开　本：787mm×1092mm　1/16
　　　　　　印　张：19.5　字　数：280千字
版　　次 / 2019年2月第1版　2019年2月第1次印刷
书　　号 / ISBN 978-7-5201-4166-6
定　　价 / 89.00元